Der Mann, der durch die Erde fiel

Carolyn Wells

Writat

Diese Ausgabe erschien im Jahr 2024

ISBN: 9789359946610

Herausgegeben von
Writat
E-Mail: info@writat.com

Inhalt

KAPITEL I
Bewegliche Schattenformen

Eine der Gelegenheiten, bei denen ich „dieses großartige und herrliche Gefühl" verspürte, war, als meine Anwaltskanzlei Ausmaße erreicht hatte, die meinen Umzug aus meiner alten Kanzlei in neue und geräumigere Räumlichkeiten rechtfertigten. Ich wählte ein etwas protziges Gebäude in der Madison Avenue zwischen der Thirtieth Street und der Fortieth Street aus, und es war ein großer Tag für mich, als ich meine hübschen Zimmer im obersten Stockwerk bezog.

Das gesamte Erdgeschoss war von der Puritan Trust Company belegt, und im obersten Stockwerk befanden sich auch einige Privatbüros dieser Institution sowie einige Büros, die vermietet werden konnten.

Meine Zimmer waren gut gelegen und herrlich hell, und ich richtete sie sorgfältig ein, wählte Stühle und Schreibtische in gediegener Ausführung und Teppiche in angemessen ruhigen Farben. Ich habe auch meine Stenographin mit Bedacht ausgewählt, und Norah MacCormack war ein rothaariges Stück Perfektion. Wenn sie eine Schwäche hatte, dann für das Lesen von Kriminalgeschichten, aber ich duldete das, denn in meiner Hängemattenlaune tauchte auch ich in die verworrene Schule der Belletristik ein.

Und ohne übermäßige Einbildung hatte ich das Gefühl, dass ich den meisten Exemplaren der Gattung Sherlock Karten und Pik geben und sie in ihrem eigenen Deduktionsspiel schlagen könnte. Ich habe es manchmal an Norah geübt. Sie brachte mir einen Schleier oder einen Handschuh einer Freundin und ich versuchte, die Charaktereigenschaften dieser Freundin zu erschließen. Ich hatte ungefähr die Hälfte meiner Erfolge und Misserfolge, aber Norah glaubte, dass ich mit der Übung besser wurde, und auf jeden Fall trainierte es meine Intelligenz.

Ich hatte die Prüfung für die Armee nicht bestanden, weil ich einen Mangel hatte, der meiner Meinung nach unbedeutend war. Ich war zutiefst enttäuscht, aber da das Entschädigungsgesetz normalerweise in Kraft ist, erwies ich mich überraschenderweise doch als nützlich für meine Regierung
.

Auf der anderen Seite des Flurs befand sich das Privatbüro von Amos Gately, dem Präsidenten der Puritan Trust Company und einem Mann von stadtweitem Ruf. Ich kannte den großen Finanzier nicht persönlich, aber jeder kannte ihn, und sein Name war ein Synonym für alles, was auf dem

Geldmarkt gesund, ehrenhaft und philanthropisch ist. Er gehörte zu dem häufig gesehenen Typ, mit dem silbergrauen Haar, das so gut zu den tiefliegenden dunklen Augen passt.

Und doch hatte ich Mr. Gately selbst noch nie gesehen. Meine Kenntnis von ihm erlangte ich durch seine häufigen Porträts in der Zeitung oder in gelegentlichen Zeitschriften. Und ich hatte auf eine vage Art und Weise geglaubt, dass er ein Kenner der schönen Künste war und dass seine Büros wie auch sein Zuhause palastartig eingerichtet waren.

Ich kann daher genauso gut zugeben, dass ich beim Betreten und Verlassen meiner eigenen Räume oft zu seiner Tür geschaut habe, in der Hoffnung, zumindest einen Blick auf die darin enthaltenen Schätze zu erhaschen. Aber bisher hatte ich das nicht getan.

Natürlich hatte ich meine eigene Suite erst etwa eine Woche lang bewohnt, und andererseits war Mr. Gately während der Geschäftszeiten nicht immer in seinen Privatbüros. Zweifellos war er die meiste Zeit unten in den Bankräumen.

Da war eine Stenographin mit gelben Haaren, die ihre Haare in Ohrenschützern trug und die, würde ich sagen, süchtig nach dem Kosmetikkoffer war. Diese junge Person, hatte Norah mir mitgeteilt, sei Jenny Boyd.

Und das fasst mein gesamtes intimes Wissen über Amos Gately zusammen – bis zum Tag der schwarzen Schneeböe!

Ich vermute, dass meine prähistorischen Vorfahren Sonnenanbeter waren. Jedenfalls bin ich vollkommen glücklich, wenn die Sonne scheint, und an einem trüben Tag völlig unglücklich. Natürlich ist es mir nach Sonnenuntergang egal, aber an Tagen, an denen künstliches Licht verwendet werden muss, werde ich unruhig und kann mich praktisch nicht auf einen wichtigen Gedankengang konzentrieren.

Und so sprang ich spontan auf, um nach Hause zu gehen, als Norah am Nachmittag ihre grün abgeschirmte Schreibtischlampe einschaltete. Elektrisch beleuchtete Räume ertrug ich in meinen Buden besser als in der arbeitsintensiven Atmosphäre meines Büros.

„Beenden Sie diese Arbeit", sagte ich zu meinem kompetenten Assistenten, „und gehen Sie dann selbst nach Hause." Ich gehe jetzt."

„Aber es ist erst drei Uhr, Mr. Brice", und Norahs graue Augen blickten von den klickenden Tasten auf.

„Ich weiß es, aber es braut sich ein Schneesturm zusammen – und Gott weiß, dass jetzt genug Schnee in der Stadt liegt!“

„Das gibt es! Ich glaube, dass sie die Black Mountains nicht vor dem 4. Juli aus den Seitenstraßen holen werden – und die armen White Wings sich zu Tode arbeiten!“

„Statistiken haben noch nicht bewiesen, dass die Todesursache bei Schneeschaufelarbeitern weit verbreitet ist“, entgegnete ich, „aber ich bin mir ziemlich sicher, dass die Wahrscheinlichkeit größer ist, dass sie es erleiden!“

Ich hasse Schnee. Denn der Augenfehler, der mich von der Armee ferngehalten hat, wird durch eine nicht ganz unschöne Brille korrigiert, aber wenn diese durch den fallenden Schnee befeuchtet oder beschlagen wird, fühle ich mich sehr unwohl. Deshalb beschloss ich, nach Möglichkeit vor dem Unwetter, das so unzweifelhaft bevorstand, nach Hause zu kommen.

Ich schlüpfte in meinen Mantel und drückte mir den Hut tief in den Kopf, denn der Wind wehte bereits stürmisch.

„Geh bald weg, Norah“, sagte ich, als ich die Tür zum Flur öffnete, „und wenn es sich als Schneesturm herausstellt, brauchst du morgen nicht aufzutauchen.“

„Oh, ich werde hier sein, Mr. Brice“, erwiderte sie auf ihre fröhliche Art und setzte ihr Klicken fort.

Die Büros von Mr. Gately, die mir gegenüber lagen, hatten drei Türen zum Flur, was, wie ich annahm, drei Zimmer in seiner Suite bedeutete.

Meine eigene Tür lag genau gegenüber der mittleren der drei. Darauf war die Nummer zwei. Links davon war Nummer eins und rechts davon Nummer drei.

Jede dieser drei Türen hatte eine obere Platte aus dickem, getrübtem Glas, und da die Halle noch nicht beleuchtet war und Mr. Gatelys Zimmer es schon waren, konnte ich ganz deutlich die Schatten zweier Köpfe an der mittleren Tür erkennen – die Tür war nummeriert zwei.

Vielleicht bin ich übermäßig neugierig, vielleicht war es nur ein natürliches Interesse, aber ich blieb einen Moment lang vor meiner eigenen Tür stehen und beobachtete die beiden beschatteten Köpfe.

Die wellige Trübung des Glases ließ ihre Umrisse etwas verschwimmen, aber ich konnte die feine, dichte Mähne von Amos Gately erkennen, wie ich sie so oft auf Bildern gesehen hatte. Der andere war lediglich ein menschlicher Schatten ohne auffällige Merkmale.

Es war offensichtlich, dass ihr Interview nicht einvernehmlich verlief. Ich hörte ein lautes, explosives „Nein!" von der einen oder anderen von ihnen, und dann erhoben sich beide Gestalten und es kam zu einem Nahkampf. Ihre Stimmen deuteten auf einen verzweifelten Streit hin, auch wenn keine Worte zu erkennen waren.

Und dann, während ich hinschaute, verschwammen die Schatten ineinander , schwankten, trennten sich, und dann ertönte ein Pistolenschuss, dem sofort der schrille Schrei einer Frau folgte.

Impulsiv sprang ich durch den Flur und drehte den Knopf von Tür Nummer zwei – der Tür gegenüber meiner eigenen Tür und der Tür, durch die ich die verschatteten Aktionen gesehen hatte.

Aber die Tür ließ sich nicht öffnen.

Ich zögerte nur einen Moment und eilte dann zur nächsten Tür rechts, Nummer drei.

Auch dieser war innen befestigt, also rannte ich zurück zur einzigen anderen Tür, Nummer eins, links von der mittleren Tür.

Diese Tür öffnete sich auf meine Berührung und ich befand mich im ersten von Amos Gatelys prächtigen Räumen.

Abgesehen von einem kurzen, bewundernden Blick achtete ich nicht auf die schöne Ausstattung und öffnete die Verbindungstür zum nächsten oder mittleren Zimmer.

Auch hier befand sich, wie im ersten, kein Mensch, aber er war erfüllt vom Rauch und dem Geruch einer frisch abgefeuerten Pistole.

Ich sah mich entsetzt um. Dies war der Raum, in dem die Auseinandersetzung stattgefunden hatte, in dem sich zwei Männer gestritten hatten, in dem eine Pistole abgefeuert worden war und in dem außerdem eine Frau geschrien hatte. Wo waren diese Leute?

Im Nebenzimmer überlegte ich natürlich.

Voller Neugier ging ich weiter in den dritten Raum. Es war leer.

Und das waren alle Zimmer der Suite.

Wo waren die Menschen, die ich gesehen und gehört hatte? Das heißt, ich hatte ihre Schatten auf der Glastür gesehen, und menschliche Schatten können nicht erscheinen, ohne dass Menschen sie werfen. Wo waren die

Männer, die gekämpft hatten? Wo war die Frau, die geschrien hatte? Und wer waren sie?

Benommen ging ich durch die Räume zurück. Ihre vielfältigen Verwendungsmöglichkeiten waren klar genug. Nummer eins war das Eingangsbüro. Es gab ein Empfangspult, eine Schreibmaschine, Empfangsstühle und alle Auswirkungen der ersten Phase eines Interviews mit dem großen Mann.

Das zweite Büro war zweifellos Mr. Gatelys Zufluchtsort. In der Mitte des Bodens stand ein atemberaubender Mahagonitisch und dahinter ein großer, ungewöhnlich schöner Drehstuhl. Auf dem Schreibtisch herrschte etwas Unordnung. Das Telefon war durcheinander, die Papiere lagen auf einem unordentlichen Haufen, eine Stiftablage war umgeworfen, und ein Stuhl gegenüber dem großen Schreibtischstuhl lag auf der Seite, als wäre Mr. Gatelys Besucher eilig aufgestanden. Der letzte Raum, Nummer drei, war eindeutig das Allerheiligste. Sicherlich wurden hier nur die wichtigsten oder beliebtesten Gäste empfangen. Es war so reichhaltig ausgestattet wie ein königlicher Salon, doch alles in vollkommenstem Geschmack und ruhiger Harmonie. Die allgemeine Farbe der Vorhänge und Polster war in sanftem Blau gehalten, und an der Wand hingen prächtige Bilder. Außerdem gab es eine riesige Kriegskarte von Europa, und darin steckten Hinweisnadeln, die Mr. Gatelys großes Interesse am Fortgang der Ereignisse dort bewiesen.

Aber obwohl ich versucht war, meine Augen an den Kunstschätzen der Umgebung zu weiden, setzte ich eifrig meine Suche nach den verschwundenen Menschen fort, die ich suchte.

In keinem dieser drei Räume befand sich jemand, und ich konnte keinen Ausgang sehen, außer in den Flur, den ich betreten hatte. Ich schaute in drei oder vier Schränke, aber sie waren voller Bücher und Papiere, und ich konnte kein Zeichen eines verborgenen Menschen, weder lebendig noch tot, finden.

Vielleicht hat die Seltsamkeit des Ganzen meine Leistungsfähigkeit beeinträchtigt. Ich hatte mir immer geschmeichelt, dass ich im Notfall mein Bestes geben würde, aber alle vorherigen Notfälle, in denen ich mich befand, waren im Vergleich zu diesem trivial und unwichtig.

Ich kam mir vor, als wäre ich bei einer Filmvorführung gewesen. Ich hatte wie auf der Leinwand gesehen, wie ein Mann erschossen, vielleicht getötet wurde, und jetzt waren alle Schauspieler so vollständig verschwunden, wie sie es tun, wenn der Film zu Ende ist.

Da ich nicht ganz ohne Gewissen bin, kam mir dann der Gedanke, dass ich eine Pflicht hatte – dass es meine Pflicht war, jemandem Bericht zu erstatten. Ich dachte an die Polizei, aber war es richtig, sie anzurufen, wenn ich einen so vagen Bericht zu erstatten hatte? Was könnte ich ihnen sagen? Dass ich Schatten kämpfen sah? Eine Frau schreien gehört? Rauch gerochen? Den Knall einer Pistole gehört? Mir kam der skurrile Gedanke, dass der Bericht der Pistole der einzige eindeutige Bericht war, auf den ich schwören konnte!

Dennoch war die ganze Szene für mich eindeutig genug.

Ich hatte zwei kämpfende Männer gesehen – zwar Schatten, aber Schatten echter Männer. Ich hatte gehört, wie sich ihre Stimmen in irgendeiner Art von Meinungsverschiedenheit erhoben, ich hatte ein Handgemenge gesehen und einen Schuss gehört, dessen Rauch ich später gerochen hatte, und – was am belastendsten von allem war – ich hatte den Schrei einer Frau gehört. Auch ein Schrei des Schreckens, was ihr Leben betrifft!

Und dann hatte ich diese Räume sofort betreten und festgestellt, dass sie frei von jeglicher menschlicher Präsenz waren, aber der Rauch hing immer noch tief, um zu beweisen, dass meine Beobachtungen real und keine Erfindung meiner Einbildung waren.

Ich glaubte, ich hätte latente Fähigkeiten als Detektiv. Nun, hier gab es sicherlich eine Gelegenheit, es auszuüben!

Welches verwirrendere Geheimnis könnte man sich wünschen, als Zeuge einer Schießerei zu werden und beim Einbruch am Tatort kein Opfer, keinen Verbrecher und keine Waffe zu finden!

Ich machte mich auf die Suche nach der Pistole, fand aber keine Spur mehr von ihr als auch von der Hand, die sie abgefeuert hatte.

Mein Gehirn fühlte sich seltsam an; Ich sagte mir immer wieder: „Ein Kampf, ein Schuss, ein Schrei! Kein Opfer, kein Verbrecher, keine Waffe!"

Ich schaute noch einmal in die Halle hinaus. Ich hatte schon zwei- oder dreimal hinausgeschaut, aber ich hatte niemanden gesehen. Allerdings ging ich nicht davon aus, dass der Bösewicht und sein Opfer mit dem Aufzug oder über die Treppe nach unten gegangen waren.

Aber wo waren sie? Und wo war die Frau, die geschrien hatte?

Vielleicht war sie es, die erschossen wurde. Warum habe ich angenommen, dass Mr. Gately das Opfer war? Konnte er nicht der Verbrecher gewesen sein?

Der Gedanke an Amos Gately in der Rolle des Mörders war etwas zu absurd! Dennoch war die ganze Situation absurd.

Für mich, Tom Brice, war die Beteiligung an diesem verwirrenden Mysterium der Höhepunkt von allem Unglaublichen!

Und doch war ich beteiligt? Ich musste nur rausgehen und nach Hause gehen, um rauszukommen. Niemand hatte mich gesehen und niemand konnte wissen, dass ich dort gewesen war.

Und dann überkam mich etwas Unheimliches. Eine Art kalte Angst vor der ganzen Angelegenheit; ein unheimliches Gefühl, dass ich in ein schreckliches Netz von Umständen hineingezogen wurde, aus dem ich nicht ehrenhaft entkommen konnte, wenn ich überhaupt entkommen konnte. Obwohl die drei Gately-Räume beleuchtet waren, wirkten sie dunkel und unheimlich. Ich warf einen Blick aus einem Fenster. Der Himmel war fast schwarz und vereinzelte Schneeflocken fielen. Mir wurde auch klar, dass der Raum zwar beleuchtet war, die Einrichtungsgegenstände jedoch aus großen Alabasterschalen bestanden, die, wenn sie von der Decke hingen, einen gespenstischen Glanz auszustrahlen schienen, der die seltsame Stille betonte.

Denn in meinem zunehmend nervösen Zustand wurde die Stille intensiver und es schien die Stille des Todes zu sein – nicht die bloße Stille eines leeren Raumes.

Ich riss mich zusammen, denn ich hatte nicht das ganze Pflichtbewusstsein verloren. Ich *muss* etwas tun, sagte ich mir streng, aber was?

Meine Hand kroch zum Telefon, das umgedreht auf Mr. Gatelys Schreibtisch lag.

Aber ich zog mich schnell zurück, nicht so sehr aus Abneigung, das Ding zu berühren, das vielleicht in einer Tragödie eine Rolle gespielt hatte, sondern aus einem schwachen Instinkt heraus, alles als mögliches Knäuel unberührt zu lassen.

Schlaufe! Allein das Wort half mir, mein Gleichgewicht wiederherzustellen. Es hatte irgendein Verbrechen gegeben – zumindest hatte es eine Schießerei gegeben, und ich war Augenzeuge gewesen, auch wenn meine Augen nur Schatten gesehen hatten.

Meine Rolle war also wichtig. Meine Pflicht war es, zu erzählen, was ich gesehen hatte, und jede mögliche Hilfe zu leisten. Aber ich würde dieses Telefon nicht benutzen. Es muss sowieso außer Betrieb sein, sonst würde sich die Telefonistin unten darum kümmern. Ich ging zurück in mein Büro und rief jemanden an. Als ich den Flur durchquerte, überlegte ich immer noch, ob dieser Jemand besser die Polizei oder die Bankleute unten sein sollte. Letzteres entschied ich, denn es war ihre Aufgabe, sich um ihren Präsidenten zu kümmern, nicht meine.

Ich fand Norah, wie sie ihren Hut aufsetzte. Der Anblick ihrer klugen grauen Augen und ihres intelligenten Gesichts löste einen Ausbruch von Selbstvertrauen aus, und ich erzählte ihr die ganze Geschichte so schnell ich konnte.

„Oh, Mr. Brice", rief sie mit großen Augen vor Aufregung, „lassen Sie mich da rüber gehen!" Darf ich?"

„Warte mal, Norah: Ich denke, ich sollte mit den Bankleuten sprechen. Ich denke, ich werde anrufen und fragen, ob Mr. Gately dort unten ist. Sie wissen, dass es vielleicht überhaupt nicht Mr. Gately war, dessen Schatten ich sah –"

„Oh ja, das war es! Man konnte seinen Kopf nicht verwechseln, und wer sonst wäre da drin? Bitte, Mr. Brice, warten Sie nur eine Minute , bevor Sie anrufen – lassen Sie mich einen Blick auf mich werfen – Sie wollen doch nicht – dumm aussehen, wissen Sie."

Sie hatte mich fast davor gewarnt, mich lächerlich zu machen, dass ich den Hinweis verstand und ihr durch den Flur folgte.

Sie ging schnell durch die Tür von Zimmer Nummer eins hinein. Als sie sich umsah, sagte sie: „Das ist das erste Büro, sehen Sie: Anrufer kommen hierher, die Sekretärin oder der Stenograph nimmt ihre Namen auf und so weiter und führt sie in Mr. Gatelys Büro."

Während Norah sprach, ging sie in den zweiten Raum. Ohne sich der Größe und des Luxus bewusst zu sein, warf sie hier und da einen schnellen, flüchtigen Blick und sagte positiv: „Natürlich war es Mr. Gately, der erschossen wurde, und zwar von einer Frau!"

„Die Frau, die geschrien hat?"

„Nein: eher nicht. Ich gehe davon aus, dass die Frau, die schrie, seine Stenographin war. Ich kenne sie – zumindest habe ich sie gesehen. Ein kleiner, puppengesichtiger Jig, der etwa an dritter Stelle vom Ende gehört, im Refrain! Seien Sie sicher, dass sie bei dem Pistolenschuss schreien würde, aber die Dame, die den Schuss abgefeuert hat, würde es nicht tun."

„Aber ich habe das Gedränge gesehen und es war ein Mann, der geschossen hat."

"Bist du sicher? Dieses dicke, trübe Glas verwischt einen Schatten bis zur Unkenntlichkeit."

„Warum glauben Sie dann, dass es eine Frau war?"

„Das", und Norah zeigte auf eine Hutnadel, die auf dem großen Schreibtisch lag.

Es war eine hübsche Anstecknadel mit einem großen Kopf, aber als ich sie aufheben wollte, riet mir Norah davon ab.

„Fass es nicht an", warnte sie; „Wissen Sie, Mr. Brice, wir haben hier wirklich kein Recht und wir dürfen einfach nichts anfassen."

„Aber, Norah", begann ich, nachdem mein gesunder Menschenverstand und mein gutes Urteilsvermögen mit dem Aufkommen menschlicher Kameradschaft zu mir zurückgekehrt waren, „ich möchte nichts falsch machen." Wenn wir hier kein Recht haben, lasst uns um Himmels willen verschwinden!"

„Ja, gleich, aber lassen Sie mich darüber nachdenken, was Sie tun sollten. Und, oh, lassen Sie mich doch mal kurz umschauen!"

"Kein Mädchen; Dies ist keine Zeit, Ihre Neugier zu befriedigen oder sich an einem Anblick dieser Dinge zu erfreuen …"

„Oh, das meine ich nicht! Aber ich möchte sehen, ob es nicht einen Anhaltspunkt oder einen Beweis für die ganze Sache gibt. Es ist zu seltsam! Zu unmöglich, dass drei Menschen im Nichts verschwunden sind! Wo sind sie?"

Norah schaute in dieselben Schränke, die ich erkundet hatte; Sie schob Fenstervorhänge und Portièren beiseite und warf einen hastigen Blick unter Schreibtische und Tische, nicht so sehr, da war ich mir sicher, in der Erwartung, jemanden zu finden, als vielmehr mit der allgemeinen Absicht, den Ort gründlich zu durchsuchen.

Sie untersuchte die Schreibtischbeschläge der Stenographin.

„Alles vom Besten", kommentierte sie, „aber hier oben wurde nur sehr wenig wirkliche Arbeit geleistet." Ich glaube, dass diese Büros von Mr. Gately eher für private Konferenzen und persönliche Termine als für echte Geschäftsangelegenheiten gedacht sind."

„Das würde die Hutnadel der Dame erklären", bemerkte ich.

"Ja; aber wie sind sie rausgekommen? Du hast sofort in den Flur geschaut, sagst du?"

"Ja; Ich ging schnell durch diese drei Räume und schaute dann sofort in den Flur, und dort war kein Aufzug in Sicht, und ich konnte auch niemanden auf der Treppe sehen."

„Nun, hier gibt es nicht viel zu sehen. Ich nehme an, Sie sollten besser die Bankleute anrufen. Aber wenn sie dachten, es gäbe etwas Seltsames , wären sie zu diesem Zeitpunkt schon hier oben."

Ich ließ Norah in Mr. Gatelys Zimmern zurück, während ich in mein eigenes Büro zurückging und die Puritan Trust Company anrief.

Eine höfliche Stimme versicherte mir, dass sie zu diesem Zeitpunkt nichts über Mr. Gatelys Aufenthaltsort wussten, aber wenn ich eine Nachricht hinterlassen würde , würde er sie letztendlich erhalten.

Also erzähltc ich ihnen teilweise, was passiert war, oder besser gesagt, was meiner Meinung nach passiert war, und der höfliche Mann war immer noch ein wenig unbesorgt und stimmte zu, jemanden hochzuschicken.

„Spießige Leute!" Ich sagte zu Norah, als ich in das Zimmer zurückkehrte , in dem sie sich befand. „Sie schienen mich für aufdringlich zu halten."

„Ich hatte das befürchtet, Mr. Brice, aber Sie mussten es tun. Es besteht kein Zweifel, dass Mr. Gately diesen Raum in wahnsinniger Eile verlassen hat. Sehen Sie, hier ist sein persönliches Scheckbuch auf seinem Schreibtisch, und er hat heute einen Scheck ausgestellt."

„Es ist nichts Besonderes daran, dass er einen Scheck ausgestellt hat", stellte ich fest, „aber ausgesprochen eigenartig, dass er sein Scheckbuch so achtlos liegen ließ. Wie du sagst, Norah, ist er in Eile gegangen."

„Aber wie ist er weggekommen?"

„Das ist das Geheimnis; und ich für meinen Teil gebe es auf. Ich bin durchaus bereit zu warten, bis ein größerer Verstand als ich das Problem gelöst hat."

„Aber es ist unverständlich", fuhr Norah fort; „Wo ist Jenny?"

„Übrigens", entgegnete ich, „wo ist Mr. Gately?" Wo ist sein wütender Besucher, männlich oder weiblich? Und schließlich, wo ist die Pistole, die das Geräusch und den Rauch erzeugt hat, von der ich eindeutige Beweise hatte?"

„Vielleicht finden wir das", schlug Norah hoffnungsvoll vor.

Bei einer sorgfältigen Suche konnten jedoch keine Schusswaffen entdeckt werden, da die Schauspieler des Dramas nicht preisgegeben werden konnten.

Auch der Vertreter der Bank erschien nicht sofort. Das kam mir seltsam vor, dachte ich, und mit dem plötzlichen Drang, etwas herauszufinden, erklärte ich, dass ich selbst zur Bank gehen würde.

„Mach weiter", sagte Norah, „ich bleibe hier, denn ich muss wissen, was sie herausfinden, wenn sie kommen."

Ich ging in den Flur und drückte den „Ab"-Knopf des Aufzugs.

„Seien Sie vorsichtig", warnte mich Norah, als man hörte, wie sich das Auto näherte, „sagen Sie sehr wenig, Mr. Brice, außer gegenüber den zuständigen Behörden." Das kann eine schreckliche Sache sein, und Sie dürfen sich nicht darauf einlassen, bis Sie mehr darüber wissen. Sie waren nicht nur die Ersten, die das Verschwinden entdeckten , sondern Sie und ich sind anscheinend auch die Einzigen in diesem Korridor, die davon wissen, vielleicht sind wir …"

„Verdächtig der Entführung von Amos Gately! Kaum! Lass deinen Detektivinstinkt nicht mit dir durchgehen, Norah!"

Und dann öffnete sich die Aufzugstür und ich stieg ins Auto.

KAPITEL II

Jennys Version

Minny Boyd zuständig , eine Schwester von Jenny, die sich in Mr. Gatelys Büro befand.

Sobald ich ins Auto stieg , sah ich, dass Minny aufgeregt war.

"Was ist los?" fragte ich mitfühlend.

„Oh, Mr. Brice", und das Mädchen brach in Tränen aus, „Jenny sagte –"

„Nun", drängte ich, während sie zögerte, „was hat Jenny gesagt?"

„Weißt du nichts darüber?"

"Worüber?" fragte ich und versuchte, locker zu sein.

„Na ja, wegen Mr. Gately."

„Und was ist mit ihm?"

"Er ist weg! Verschwunden!"

„Amos Gately? Der Präsident der Puritan Trust Company! Minny , was meinst du?"

„Warum, Mr. Brice, erst vor kurzem habe ich Jenny mitgenommen. Sie weinte wie alle anderen und sagte, dass Mr. Gately angeschossen worden sei!"

"Schuss?"

„Ja, das hat sie gesagt –"

„Wer hat ihn erschossen?"

„Ich weiß es nicht, aber Jenny war fast verrückt! Ich sagte ihr, sie solle in die Kantine gehen – dorthin gehen die Mädchen, wenn sie nicht im Dienst sind – und ich sagte, ich würde so schnell wie möglich zu ihr kommen. Ich kann mein Auto nicht verlassen, wissen Sie."

„Natürlich nicht, Minny ", stimmte ich zu; „Aber was meinte Jenny? Hat sie gesehen, wie Mr. Gately erschossen wurde?"

„Nein, das glaube ich nicht – aber sie hörte, wie eine Pistole abgefeuert wurde, und sie – sie –"

"Was hat Sie getan?"

„Sie ist in Mr. Gatelys Privatbüro gerannt – und er war nicht da! Und dann – oh, ich nehme an, sie hatte kein Recht dazu – aber sie rannte weiter in sein persönliches Zimmer – das, in das sie niemals gehen darf – und da war niemand! Also war Jenny zu Tode erschrocken, und sie rannte hierher – in den Flur, meine ich – und ich nahm sie mit nach unten, – und oh, Mr. Brice, ich muss auf dieser Etage anhalten, – da ist einen Anruf – und bitte sagen Sie nichts dazu – ich meine, sagen Sie nicht, dass ich etwas gesagt habe – denn Jenny hat mir gesagt, ich solle es nicht tun – –"

Ich sah, dass Minny in großer Aufregung war, und verzichtete darauf , sie weiter zu befragen, denn gerade in diesem Moment hielten wir im siebten Stock an und ein Mann betrat den Aufzug.

Ich kannte ihn – das heißt, ich wusste, dass er George Rodman war –, aber ich war nicht gut genug bekannt, um mit ihm zu sprechen.

Also gingen wir drei schweigend weiter hinunter, vorbei an den anderen Stockwerken, und erreichten das Erdgeschoss, wo Rodman und ich ausstiegen.

Als ich darauf wartete, nach oben zu gehen, traf ich Herrn Pitt, einen Discount-Mitarbeiter der Puritan Trust Company.

„Das ist Herr Brice?" sagte er auf überlegene Weise.

Ich ärgerte mich über die Überlegenheit, aber ich gab seine sanfte Amtsenthebung zu.

„Und Sie sagen, dass es in Mr. Gatelys Büro etwas zu untersuchen gibt?" Er fuhr fort, als wäre ich ein Lebensmittelverwalter oder so etwas.

„Nun", erwiderte ich ein wenig knapp, „ich habe zufällig einen Pistolenschuss gesehen, gehört und gerochen , und bei einer weiteren Untersuchung der Angelegenheit konnten wir weder feststellen, dass jemand getötet oder verwundet wurde, noch konnten wir überhaupt irgendjemanden auf der Strecke preisgeben." Job, und ich gestehe, für mich sieht das alles mächtig seltsam aus!"

„Und darf ich fragen, warum es Sie als queer anspricht?"

Ich sah Freund Pitt direkt in die Augen und sagte: „Es kommt mir seltsam vor, dass ein Bankpräsident in einer Minute aus dem Leben und sogar aus seinen Geschäftsverbindungen ausscheidet, ohne sich dieser Tatsache bewusst zu werden."

„Vielleicht überschätzen Sie ein externes Interesse", sagte Pitt. „Sie müssen wissen, dass es die Puritan Trust Company wirklich nichts angeht, was Mr. Gately in seiner Freizeit macht."

„Sehr gut, Mr. Pitt", erwiderte ich, „dann lassen Sie uns gehen und die junge Frau interviewen, die Mr. Gatelys Stenographin ist und die jetzt noch hysterisch im Speisesaal der Angestellten ist."

Mr. Pitt schien gebührend beeindruckt zu sein und gemeinsam machten wir uns auf die Suche nach Jenny.

Der Speisesaal für die Angestellten des Gebäudes war ein angenehmer Ort im Erdgeschoss, und dort trafen wir Jenny, die gelbhaarige Stenographin von Amos Gately.

Das Mädchen war zweifellos hysterisch und ihr Bericht über die Schießerei war unzusammenhängend und zusammenhangslos.

Darüber hinaus war Mr. Pitt ein überheblicher Typ, der nie etwas glaubte, und sein Verhalten war ungläubig und fast spöttisch, als er Jennys Geschichte hörte.

Daher war Jennys Geschichte, obwohl sie für mich aufschlussreich war, für Pitt, da war ich mir sicher, von geringem Wert.

„Oh", rief Jenny, „ich war in meinem Zimmer, dem ersten Zimmer, und ich hatte nicht vor, zuzuhören – das tue ich nie!" und dann hörte ich plötzlich, wie jemand Mr. Gately bedrohte! Das brachte mich dazu , zuzuhören – es ist mir egal, ob es falsch war – und dann hörte ich, wie sich jemand mit Mr. Gately stritt."

„Woher weißt du, dass sie sich gestritten haben?" warf Pitts kalte Stimme ein.

„Ich konnte nicht anders, als es zu wissen, Sir. Ich hörte Mr. Gatelys normalerweise freundliche Stimme, die wie vor Wut angehoben wurde, und ich hörte auch die Stimme des Besuchers, hoch und wütend."

„Sie kannten die Stimme des Besuchers nicht? hast du es noch nie gehört?" fragte Pitt.

"Nein Sir; Ich habe keine Ahnung, wer er gewesen sein könnte!" und die törichte kleine Jenny zügelte sich und sah aus wie eine unschuldige, naive *Person* .

Ich bin eingebrochen.

„Aber haben Sie nicht alle Besucher oder Anrufer zu Mr. Gately zugelassen?" Ich forderte.

Jenny sah mich an. „Nein, Sir", antwortete sie; „Ich habe alle empfangen, die an meine Tür kamen, aber es gab noch andere!"

„Wo sind sie reingekommen?" fragte Pitt.

„Oh, sie kamen durch die anderen Türen herein. Wissen Sie, ich habe mich nur um mein eigenes Zimmer gekümmert. Natürlich, wenn Miss Raynor käme – oder jemand, den Mr. Gately persönlich kannte –" Jenny hielt diskret inne.

„Und ist Miss Raynor heute Morgen gekommen?" Ich fragte.

„Ja", antwortete Jenny, „das hat sie. Das heißt, nicht heute Morgen, sondern heute früh am Nachmittag. Ich kenne Miss Raynor sehr gut."

Mr. Pitt schien ein wenig von seiner gewohnten Ruhe gestört zu sein und sagte mit offensichtlichem Widerwillen zu mir: „Ich denke, Mr. Brice, dass diese Angelegenheit ernster ist, als ich dachte. Es scheint mir, dass es klug wäre, die ganze Angelegenheit an Herrn Talcott, den Sekretär der Treuhandgesellschaft, weiterzuleiten."

Nun war ich nur allzu froh, die Angelegenheit an jemanden weiterzuleiten, der als maßgeblich angesehen werden konnte, und ich stimmte sofort zu.

„Außerdem", sagte Mr. Pitt und warf Jenny einen besorgten Blick zu, „halte ich es für gut, diese junge Frau mitzunehmen, da sie die Sekretärin von Mr. Gately ist und vielleicht weiß –"

„Oh nein, Sir", rief Jenny, „ich weiß nichts! Bitte stellen Sie mir keine Fragen!"

Jennys Verunsicherung schien Mr. Pitts Absichten klarer zu machen, und er fesselte die junge Frau, während er auch mich mitriss.

Einen Augenblick später gingen wir alle in die Büros der Puritan Trust Company.

Und hier verschwand Mr. Pitt aus unserem Blickfeld und verließ uns in der erhabenen Gegenwart von Mr. Talcott, dem Sekretär der Gesellschaft.

Ich befand mich in der ruhigen, angenehmen Atmosphäre des üblichen Bankbüros, und Mr. Talcott, ein freundlicher Herr aus der Aristokratie mittleren Alters, begann, mich zu befragen.

„Mir scheint, Mr. Brice", begann er, „dass Ihre Geschichte über Mr. Gately nicht nur wichtig, sondern auch geheimnisvoll ist."

„Ich denke schon, Mr. Talcott", antwortete ich, „und doch ist der ganze Kern der Sache, ob Mr. Gately sich derzeit in einem seiner Büros befindet, oder vielleicht bei ihm zu Hause, oder ob bei ihm Der Aufenthaltsort ist ungeklärt."

„Natürlich, Mr. Brice", fuhr die Sekretärin fort, „es geht uns nichts an, wo Mr. Gately außerhalb seiner Banköffnungszeiten ist; Und dennoch obliegt es uns, den leitenden Angestellten der Treuhandgesellschaft, angesichts des Berichts von Herrn Pitt über Ihr Konto, die Angelegenheit zu untersuchen. Könnten Sie mir bitte alles erzählen, was Sie über die Umstände im Zusammenhang mit Mr. Gatelys Verschwinden wissen – falls er verschwunden ist?"

„Wenn er verschwunden ist!" Ich fuhr zurück; „Und bitte, Herr, wenn er nicht verschwunden ist, wo ist er dann?"

Herr Talcott antwortete immer noch ungerührt: „Das bleibt vorerst beiseite. Was wissen Sie darüber, Mr. Brice?"

Ich antwortete, indem ich ihm alles erzählte, was ich über die ganze Angelegenheit wusste, von dem Moment, als ich die Schatten zum ersten Mal sah, bis zu dem Moment, als ich mit dem Aufzug hinunterstieg und Mr. Pitt traf.

. Er hörte mit größter Aufmerksamkeit zu und begann dann, scheinbar unbeeindruckt von meiner Geschichte, Jenny zu befragen.

Diese sprunghafte junge Dame hatte ihr geistiges Gleichgewicht wiedererlangt und war mehr als bereit, über ihre Erfahrungen zu sprechen.

„Ja, Sir", sagte sie, „ich saß an meinem Schreibtisch und seit etwa einer Stunde war niemand mehr hereingekommen, als ich plötzlich Gespräche in Mr. Gatelys Zimmer hörte."

„Gehen Anrufer normalerweise durch Ihr Zimmer?" Herr Talcott erkundigte sich.

„Ja, Sir – es sei denn, sie sind Mr. Gatelys persönliche Freunde – wie Miss Raynor oder sonst jemand."

„Wer ist Miss Raynor?" Ich bin eingebrochen.

„Sein Mündel", sagte Mr. Talcott kurz. „Mach weiter, Jenny; Niemand war durch Ihr Zimmer gegangen?"

"Nein Sir; und so war ich erschrocken, als ich hörte, wie sich jemand mit Mr. Gately auseinandersetzte."

"Verschrottung?"

"Jawohl; Eine Art Streit, wissen Sie; ICH--"

"Hast du zugehört?"

„Nicht genau das, Sir, aber ich konnte nicht umhin, die wütenden Stimmen zu hören, auch wenn ich die Worte nicht verstand.“

„Seien Sie vorsichtig, Jenny“, Talcotts Tonfall war streng, „vermuten Sie nicht, dass mehr gemeint war, als Sie sicher sind.“

„Dann kann ich nichts vermuten“, sagte Jenny knapp, „denn ich habe kein einziges Wort gehört – ich hatte nur das Gefühl, dass die beiden sich streiten.“

„Du hast also wütende Stimmen gehört?“

„Ja, Sir, genau das. Und gleich danach ein Pistolenschuss.“

„In Mr. Gatelys Zimmer?“

"Jawohl. Und dann rannte ich hinein, um zu sehen , was es bedeutete – – „

„Hattest du keine Angst?“

"Nein Sir; Ich dachte nicht daran, dass es irgendetwas gab, vor dem ich Angst haben musste. Aber als ich da reinkam und sah –“

„Na los, was hast du gesehen?“

„Ein Mann mit einer Pistole in der Hand rennt aus der Tür –“

„Welche Tür?“

„Die Tür von Nummer drei – das ist Mr. Gatelys Privatzimmer – nun, er rannte mit einer Pistole in der Hand aus dieser Tür – und die Pistole rauchte, Sir!“

Jennys törichtes kleines Gesicht war rot vor Aufregung und ihre Lippen zitterten, als sie ihre Geschichte erzählte. Es war unmöglich, ihr nicht zu glauben , es konnte keinen Zweifel an ihrer Treue zum Detail geben.

Aber Talcott war unerschütterlich.

„Die Pistole rauchte“, wiederholte er, „wohin ist der Mann damit gegangen?“

„Ich weiß es nicht, Sir“, sagte Jenny; „Ich bin hinter ihm in den Flur gerannt – ich glaube, ich habe gesehen, wie er die Treppe hinuntergelaufen ist, aber ich – ich hatte solche Angst vor all dem, dass ich in den Aufzug – Minnys Aufzug – gesprungen bin und selbst die Treppe hinuntergekommen bin.“

"Und dann?" fragte Talcott.

„Dann, Sir, – oh, ich weiß nicht, – ich glaube, ich habe den Kopf verloren – es war alles so seltsam, wissen Sie –“

„Ja, ja", sagte Talcott beruhigend – er war ein äußerst höflicher Mann, „ja, Miss Jenny – ich wundere mich nicht, dass Sie verärgert waren. Ich denke, wenn Sie uns begleiten, gehen wir nach oben zu Mr. Gatelys Zimmern."

Mir kam es so vor, als schenkte Mr. Talcott meiner Anwesenheit nicht genügend Aufmerksamkeit, aber ich verzieh mir das, denn ich war mir sicher, dass er meine Dienste später nur allzu gern in Anspruch nehmen würde. Also folgte ich ihm und der blondhaarigen Jenny bis zum Büro des Bankpräsidenten.

Wir fuhren nicht mit Minnys Aufzug nach oben, sondern mit einem anderen, und unser Erscheinen an der Tür von Mr. Gatelys Büro Nummer eins wurde von Norah empfangen – meiner Norah, die uns mit einer ernsten Miene empfing.

Der Anblick von Mr. Talcott ließ sie nicht einschüchtern, so imposant er auch war, und sie war offensichtlich verächtlich gegenüber Jenny, die bereits ein flottes Auftreten an den Tag gelegt hatte.

Aber Jenny war ziemlich selbstbeherrscht und begann Norah mit einer Kopfbewegung zu erklären.

„Ich war hier an meinem Schreibtisch, Mr. Talcott", begann sie wortreich; „Und in Mr. Gatelys Büro hörte ich jemanden ziemlich scharf reden –"

"Ein Mann?"

"Jawohl."

„Wie ist er reingekommen, wenn nicht durch Ihr Zimmer?"

„Oh, die Leute gingen oft durch die Flurtüren von Nummer zwei oder drei, und manchmal kamen sie durch mein Zimmer."

„Wer ist heute Nachmittag durch Ihr Zimmer gegangen?"

„Nur drei Leute. Ein alter Mann namens Smith –"

„Was war sein Geschäft?"

„Ich bin mir nicht ganz sicher, aber es hatte damit zu tun, dass er von Mr. Gately einen Teil seines Gehalts bekam; Er war ein Niedergeschlagener und hoffte, dass Mr. Gately ihm durchhelfen würde."

„Und hat er?"

„Oh ja, Herr! Herr Gately war immer sanftherzig und lehnte nie jemanden in Not ab."

„Und die anderen Anrufer?"

„Da war eine alte Dame, die sich um die Rente ihres Mannes kümmern wollte – und –“

"Also? Ich nehme an, dass nicht alle Anrufer Begünstigte waren?“

"Nein Sir. Eine davon war eine – eine Dame.“

"Eine Dame? Beschreibe sie."

„Nun, sie war Miss Olive Raynor – Mr. Gatelys Mündel.“

„Oh, Miss Raynor. Nun, es hat keinen Sinn, über sie zu reden. Gab es noch andere Damen?“

"Nein Sir."

„Noch irgendwelche anderen Männer?“

"Nein Sir; das heißt, nicht durch mein Zimmer. Wissen Sie, die Leute könnten in Mr. Gatelys Privatbüros gehen, ohne durch mein Zimmer zu gehen.“

"Ja, ich weiß. Aber konntest du sie nicht sehen?“

„Nur schwach – durch das trübe Glasfenster zwischen meinem Zimmer und Mr. Gatelys.“

„Und was haben Sie von den Anrufern in Mr. Gatelys Zimmer gesehen, kurz bevor Sie den Schuss hörten?“

Jenny sah zweifelhaft aus. Sie schien geneigt zu sein, nicht alles zu erzählen, was sie wusste. Aber Mr. Talcott sprach scharf.

„Komm“, sagte er; „Sprich laut. Sagen Sie alles, was Sie wissen.“

„Ich habe niemanden hereinkommen hören“, sagte Jenny langsam; „Und dann hörte ich plötzlich laute Stimmen – und dann hörte ich streitende Worte –“

„ Streitig ?“

„Ja, Sir, als ob jemand Mr. Gately bedrohen würde. Ich habe nicht deutlich gehört, aber ich habe genug gehört, um durch das Fenster zwischen den beiden Räumen schauen zu können –“

„Dieses Fenster?“

„Ja, Sir“, und Jenny nickte in Richtung der trüben Glasscheibe zwischen ihrem Zimmer und Mr. Gatelys Büro. „Und ich sah eine Art Schatten – und dann sah ich in einer Minute, wie die Schatten aufstiegen – Sie wissen schon, Mr. Gately und ein anderer Mann – und dann – ich hörte, wie eine Pistole abgefeuert wurde, und ich schrie!"

„Dann war es also dein Schrei, den ich gehört habe!" rief ich aus.

„Ich weiß es nicht", antwortete Jenny, „aber ich habe geschrien, weil ich schreckliche Angst vor Pistolenschüssen habe und nicht wusste, wer geschossen hat."

"Was hast du als nächstes getan?" fragte Mr. Talcott auf seine ruhige Art.

„Ich bin in Mr. Gatelys Zimmer gerannt –"

„Und du hattest keine Angst?"

„Nicht für mich. Ich hatte Angst vor dem Schuss – ich habe immer Angst vor Schusswaffen, aber ich wollte wissen, was los war. Also öffnete ich die Tür und rannte hinein –"

"Ja; Und?"

„Ich habe niemanden in Mr. Gatelys Zimmer gesehen – ich meine in diesem Zimmer neben meinem – also rannte ich weiter, in das dritte Zimmer – ich darf dort nicht hineingehen – aber ich tat es, und da sah ich einen Ein Mann ging gerade in die Halle und in seiner Hand hielt er einen rauchenden Revolver.

„Raus in die Halle? Bist du ihm gefolgt?"

" Natürlich habe ich! Aber er rannte die Treppe hinunter. Ich bin nicht so runtergefahren, weil ich dachte, ich würde schneller runterkommen und ihn abschrecken, indem ich mit dem Aufzug nach unten fahre."

„ Also bist du mit dem Aufzug nach unten gefahren?"

"Jawohl. Es war Minnys Aufzug, – Minny ist meine Schwester – und nachdem ich eingestiegen bin – und Minny gesehen habe , wurde ich irgendwie hysterisch und nervös und konnte mich nicht mehr erinnern, was ich vorhatte."

„Was ist aus dem Mann geworden?" fragte Talcott, der sich nicht für Jennys Nervosität interessierte.

„Ich weiß es nicht, Sir. Ich war so erschüttert – und ich habe ihn nur einen Moment lang gesehen – und –"

„Würden Sie ihn erkennen, wenn Sie ihn wiedersehen würden?"

„Ich weiß es nicht – ich glaube nicht."

„Ich wünschte, du könntest ja sagen – es könnte von größter Bedeutung sein.“

Aber Jenny schien Mr. Talcotts Wunsch zu verübeln.

„Ich verstehe nicht, wie Sie das erwarten können, Sir“, sagte sie kleinlich; „Ich habe ihn nur flüchtig gesehen – ich hatte Todesangst beim Klang des Pistolenschusses – und als ich in dieses Zimmer stürmte und feststellte, dass Mr. Gately verschwunden war, war ich so verwirrt, dass ich nicht wusste, was ich vorhatte ! Das habe ich nicht getan!“

„Und doch“, bemerkte Norah leise, „waren Sie völlig ruhig und gefasst, nachdem Sie nach unten gegangen waren und diese Herren Sie im Speisesaal gefunden hatten –“

"Nichts der gleichen!" flammte Jenny zurück; „Ich bin völlig nervös! Meine Nerven sind völlig erschöpft!“

„Ganz richtig“, sagte Mr. Talcott freundlich, „und ich schlage vor, dass Sie zurück in den Speisesaal gehen, Miss Jenny, und sich ausruhen und beruhigen. Aber bitte bleiben Sie dort, bis ich wieder nach Ihnen rufe.“

Jenny sah ein wenig enttäuscht aus, dass sie so aus dem Rampenlicht gedrängt wurde, aber als Mr. Talcott ihr die Tür aufhielt, hatte sie keine andere Wahl, als zu gehen, und wir hörten sie plötzlich im Aufzug ihrer Schwester hinunterfahren.

„Jetzt“, fuhr Herr Talcott fort, „werden wir diese Angelegenheit weiter untersuchen.“

„Sehen Sie“, fuhr er fort und sprach zu meiner Überraschung sowohl zu Norah als auch zu mir selbst, „ich kann nicht wirklich begreifen, dass Mr. Gately etwas Ernstes passiert ist. Denn wenn der Schuss, den Jenny gehört hat und den Sie, Herr Brice, gehört haben, Herrn Gately getötet hätte, wäre die Leiche natürlich hier. Auch wenn der Schuss ihn ernsthaft verletzt hätte, würde er es auf irgendeine Weise schaffen, seinen Zustand bekannt zu machen. Daher bin ich mir sicher, dass Mr. Gately entweder völlig in Ordnung ist oder, falls er leicht verwundet ist, in einem Vorzimmer oder im Zimmer eines Freundes in der Nähe ist. Und wenn das der Fall ist – ich meine, wenn unser Mr. Gately krank oder verletzt ist, müssen wir ihn finden. Daher muss eine sorgfältige Suche durchgeführt werden.“

„Aber“, sagte Norah, „vielleicht ist Mr. Gately nach Hause gegangen.“ Es gibt keine eindeutige Garantie dafür, dass er es nicht getan hat.“

Mr. Talcott sah Norah scharf an. Er schien sie nicht für eine unverschämte junge Person zu halten, aber er nahm ihren Vorschlag ernst.

„Das mag sein", stimmte er zu. „Ich denke, ich werde seine Wohnung anrufen."

Er tat es, und ich konnte aus den Bemerkungen, die er am Telefon machte, schließen, dass weder Amos Gately noch seine Nichte, Miss Olive Raynor, bei ihm zu Hause waren.

Talcott machte noch ein oder zwei Anrufe und ich erfuhr schließlich, dass er Miss Raynor ausfindig gemacht hatte.

Denn „Sehr gut", sagte er; „Dann hoffe ich, Sie in zehn oder fünfzehn Minuten hier zu sehen."

Er legte den Hörer auf – er hatte das Gerät in Jennys Zimmer benutzt und nicht das umgedrehte auf Mr. Gatelys Schreibtisch – und versicherte:

„Ich denke, es ist alles in Ordnung. Miss Raynor sagt, sie habe ihren Onkel heute Nachmittag, kurz nach dem Mittagessen, hier gesehen, und er sagte, er würde das Büro für heute verlassen. Sie glaubt, er sei in seinem Club oder auf dem Heimweg. Sie kommt jedoch hierher, da sie in der Limousine sitzt, und aus Angst vor einem Sturm möchte sie Mr. Gately nach Hause bringen."

KAPITEL III

Der Aufzug

Mr. Talcott kehrte in den mittleren Raum zurück und betrachtete den gestörten Zustand der Dinge um und auf Mr. Gatelys Schreibtisch genauer.

„Es ist sicher, dass Mr. Gately das Zimmer in Eile verlassen hat", sagte er, „denn hier liegt zweifellos ein offen gelassenes privates und persönliches Scheckbuch." Ich übernehme die Verantwortung, es wegzuräumen, zumindest für den Moment."

Mr. Talcott klappte das Scheckbuch zu und legte es in eine kleine Schublade des Schreibtisches.

„Warum steckst du die Hutnadel nicht auch weg?" schlug Norah vor und beäugte die Nadel neugierig. „Ich glaube nicht, dass es Miss Raynor gehört."

„Nehmen Sie es am Rand hoch", warnte ich; „Ich ziehe vielleicht voreilige Schlussfolgerungen, aber es besteht die Möglichkeit, dass ein Verbrechen begangen wurde, und wir müssen die Beweise bewahren . "

„Ganz richtig, Mr. Brice", stimmte Talcott zu und nahm die Nadel vorsichtig auf, indem er die Kanten ihres verzierten Kopfes zwischen Daumen und Zeigefinger nahm. Der Kopf war ein ägyptischer Skarabäus – ich konnte nicht sagen, ob er echt war oder nicht – und stand auf einer flachen Unterlage aus Gold. Auf dieser Rückseite könnte leicht der Daumenabdruck der Frau zu sehen sein, die in Mr. Gatelys Büro diese Nadel aus ihrem Hut gezogen hatte. Und wer, so vermutete Norah, die Person war, die die Pistole abgefeuert hatte, deren Schuss ich gehört hatte.

Mr. Talcott steckte die Hutnadel in die Schublade mit dem Scheckbuch, schloss die Schublade ab und steckte den Schlüssel in seine Tasche.

Ich fragte mich, ob er einen Eintrag in dem Buch gesehen hatte, der in ihm den Wunsch weckte, Mr. Gatelys Privatangelegenheiten vor neugierigen Blicken zu verbergen.

„Es besteht tatsächlich die Möglichkeit, dass etwas nicht stimmt", fuhr er fort, „zuerst konnte ich es nicht glauben, aber als ich diesen Raum, diesen umgestürzten Stuhl und das umgestürzte Telefon im Zusammenhang mit der Schießerei sah, wie Sie es gehört haben, Herr … Brice, es scheint auf jeden Fall bedrohlich. Und höchst geheimnisvoll! Zwei Menschen streiten sich, der eine oder andere feuert einen Schuss ab, und keine Spur des Angreifers, seines Opfers oder seiner Waffe! Nun gibt es drei Thesen, von denen eine die Wahrheit sein *muss* . Mr. Gately lebt und es geht ihm gut, er ist verwundet oder er wurde getötet. Letzteres scheint unmöglich, da sein Körper nicht ohne Entdeckung hätte weggebracht werden können; wenn er verwundet wäre, müsste das meiner Meinung nach auch bekannt sein; Daher habe ich immer noch das Gefühl, dass alles in Ordnung ist. Aber bis wir das beweisen können, müssen wir unsere Suche fortsetzen."

„Ja", stimmte ich zu, „suchen Sie nach Mr. Gately und suchen Sie auch nach dem Mann, der hier war und mit ihm gestritten hat."

„Oder die Frau", beharrte Norah.

„Ich kann nicht glauben, dass es eine Frau war", sagte ich. „Obwohl der Schatten undeutlich war, kam er mir wie der eines Mannes vor, die Bewegungen und Haltungen waren in meiner Erinnerung männlich. Die Hutnadel könnte heute Morgen oder jederzeit hier gelassen worden sein."

„Der Besucher muss gefunden werden", erklärte Herr Talcott, „aber ich weiß nicht, wie ich das anstellen soll."

„Fragen Sie die Fahrstuhlmädchen", schlug ich vor; „Einer von ihnen muss den Anrufer hierher gebracht haben."

Wir taten dies, aber die Wärter der drei Aufzüge bestritten alle, seit dem alten Mann und der älteren Dame, die Jenny erwähnt hatte, irgendjemanden zu Mr. Gatelys Büro gebracht zu haben.

Miss Raynor war ebenfalls von einem der Mädchen großgezogen worden, aber wir konnten nicht genau feststellen, ob sie vor oder nach den beiden anderen gekommen war.

Während ich darauf wartete, dass Miss Raynor wiederkam, versuchte ich, aus allen Beweisen, die mir auffielen, eine kleine wissenschaftliche Schlussfolgerung zu ziehen.

Aber ich habe kleine Informationen erhalten. Die Schreibunterlage, das Tintenfass und die Stifte waren in einwandfreiem Zustand und wurden zweifellos jeden Tag von einem sorgfältigen Diener erneuert. Alle kleineren Accessoires wie Briefbeschwerer und Brieföffner waren von individuellem Stil und aus wertvollen Materialien.

Es gab kunstvolle Rauchutensilien und eine wunderschöne einzelne Rose in einer hohen silbernen Vase.

„Können Sie etwas über das Geheimnis lesen, Mr. Brice", fragte Talcott und bemerkte meine nachdenkliche Prüfung.

"NEIN; nichts Bestimmtes. Tatsächlich nichts von Bedeutung. Ich sehe, dass Mr. Gately zumindest einmal einen Chauffeur unzumutbar lange warten ließ und der Mann schließlich gezwungen war, ohne ihn wegzugehen."

„Na, wie kommst du denn darauf?" und Mr. Talcott sah ausgesprochen interessiert aus.

„Wie bei den meisten dieser spektakulären Schlussfolgerungen", antwortete ich, „nimmt die Erklärung den ganzen Charme aus." Auf dem Schreibtisch liegt ein Kutschenscheck – eine dieser seltsamen Karten mit vielen runden Löchern darin. Das muss Mr. Gately gegeben worden sein, als er sein Auto oder vielleicht ein Taxi vor einem Hotel oder Geschäft abstellte. Da er es nicht aufgab, muss der Chauffeur auf ihn gewartet haben, bis er müde war."

„Vielleicht ist er mit einem Freund weggegangen und hat dem Mann gesagt, er solle nicht warten", meinte Talcott.

„Aber dann hätte er den Anrufscheck verschickt, um ihn zu identifizieren. Was für ein seltsames Ding das ist", und ich nahm die Karte mit ihren sieben runden Löchern in einer kabbalistischen Anordnung.

„Vielleicht hat der Anrufer es liegen gelassen", sagte Norah; „Vielleicht ist er oder sie in einem Taxi oder einem Auto hierher gekommen und –"

„Nein, Norah", sagte ich, „solche Schecks werden in einem Gebäude dieser Art nicht ausgegeben. Nur in Hotels, Theatern oder Geschäften."

„Es ist unwichtig", und Mr. Talcott zuckte leicht ungeduldig mit den Schultern; „Die Sache ist, wo ist Mr. Gately?"

Unruhig und unfähig, still zu sitzen, schlenderte ich in den dritten Raum. Ich hatte von diesem Heiligtum gehört, aber ich hätte nie erwartet, es zu sehen. Jetzt kam mir der Impuls, das Beste aus dieser Chance zu machen, denn wenn Mr. Gately zurückkäme, könnte ich, wenn man höflich wäre, kurzerhand rausgeschmissen werden.

Der Raum wirkte wie eine würdevolle Pracht. Es war offensichtlich von einem Dekorateur, der ein wahrer Künstler war, gemacht, aber nicht übertrieben worden. Die vorherrschende Farbe war ein sanftes, tiefes Blau, und die Teppiche und Textilstoffe waren reich und luxuriös. Es gab ein paar schöne Gemälde in Goldrahmen und die große Kriegskarte nahm den größten Teil einer getäfelten Wandfläche ein. Die Stühle waren geräumig und gepolstert, und vor einem großen Kamin, in dem einige Holzscheite fröhlich brannten, stand ein riesiges Sofa.

„Ein gemütlicher Ort, um Freunde zu unterhalten", überlegte ich, und als ich mich dann wieder dem mittleren Raum zuwandte, rekonstruierte ich die Bewegungen der beiden Menschen, die ich im Schatten gesehen hatte.

„Als sie aufstanden", sagte ich zu Mr. Talcott, „war Amos Gately hinter diesem großen Tisch, und der andere Mann – denn ich glaube immer noch, dass es ein Mann war – stand ihm gegenüber." Der andere Mann stieß beim Aufstehen mit seinem Stuhl um, also musste er hastig aufgestanden sein. Dann wurde der Schuss abgefeuert und die beiden verschwanden. Als Jenny sofort ins Zimmer kam und sah, wie der fremde Mann durch das dritte Zimmer und hinaus zur Treppe ging, müssen wir zu dem Schluss kommen, dass Mr. Gately ihm vorausgegangen ist."

"Die Treppe herunter?" fragte Herr Talcott.

„Ja, zumindest für den Flug, sonst hätte Jenny ihn gesehen. Außerdem hätte ich ihn sehen sollen, wenn er in dieser Halle geblieben wäre."

„Und die Frau?" fragte Norah, „was ist aus ihr geworden?"

„Ich glaube nicht, dass zu diesem Zeitpunkt eine Frau anwesend war", gab ich zurück. „Die Hutnadel wurde zweifellos von einer Anruferin zurückgelassen, aber wir haben keinen Grund anzunehmen, dass sie zur gleichen Zeit dort war, als die Schießerei stattfand."

„Ich kann mir keinen Grund vorstellen, warum jemand Mr. Gately erschießen sollte", sagte Talcott nachdenklich. „Er ist ein äußerst geschätzter Gentleman, die Seele der Ehre und Aufrichtigkeit."

„Natürlich", stimmte ich zu; „Aber hat er keine persönlichen Feinde?"

„Keiner, von dem ich weiß, und es ist sowieso höchst unwahrscheinlich. Er ist kein Politiker und auch kein öffentlicher Mann irgendeiner Art. Er ist äußerst barmherzig, aber er macht seine guten Taten selten bekannt. Er hat zu verstehen gegeben, dass er wünscht, dass seine Wohltaten geheim gehalten werden."

„Was sind seine Vorlieben?" Ich fragte beiläufig.

„Einfach im Extrem. Er macht selten Urlaub, und obwohl sein Zuhause prächtig ist, gibt es bei ihm nicht viel Unterhaltung. Ich habe gehört, dass Miss Raynor vergeblich darum bittet, dass er sich mehr zu einem Mann der Gesellschaft entwickelt."

„Sie ist sein Mündel?"

"Ja; kein Verwandter, obwohl sie ihn Onkel nennt. Ich glaube, er war ein Studienfreund von Miss Raynors Vater, und als das Mädchen allein auf der Welt war, nahm er sie zu sich und kümmerte sich um ihr Vermögen."

„Ein großes?"

„Eher schon, glaube ich. Jedenfalls genug, um die Glücksjäger in Versuchung zu führen, und Mr. Gately missbilligt jeden jungen Mann, der ihn um Olive Raynors Hand bittet."

„Vielleicht war der Anrufer heute ein Verehrer."

„Oh, ich glaube kaum, dass ein Mann zu einem solchen Auftrag bewaffnet kommen würde. NEIN; Für mich ist das Mysteriöseste daran, warum irgendjemand Mr. Gately Schaden zufügen möchte. Es muss ein mörderischer Wahnsinniger gewesen sein – wenn es so ein Wesen wirklich gibt."

„Das Geheimnisvollste für mich", erwiderte ich, „ist, wie sie beide so schnell davongekommen sind." Sehen Sie, ich stand in meiner Tür gegenüber und schaute sie an, und sobald ich den Schuss hörte, rannte ich so schnell ich konnte zur mittleren Tür, dann zur dritten Zimmertür und dann zurück zur ersten. Hätte ich gewusst, welches Zimmer welches ist, hätte ich natürlich zuerst zur Tür Nummer eins gehen sollen. Aber wie Sie sehen, war ich in der Halle und ging von einer Tür zur anderen, und ich muss die Männer gesehen haben, wenn sie durch irgendeine Tür in die Halle gekommen wären."

„Sie verließen Zimmer Nummer drei, als Sie Nummer eins betraten", sagte Norah und dachte sorgfältig darüber nach.

„Das muss so sein, aber wohin sind sie gegangen? Warum war Mr. Gately seitdem nicht mehr zu sehen, wenn er nach unten ging? Ich kann mich des Gefühls nicht erwehren, dass Amos Gately aus irgendeinem Grund nicht in der Lage ist, sich zu bewegen. Könnte er entführt worden sein? Oder liegt er gefesselt und geknebelt in einem ungenutzten Raum, etwa im Stockwerk darunter?"

„Nein", sagte Talcott kurz. „Ohne etwas darüber zu sagen, habe ich einen der Bankangestellten auf die Jagd geschickt und ihm gesagt, er solle jeden Raum im Gebäude untersuchen. Da er sich nicht gemeldet hat, hat er Mr. Gately noch nicht gefunden."

Und dann kam Olive Raynor.

Ich werde diesen ersten Anblick nie vergessen. Angekündigt von einem duftenden Hauch frischer Veilchen betrat sie das erste Zimmer und blieb an der Tür des mittleren Zimmers stehen, wo wir noch saßen.

Eingerahmt in die Türverkleidung aus Mahagoni wirkte das schöne Stück Weiblichkeit wie ein lachendes Bündel aus Pelzen, Samtstoffen und Spitzen.

"Was ist los?" sagte eine sanfte, süße Stimme. „Ist Onkel Amos weggelaufen? Ich hoffe, er ist an einem geschützten Ort, denn es zieht ein heftiger Sturm auf und der Wind bläst einen Sturm."

Die nickenden Federn an ihrem Hut wehten, als sie fragend den Kopf hob und sich umsah.

„Was rieche ich?" sie rief aus; „Es ist wie – wie Pistolenrauch!"

„Das ist es", sagte Herr Talcott. „Aber hier ist jetzt keine Pistole –"

"Wie aufregend! Worum geht es? Sag es mir doch."

Offensichtlich hatte das Mädchen keine ernsthafte Ahnung. Ihre weit aufgerissenen Augen zeigten Neugier und Interesse, doch an Ärger hatte sie bisher noch nicht gedacht.

Sie trat weiter in den Raum hinein, und als sie ihre Pelze zurückwarf, kam eine schlanke, anmutige Gestalt zum Vorschein, die sich schnell bewegte und von exquisiter Haltung war. Weder dunkel noch sehr hell, ihr welliges braunes Haar umrahmte ein Gesicht, dessen Hauptmerkmal die schnell wechselnden Gesichtsausdrücke zu sein schienen. Mal lächelnd, dann ernst, dann verwundert, dann fröhlich blickte sie von einem zum anderen, und ihre großen braunen Augen ruhten schließlich auf Norah.

"Wer bist du?" fragte sie mit einem lieblichen Lächeln, das den Worten jegliche Schroffheit nahm.

„Ich bin Norah MacCormack , Miss Raynor", antwortete meine Stenographin. „Ich bin in Mr. Brices Büro auf der anderen Seite des Flurs. Das ist Mr. Brice."

Es gab keinen Grund, warum Norah diejenige sein sollte, die mich vorstellte, aber wir waren alle ein wenig verunsichert, und Mr. Talcott, der natürlich derjenige war, der mit der Situation umgehen sollte, schien völlig ratlos zu sein, wie er anfangen sollte .

„Wie geht es Ihnen, Mr. Brice?" und Miss Raynor schenkte mir ein besonderes Lächeln. „Und jetzt, Mr. Talcott, sagen Sie mir, was ist los? Ich sehe, dass etwas passiert ist. Was ist es?"

Sie war jetzt ernst genug. Plötzlich war ihr klar geworden, dass es etwas zu erzählen gab, und sie hatte vor, es erzählt zu bekommen.

„Ich weiß nicht, Miss Raynor", begann Talcott, „ob etwas passiert ist oder nicht. Ich meine, alles Ernste. Wir – das heißt – wir wissen nicht, wo Mr. Gately ist."

"Mach weiter. Das allein erklärt nicht deine besorgten Gesichter."

Also erzählte Talcott ihr – erzählte ihr genau das, was wir selbst wussten, was so wenig und doch so geheimnisvoll war.

Olive hörte zu und ihre großen, dunklen Augen weiteten sich vor Staunen. Sie hatte ihren Pelzmantel ausgezogen und saß auf Amos Gatelys Schreibtischstuhl, wobei ihr zierlicher Fuß ab und zu den Drehstuhl drehte.

Ihr Muff fiel zu Boden, und unbewusst zog sie ihre Handschuhe aus und ließ sie darauf fallen. Sie sagte während des Vortrags kein Wort, aber ihr lebhaftes Gesicht zeigte die ganze Überraschung und Angst, die sie empfand, als die Geschichte erzählt wurde.

Dann: „Ich verstehe nicht", sagte sie schlicht. „Glaubst du, jemand hat Onkel Amos erschossen? Wo ist er dann?"

„Wir verstehen es auch nicht", entgegnete Talcott. „Wir wissen nicht, dass ihn jemand erschossen hat. Wir wissen nur, dass ein Schuss abgefeuert wurde und Mr. Gately vermisst wird."

In diesem Moment betrat ein Mann vom Flur her Jennys Zimmer. Auch er blieb in der Tür zum mittleren Raum stehen.

„Oh, Amory, komm rein!" rief Miss Raynor. „Ich bin so froh, dass du hier bist. Das sind Mr. Brice – und Miss MacCormack – Mr. Manning. Mr. Talcott, natürlich wissen Sie es."

Ich hatte Amory Manning noch nie zuvor getroffen, aber ein Blick genügte, um zu zeigen, wie die Dinge zwischen ihm und Olive Raynor standen. Sie waren mehr als nur Freunde, so viel war sicher.

„Ich habe Mr. Manning unten gesehen", sagte Miss Raynor mit einem schönen Lächeln zu Talcott, „und – was Onkel Amos nicht tut – nun, er ist nicht nur verrückt nach ihm, ich habe ihn gebeten, nicht mit hierher zu kommen." mich, sondern unten auf mich zu warten."

„Und da Sie so lange mit dem Herunterkommen gezögert haben, bin ich heraufgekommen", sagte Herr Manning mit einem kleinen Lächeln. „Was ist das? Was ist mit einem Schuss? Wo ist Mr. Gately?"

Talcott zögerte, aber Olive Raynor erzählte die ganze Geschichte auf einmal.

Manning hörte ernst zu und sagte am Ende schlicht: „Er *muss* gefunden werden. " Wie sollen wir es angehen?"

„Das weiß ich nicht", antwortete Talcott.

„Ich werde helfen", sagte Olive forsch. „Ich weigere mich zu glauben, dass ihm irgendein Schaden zugefügt wurde. Rufen wir seine Vereine an."

„Das habe ich getan", sagte Talcott. „Ich kann nicht glauben, dass er irgendwohin gegangen ist – freiwillig."

"Wie dann?" rief Olive. „Oh, warte mal, ich weiß etwas!"

"Was?" fragten Talcott und ich gemeinsam, denn das Gesicht des Mädchens strahlte von ihrem plötzlichen glücklichen Gedanken.

„Na ja, Onkel Amos hat einen eigenen privaten Aufzug. Da ist er untergegangen!"

"Wo ist es?" fragte Manning.

„Ich weiß es nicht", und Olive sah sich im Raum um. „Und Onkel hat mir verboten, es jemals zu erwähnen – aber das ist ein Notfall, nicht wahr? und ich habe Recht, finden Sie nicht auch?"

„Ja", sagte Manning; „Erzähl alles, was du weißt."

„Aber das ist alles, was ich weiß. Es gibt einen geheimen Aufzug, von dem niemand weiß. Sicherlich können Sie es finden."

„Sicher können wir das!" sagte ich, sprang auf und begann mit der Suche.

Es dauerte auch nicht lange. Es gab nicht sehr viele Orte, an denen sich ein privater Eingang verbergen ließ, und ich fand ihn hinter der großen Kriegskarte im dritten Raum.

Die Tür war bündig mit der Wand und genauso gestrichen wie das Paneel selbst. Die Karte hing einfach an der Tür, überlappte aber so weit, dass sie verdeckt war. Somit war die Tür verborgen, wenn auch nicht wirklich schwer zu entdecken.

„Es lässt sich nicht öffnen", verkündete ich nach einem vergeblichen Versuch.

„Automatisch", sagte Talcott. „So etwas kann man nicht öffnen, wenn das Auto kaputt ist."

„Woher wissen Sie, dass das Auto kaputt ist?" Ich fragte.

„Weil sich die Tür nicht öffnen lässt. Nun, es scheint also wahrscheinlich, dass Mr. Gately durch diesen Ausgang weggegangen ist."

„Und die Frau auch", bemerkte Norah.

Wie zuvor hatte Mr. Talcott keine Einwände gegen Norahs Teilnahme an unserer Diskussion, vielmehr schien er sie eher zu begrüßen und in gewisser Weise ihrer Meinung nachzugeben.

„Vielleicht ja", stimmte er zu. „Nun, Miss Raynor, wohin führt dieser Aufzug hin? Ich meine, wo öffnet es sich im Erdgeschoss?"

„Ich weiß es nicht, da bin ich mir sicher", und das Mädchen sah verwirrt aus. „Ich war darin noch nie oben oder unten. Ich hätte es nicht wissen sollen, aber als Onkel mir einmal zufällig einen Hinweis darauf entgehen ließ, und als ich ihn danach fragte, sagte er es mir, sagte mir aber, ich solle es nicht erzählen. Denn er nutzt es, um Langeweile oder Leuten zu entkommen, die er nicht sehen möchte."

„Es sollte leicht sein, seinen Schaft durch den Boden zu verfolgen", sagte Amory Manning. „Obwohl ich annehme, dass es auf keinem Stockwerk eine Öffnung gibt, bis das Straßengeschoss erreicht ist."

Manning war ein nachdenklich wirkender Kerl. Obwohl wir uns noch nie zuvor getroffen hatten, kannte ich ihn und hatte den Eindruck, dass er Bauingenieur oder so etwas in der Art war. Ich fühlte mich sofort zu ihm hingezogen, denn er hatte eine angenehme, entgegenkommende Art und einen netten, freundlichen Umgang mit ihm.

Von außen wirkte er eher wissenschaftlich als sachlich. Dieser Effekt war wahrscheinlich zum Teil auf die riesige Muschelbrille zurückzuführen, die er trug. Ich kann diese Dinge selbst nicht ertragen, aber manche Männer scheinen sie von Natur aus zu akzeptieren. Im Übrigen hatte Manning dichtes, dunkles Haar und neigte ein wenig zur Übergewichtigkeit, aber seine stattliche Größe bewahrte ihn davor, stämmig auszusehen.

„Nun, ich denke, wir sollten diesen Aufzug untersuchen", sagte Talcott. „Angenommen, Sie und ich, Mr. Brice, gehen nach unten, um nachzusehen, und lassen Miss Raynor und Mr. Manning hier – für den Fall – für den Fall, dass Mr. Gately zurückkommt."

Ich wusste, dass Talcott meinte, für den Fall, dass wir im Aufzug etwas falsch finden sollten, aber er drückte es lockerer aus, und Miss Raynor schien zufrieden zu sein.

„Ja, das tue ich", sagte sie, „und wir warten hier, bis du zurückkommst. Natürlich können Sie herausfinden, wo es landet, und – oh, Moment mal!

Vielleicht öffnet es im Gebäude nebenan . Ich erinnere mich, dass Onkel manchmal, wenn ich im Auto auf ihn wartete, aus dem Gebäude nebenan kam und nicht aus diesem, und wenn ich ihn nach dem Grund fragte, drehte er immer das Thema um, ohne es mir zu sagen."

„Vielleicht", und Talcott dachte über die Position des Schachts nach. „Na ja, wir werden sehen."

Norah kehrte diskret in meine Büros zurück, aber ich war mir ziemlich sicher, dass sie nicht nach Hause gehen würde, bis etwas über das mysteriöse Verschwinden herausgefunden würde.

Auf der Straßenetage konnten wir keinen möglichen Ausgang für den fraglichen Aufzug finden, und ohne Olives Hinweis, wo wir suchen sollten, weiß ich nicht, wie wir ihn überhaupt hätten finden sollen.

Aber als wir das Gebäude der Treuhandgesellschaft verließen, fanden wir endlich den Ort. Zumindest fanden wir eine Tür, die sich an der Stelle befand, an der wir vermuteten, dass der Aufzugsschacht sie benötigen würde, und versuchten, sie zu öffnen.

Dies ist uns nicht gelungen.

„Sieht schlimm aus", sagte Talcott kopfschüttelnd. „Wenn Amos Gately da drin ist, dann deshalb, weil er nicht herauskommen kann – oder weil er bewusstlos ist."

Er brachte es nicht über sich, das grausamere Wort auszusprechen, das uns beiden durch den Kopf ging, und drehte sich abrupt zur Seite, während er sich auf die Suche nach dem Hausmeister oder dem Hausverwalter machte.

Allein gelassen starrte ich auf die stille Tür. Es war eine gewöhnlich aussehende Tür am Ende eines kleinen Seitengangs, der mit der Haupthalle oder Lobby des Gebäudes verband. Sie war unauffällig, und da der Durchgang eine Ecke hatte, hätte Amos Gately problemlos ohne aufregende Bemerkung durch die Tür hinein- und hinausgehen können.

Natürlich würde der Hausmeister alles darüber wissen; und er tat es.

Er kam mit Mr. Talcott zurück und murmelte, während er kam.

„Ich habe immer gesagt, dass Mr. Gately noch in die Sache reinfallen würde! Ich behalte keine automatischen Dinge bei ihnen, also tue ich das auch nicht. Es kann sein, dass es ihnen jahrelang gut geht und sie dir dann einen Streich spielen. Wenn dieser Mann da drin gefangen ist, muss er inzwischen ziemlich krank sein!"

„Benutzt Mr. Gately das Ding oft?" Ich fragte.

„Nicht so oft, Sir. Unregelmäßig wie. Manchmal ziemlich häufig und dann wiederum eher selten. Nun, wir können es nicht öffnen, Mr. Talcott. Diese Dinge werden nicht funktionieren, nur eben so. Nachdem jemand eingestiegen ist und die Tür geschlossen hat, kann sie nur durch Drücken eines Knopfes an der Innenseite geöffnet werden. Kannst du nicht nach oben reinkommen?"

„Nein", sagte Talcott knapp. „Dann holen Sie sich Hilfe und brechen Sie die Tür auf."

Gately, tot , zusammengeknüllt auf dem Boden des Wagens .

KAPITEL IV

Der schwarze Sturm

Hätte ich Mr. Talcott zuvor für etwas gleichgültig gehalten, änderte ich plötzlich meine Meinung. Sein Gesicht wurde gespenstisch weiß und seine Augen starrten vor Entsetzen. Es gab mehr als nur seine Trauer um einen Freund, obwohl das offensichtlich genug war, aber seine Gedanken wanderten zu den größeren Problemen, die dieser Mord an einem Bankpräsidenten und ansonsten einflussreichen Finanzier mit sich brachte.

Es handelte sich zweifellos um Mord. Die kürzeste Untersuchung ergab, dass Mr. Gately ins Herz geschossen worden war und das Fehlen jeglicher Waffe einen Selbstmordgedanken ausschloss.

Der Hausmeister war von dem Anblick überwältigt und in einem Zustand, der an den Rand des Zusammenbruchs grenzte, und Mr. Talcott war nicht viel gefasster.

"Herr. „Brice", sagte er mit krampfhafter Miene, „das ist eine furchtbare Katastrophe! Was kann es bedeuten? Wer könnte es getan haben? Was sollen wir tun?"

Ich beantwortete zuerst seine letzte Frage und versuchte, die Situation in den Griff zu bekommen.

„Zuallererst, Mr. Talcott, müssen wir diese Sache vorerst geheim halten. Ich meine, wir dürfen nicht zulassen, dass sich hier eine Menschenmenge versammelt, bevor die notwendigen Angelegenheiten erledigt sind. Dieser Durchgang muss vor Eindringen geschützt werden und die Bankleute müssen sofort benachrichtigt werden. Angenommen, Sie und der Hausmeister bleiben hier, während ich nach nebenan gehe und es wem erzähle?"

„Lassen Sie mich nachdenken", stöhnte Mr. Talcott und fuhr sich mit der Hand über die Stirn. „Ja, bitte, Mr. Brice, tun Sie das – gehen Sie zur Bank und sagen Sie es Mr. Mason, dem Vizepräsidenten – und bitten Sie ihn, zu mir zu kommen – dann ist da noch Miss Raynor – oh, wie schrecklich das alles ist!"

„Außerdem müssen wir einen Arzt rufen", schlug ich vor, „und schließlich die Polizei."

„Müssen sie hereingebracht werden? Ja, das nehme ich an. Nun, Mr. Brice, wenn Sie sich um diese Besorgungen kümmern, bleibe ich hier. Aber wir müssen diesen Hausmeister zum Schweigen bringen!"

Der Mann, der kurz vor dem Zusammenbruch stand, stöhnte und murmelte Gebete oder so etwas, während er seinen großen Körper hin und her wiegte.

„Sehen Sie, mein Mann", sagte ich, „das ist ein großer Notfall und Sie müssen ihn bewältigen und Ihre Pflicht erfüllen." Das bedeutet im Moment, hier bei Mr. Talcott zu bleiben und sicherzustellen, dass niemand sonst in diese kleine Halle kommt, bis einige von Mr. Gatelys Bankbeamten eintreffen. Hören Sie außerdem auf, Lärm zu machen, und sehen Sie, was Sie tun können, um uns wirklich zu helfen."

Dieser Appell an sein Pflichtgefühl blieb nicht ohne Wirkung, und er richtete sich auf und schien der Situation gewachsen zu sein.

Dann rannte ich los und aus einem großen Gebäude zurück in das andere. Der Sturm, der sich immer noch zusammenbraute, war noch nicht gebrochen, aber der Himmel war schwarz und in der Atmosphäre lag das Gefühl von mehr Schnee. Ich zitterte, als ich die bitterkalte Außenluft spürte, und eilte in das Bankgebäude.

Ich hatte keine Probleme, Herrn Mason zu erreichen, denn die Bank selbst war geschlossen und viele der Angestellten waren nach Hause gegangen. Meine ernste Art reichte aus, um mich an allen neugierigen Dienern vorbeizulassen, und ich fand Mr. Mason in seinem Büro.

Ich erzählte ihm in wenigen Worten die nackten Tatsachen, denn dies war keine Zeit zum Zögern – ich wollte aufstehen und es Miss Raynor sagen, bevor ein weniger rücksichtsvoller Bote sie erreichen könnte.

Mr. Mason war entsetzt über die schreckliche Nachricht, schloss sofort seinen Schreibtisch, griff schnell nach Hut und Mantel und begann mit seiner furchterregenden Besorgung.

„Ich werde Mr. Gatelys Arzt anrufen", sagte er, während seine Gedanken schnell arbeiteten, während er einen Moment innehielt, „und Sie werden Miss Raynor die Neuigkeit überbringen, sagen Sie? Ich kann nicht alles verstehen! Aber mein Platz ist bei Mr. Gately und ich werde sofort dorthin gehen."

Also eilte ich wieder in den zwölften Stock und versuchte unterwegs zu überlegen, wie ich die schreckliche Geschichte am besten erzählen sollte.

Die Fahrt mit dem Aufzug kam mir noch nie so kurz vor – die Stockwerke flogen förmlich an mir vorbei, und nach wenigen Augenblicken befand ich mich im wunderschönen dritten Zimmer von Mr. Gately und fand Miss Raynor und Mr. Manning, die sehnsüchtig auf meine Neuigkeiten warteten.

„Haben Sie Mr. Gately gefunden?" fragte Amory Manning, aber im selben Moment schrie Olive Raynor: „Sie haben uns etwas Schreckliches zu sagen, Mr. Brice!" Ich weiß, dass du das hast!"

Das schien mir zu helfen, und ich antwortete: „Ja, Miss Raynor, das Schlimmste."

Denn ich hatte das Gefühl, dass man diesem herrischen, selbstbeherrschten Mädchen lieber etwas abrupt sagen würde, als dass ich ein Blatt vor den Mund nehme.

Und ich hatte Recht, denn sie sagte schnell: „Erzählen Sie alles – jedes Wissen ist besser als Spannung."

Also erzählte ich ihr, so sanft ich konnte, von unserer Entdeckung der Leiche von Amos Gately in seinem Privataufzug am Boden des Schachts.

„Aber ich verstehe es nicht", sagte Manning. „Durch das Herz geschossen und allein im Aufzug?"

"Das ist der Stand der Dinge. Ich habe keine Ahnung von den Einzelheiten der Angelegenheit. Wir haben die Leiche nicht bewegt oder gründlich untersucht, aber der erste Blick zeigte die Wahrheit. Es wurde jedoch ein Arzt geschickt, und der Vizepräsident und der Sekretär der Treuhandgesellschaft haben die Verantwortung, also bin ich hierher gekommen, um Ihnen davon zu erzählen."

„Und ich danke Ihnen, Mr. Brice." Olives schöne dunkle Augen warfen mir einen dankbaren Blick zu. „Was soll ich tun, Amory? Sollen wir da runtergehen?"

Manning zögerte. „Das werde ich", sagte er und sah sie zärtlich an, „aber – willst du? Es wird schwer für dich sein –"

„Ich weiß – aber ich muss gehen. Wenn Onkel Amos getötet wurde – ich sollte doch da sein – um – oh, ich weiß nicht was!"

Olive Raynor wandte Manning ein mitleiderregendes Gesicht zu, und er nahm ihre Hand in seine und antwortete: „Komm, wenn du es am besten findest, Liebes. Sollen wir zusammen gehen?"

„Ja", sagte sie; „Ich fürchte es, aber ich muss gehen. Und wenn du bei mir bist, kann ich es ertragen. Was werden Sie tun, Herr Brice?"

„Ich wollte gerade nach Hause gehen", antwortete ich, „aber ich denke, ich werde zum Matteawan- Gebäude zurückkehren, weil ich vielleicht irgendwie helfen kann."

Ich ging in mein Büro und stellte fest, dass Norah nach Hause gegangen war. Ich schaltete das Licht ein und setzte mich für ein paar Minuten hin, um meine verwirrten, galoppierenden Gedanken zu ordnen.

Hier war ich, Tom Brice, ein ruhiger, unauffälliger Anwalt, der plötzlich mitten in einen äußerst mysteriösen Mordfall hineingeworfen wurde. Ich wusste genau, dass meine Aussage bezüglich der Schatten, die ich gesehen hatte, von der Polizei gespannt angehört werden würde, wenn die Zeit gekommen wäre, und ich fragte mich, wie bald das sein würde. Ich wollte nach Hause gehen. Ich wollte dem kommenden Sturm aus dem Weg gehen, in meine gemütlichen Zimmer gehen und die Sache überdenken. Denn ich hatte schon immer gespürt, dass ich über detektivische Fähigkeiten verfüge, und jetzt hatte ich eine wunderbare Chance, dies zu beweisen. Ich hatte nicht die Absicht, irgendjemandes Vorrecht an sich zu reißen, noch hatte ich den Wunsch, mich einzumischen. Wenn ich nicht um Hilfe gebeten würde, würde ich es nicht anbieten; aber ich hatte die vage Hoffnung, dass meine frühe Bekanntschaft mit den entscheidenden Fakten mich als Zeuge wertvoll machen würde und mein geistiger Scharfsinn einige originelle Ideen für die Untersuchung hervorbringen würde.

Und ich wollte etwas Zeit für mich haben, um nachzudenken und einige Theorien zu formulieren, die bereits in meinem Gehirn aufkeimten. Wenn nun die Polizei bereits nebenan vor Ort wäre, würden sie mich nicht entkommen lassen, wenn ich auftauchte.

Und doch sehnte ich mich nach weiteren Neuigkeiten über das Verfahren. Also beschloss ich, beim Matteawan vorbeizuschauen , und wenn ich dadurch in die Fänge der Polizeiinquisitoren geriet, musste ich mich unterwerfen. Aber wenn ich vor ihrer Ankunft entkommen könnte, sollte ich es tun. Ich war durchaus bereit, von ihnen aufgerufen zu werden und alles zu erzählen, was ich wusste, aber ich wollte das möglichst auf den nächsten Tag verschieben.

Da ich Miss Raynor meine Anwesenheit nicht noch mehr aufdrängen wollte, fuhr ich mit dem Aufzug nach unten, ohne in die Gately-Räume zurückzukehren. Tatsächlich wusste ich nicht, ob sie schon untergegangen war oder nicht.

Aber sie hatte es getan, und als ich am Tatort ankam, waren sowohl sie als auch Manning dort und berieten sich mit den Männern von der Bank darüber, was zu tun sei.

Auch der Arzt kam und begann, die Leiche zu untersuchen.

Der Rest von uns stand zusammengedrängt in der engen Halle, in der es mittlerweile heiß und eng geworden war, aber wir wagten es nicht, die Tür zur Hauptlobby zu öffnen, damit keine Außenstehenden eindringen könnten.

Ich fragte den Hausmeister, ob es nicht einen Raum gäbe , der als Warteplatz genutzt werden könnte, aber noch während er mir antwortete, erstattete der Arzt seinen Bericht.

Demnach sei Amos Gately erschossen worden, bevor er den Aufzug betrat, oder unmittelbar nach seinem Eintreten. Dass er sofort gestorben war und es daher den Anschein hat, dass die Leiche vom Angreifer in das Auto gelegt und heruntergeschickt worden sein musste. Aber das war nur eine Vermutung; Der Arzt konnte lediglich behaupten, dass Mr. Gately seit vielleicht einer Stunde tot sei und dass die Lage der Leiche auf dem Boden auf einen sofortigen Tod durch einen Herzschuss hindeutete.

Und dann regte sich der Hausmeister und sagte, er könne uns ein leeres Büro im Erdgeschoss zur Verfügung stellen, und wir gingen dort hinein – alle außer dem Arzt, der beim Aufzug blieb.

Herr Mason und Herr Talcott waren sich einig, dass die Polizei benachrichtigt werden muss, und erklärten ihre Bereitschaft, bis zu ihrer Ankunft zu bleiben. Aber der Vizepräsident sagte Miss Raynor, sie könne nach Hause gehen, wenn sie das wolle.

„Ich warte noch eine Weile", sagte sie mit der schnellen Entscheidung, die ich für sie gewohnt war, „das Auto ist immer noch hier – oh, sollten wir es Connor nicht sagen?" Er ist unser Chauffeur."

„Ich werde es ihm sagen " , meldete sich Manning freiwillig. „Ich muss jetzt gehen, ich muss mich noch vor sechs Uhr um eine wichtige Angelegenheit kümmern. Olive, darf ich heute Abend zum Haus kommen?"

„Oh ja", antwortete sie, „ich werde so froh sein, dich zu haben." Komm früh, nicht wahr?"

„Ja", sagte Manning und ging nach einer weiteren Unterhaltung mit dem Arzt weg.

Ich zögerte und fragte mich, ob ich auch gehen könnte oder ob ich dort gebraucht würde.

Aber als Mason und Talcott tief in ein leises Gespräch vertieft waren und Miss Raynor auf eine Gelegenheit wartete, sich mit dem Arzt zu beraten, der ihr Hausarzt war, kam ich zu dem Schluss, dass ich genauso gut nach Hause gehen könnte, solange ich dazu Zeit hatte.

Ohne ein klares Adieux, aber mit einem Wort an Miss Raynor, dass sie jederzeit meine Dienste befehlen könne, machte ich mich auf den Heimweg.

Der lang erwartete Sturm hatte begonnen und riesige Schneeflocken fielen dicht.

Als ich den Matteawan verließ , bemerkte ich, wie Amory Manning mit dem Chauffeur einer großen Limousine sprach, und wusste, dass er Amos Gatelys Mann erzählte, was mit seinem Herrn passiert war.

Ich ging langsamer und hoffte, dass Manning das Interview überstehen und mitgehen würde und ich mich ihm anschließen würde.

Als er jedoch den Chauffeur verließ, huschte er über die Straße, und obwohl ich ihm schnell folgte, verlor ich ihn im blendenden Schneefall fast aus den Augen.

Ich rief nach ihm, aber er hörte es nicht, und das war kein Wunder, denn der Wind heulte und der Verkehrslärm war ohrenbetäubend.

Also eilte ich ihm nach, immer noch in der Hoffnung, ihn zu überholen.

Und das tat ich, oder zumindest sprang ich in dasselbe Auto, als er schließlich auf der Third Avenue in ein Auto in Richtung Süden stieg.

Ich hatte vorgehabt, ein Auto der Madison Avenue zu nehmen, aber es war keins in Sicht, und ich war mir ziemlich sicher, dass es auf der Strecke eine Blockade gab. Die Straßen zeigten Schneehaufen , schwarz und verkrustet, und die Straßenreiniger waren rar und weit voneinander entfernt.

Das Auto, in das Manning und ich einsteigen konnten, war bis vor den Türen überfüllt. Wir standen beide auf, und es waren einfach zu viele Leute zwischen uns, um ein Gespräch zu ermöglichen, aber ich nickte zwischen den bewegten Köpfen und Gesichtern hindurch, und Manning erwiderte meinen Gruß.

Gelegentlich hielten wir an, um ein paar kämpfende, müde Steher loszulassen und uns mit ein paar neuen schneebedeckten Stampedern zu messen, und erreichten schließlich die Twenty-Second Street, und hier nickte Manning mir zum Abschied zu, als er sich darauf vorbereitete, am vorderen Ende des Gebäudes aufzubrechen Auto.

Dies war nur drei Blocks von meinem eigenen Ziel entfernt, und ich beschloss, ebenfalls auszusteigen, immer noch begierig darauf, mit ihm über den Schauplatz der Tragödie zu sprechen, den wir gerade verlassen hatten.

Also schwang ich mich vom Heck des Autos ab und es fuhr durch den Sturm weiter.

Ich sah mich nach Manning um, aber als ich auf den Boden trat, gab mir ein Windstoß alle Mühe, den Halt zu bewahren. Außerdem schleuderte es Schneeflocken gegen meine Brille, wodurch diese fast undurchsichtig wurde.

Ich scheuchte sie mit meiner behandschuhten Hand weg und suchte nach meinem Mann, aber von meinem Platz in der Mitte der vier Straßenecken aus war er nirgendwo zu sehen.

Wohin könnte Manning verschwunden sein? Er muss wie der Wind geflogen sein, wenn er bereits die Third Avenue hinauf oder hinunter oder die Twenty-second Street in die eine oder andere Richtung entlanggerast wäre.

Das waren jedoch die einzigen Anweisungen, die er hätte einschlagen können, und ich kam zu dem Schluss, dass er, während ich mich abmühte, meinen Regenschirm hochzuheben, und gleichzeitig teilweise von meiner eingeschneiten Brille geblendet war, außer Sichtweite davongelaufen war. Natürlich hatte er keinen Grund zu der Annahme, dass ich versuchte, ihn einzuholen, wahrscheinlich wusste er auch nicht, dass ich das Auto ebenfalls verlassen hatte, also brauchte er sich nicht zu entschuldigen.

Und doch konnte ich nicht verstehen, wie er mit solch magischer Geschwindigkeit verschwunden sein konnte. Ich fragte einen Straßenreiniger, ob er ihn gesehen hätte.

„ Nein “, sagte er und blies auf seine kalten Finger, „ nein , ich habe niemanden gesehen. Ich kann in diesem schwarzen Sturm hier nichts erkennen!“

Und genau das war es. Ein plötzlicher heftiger Wirbelsturm, ein Mahlstrom aus umherwirbelnden Flocken und eine schwarze, herabsinkende Dunkelheit, die alles zu umhüllen schien.

„Mad Mary“, die große Uhr in der Nähe, dröhnte fünf feierliche Töne, die den Moment irgendwie seltsamer machten, und ich ergriff den Griff meines Regenschirms, schob meine Brille fester zurecht und schritt auf mein Zuhause zu.

Bei manchen ist das Zuhause dort, wo das Herz ist, aber da ich immer noch mit ganzem Herzen und frei von Fantasien war, hatte ich kein romantisches Interesse daran, ein Zuhause um mich herum zu bauen, und mein Zuhause bestand lediglich aus zwei gemütlichen, komfortablen Zimmern in der Nähe von Gramercy Park.

Und schließlich erreichte ich sie, sturmgepeitscht, müde, kalt und hungrig, und all diese unangenehmen Umstände änderten sich so schnell wie möglich zum Besseren.

Und als ich mich schließlich mit einer brennenden Zigarre an meinem eigenen fröhlichen Lesetisch wiederfand, gratulierte ich mir selbst, dass ich nach Hause gekommen war, anstatt im Matteawan- Gebäude zu bleiben.

Vernehmungen festgehalten hätte , wäre ich vielleicht bis spät in die Nacht oder sogar die ganze Nacht dort geblieben. Und der Sturm, der immer noch vor meinen Fenstern heulte, machte mich froh über Wärme und Schutz.

Auch damals war ich bestrebt, meine Gedanken zu ordnen. Ich habe eine methodische Denkweise und wollte die Ereignisse, die ich erlebt habe, in der richtigen Reihenfolge aufschreiben und daraus logische und sachdienliche Schlussfolgerungen ziehen.

Ich wünschte sehr, ich hätte ein paar Augenblicke mit Amory Manning geplaudert. Ich wollte ihm einige Fragen zu Amos Gately stellen, die ich den Bankleuten nicht gerne stellen wollte. Obwohl ich wusste, dass Gatelys Name für alles stand, was in der Geschäftswelt ehrenhaft und tadellos ist, hatte ich weder die Hutnadel auf seinem Schreibtisch noch das seltsame Lächeln auf Jennys Gesicht vergessen, als sie von seinen persönlichen Anrufern sprach.

Ich bin nicht der Typ, der voreiligen oder unbegründeten Verdacht gegenüber meinen Mitgeschöpfen hegt, aber

„ Ab und zu ein bisschen Blödsinn,

Wird von den besten Männern genossen " ,

Und Amos Gately war vielleicht nicht davor zurückgeschreckt, einige Lockerungen zu genießen, für die er keinen Grund hatte, sie zur Schau zu stellen.

Aber das war schlicht und einfach Spekulation, und solange ich nicht jemanden nach Mr. Gatelys Privatleben fragen konnte, hatte ich kein Recht, irgendwelche Vermutungen darüber anzustellen.

Sorgfältig ging ich alles durch, was ich über die Tragödie wusste, seit ich die Tür meines Außenbüros geöffnet hatte, um mich auf den Heimweg zu machen. Wäre ich ein paar Augenblicke früher gegangen, hätte ich wahrscheinlich nie viel von der Sache erfahren, außer dem, was ich vielleicht aus den Zeitungen oder aus den Berichten erfahren hätte, die unter den Mietern des Puritan-Gebäudes kursierten.

So wie es war und aufgrund der Tatsachen, die ich mir vor Augen führte, glaubte ich, den tatsächlichen Mord an Amos Gately bereits angedeutet zu haben. Es ist seltsam, Augenzeuge zu sein und doch nur die Schatten der Schauspieler in der Szene zu sehen!

Ich bemühte mich, mich genau an den Typ Mann zu erinnern, der die Schießerei durchgeführt hat. Das heißt, ich nahm an, dass er für die Schießerei verantwortlich war. Als ich darüber nachdachte, wurde mir klar, dass ich darüber keine wirkliche Kenntnis hatte. Ich sah, wie die Männer im Schatten aufstanden, sich zusammenschlossen, kämpften und verschwanden. Ja, ich war mir sicher, dass sie aus meinem Sichtfeld verschwunden waren, bevor ich den Schuss hörte. Dies deutete also darauf hin, dass sie kämpften – obwohl ich nicht sagen konnte, wer der Angreifer war und wer angriff – und dann in den nächsten Raum eilten, wo der Aufzug durch die große Karte verdeckt war; und dann wurde in diesem Raum der Schuss abgefeuert, der Amos Gatelys Leben beendete.

Das muss die Wahrheit sein, denn ich habe nur einen Schuss gehört, und es muss der tödliche gewesen sein.

Dann kam mir nur der Gedanke, dass der Mörder sein Opfer absichtlich – nein, nicht absichtlich, sondern mit äußerster Eile – in den Aufzug gesetzt und den leblosen Körper allein nach unten geschickt hatte.

Dies bewies, dass der Attentäter die volle Kenntnis des geheimen Aufzugs hatte, sodass er ein Stammgast in Mr. Gatelys Räumen gewesen sein musste oder zumindest schon einmal dort gewesen war und ausreichend vertraut war, um von dem privaten Ausgang zu wissen.

Um die Identität des Mannes herauszufinden, muss man sich Mr. Gatelys persönliche Freunde – oder vielmehr Feinde – ansehen.

Ich hatte das Gefühl, durch meine völlige Unkenntnis des gesellschaftlichen und häuslichen Lebens des Bankpräsidenten stark behindert zu sein. Aber es könnte sein, dass ich Miss Raynor in naher Zukunft wiedersehen würde, und vielleicht bei ihr zu Hause, wo ich etwas über die Gewohnheiten ihres verstorbenen Onkels erfahren könnte.

Aber als ich auf Dinge zurückkam, von denen ich wusste, versuchte ich intensiv darüber nachzudenken, welche Vorgehensweise der Mörder wohl nach seinem Verbrechen eingeschlagen hatte.

Und die Schlussfolgerung, zu der ich gelangte, war nur allzu klar. Er war natürlich, wie Jenny gesagt hatte, zumindest ein paar Treppenstufen lang die Treppe hinuntergegangen.

Dann stellte ich mir vor, wie er seine Fassung wiedererlangte, eine lässige, sachliche Miene annahm und einen Aufzug in einer unteren Etage anhielt, wo er einstieg, ohne dass die Aufzugsfrau oder die anderen Passagiere es bemerkten.

Minny hinunterstieg .

Vielleicht war Rodman der Mörder! Ich kannte ihn ein wenig und mochte ihn überhaupt nicht. Ich hatte keinen Grund, ihn zu verdächtigen – nur – er war, wie ich mich erinnerte, im siebten Stock eingestiegen, und sein Büro befand sich im zehnten. Ich musste zugeben, dass das nicht besonders belastend schien, aber ich habe es mir notiert und beschloss, Mr. Rodman aufzusuchen.

Mein Telefon klingelte, und mit einem vorübergehenden Erstaunen darüber, dass ich in einem solchen Sturm angerufen wurde, antwortete ich.

Zu meiner Freude stellte sich heraus, dass es Miss Raynor war, die sprach.

„Verzeihen Sie meine Störung, Mr. Brice", sagte sie mit ihrer musikalischen Stimme, „aber ich – ich bin so einsam – und es gibt niemanden, mit dem ich reden möchte."

„Dann reden Sie mit mir, Miss Raynor", sagte ich gerne. „Kann ich Ihnen in irgendeiner Weise behilflich sein?"

„Oh, das glaube ich. Ich will dich morgen sehen. Kannst du mich besuchen kommen?"

„Ja, tatsächlich. Zu welcher Zeit?"

„Kommen Sie morgens hoch – das heißt, wenn es Ihnen vollkommen passt."

"Sicherlich; dann morgens. Etwa zehn?"

"Ja, bitte. Sie – sie haben Onkel nach Hause gebracht."

"Haben sie? Ich bin froh, dass das erlaubt wurde. Bist du allein?"

"Ja; und ich bin furchtbar einsam und trostlos. Es ist eine so schreckliche Nacht, dass ich keinen meiner Freunde bitten würde, bei mir zu übernachten."

„Sie haben erwartet, dass Mr. Manning anruft, dachte ich."

"Ich tat; aber er ist nicht gekommen. Der Grund ist natürlich, dass es für niemanden geeignet ist, an diesem Abend auszugehen. Ich habe in seinen Zimmern angerufen, aber er war nicht da. Ich weiß also nicht, was ich denken soll. Ich würde annehmen, dass er auch dann anrufen würde, wenn er nicht hierher kommen könnte."

„Der Verkehr muss so gut wie unmöglich sein", sagte ich, „es war schrecklich, als ich kurz nach fünf zu Hause ankam, und jetzt tobt ein junger Schneesturm."

„Ja, ich konnte ihn nicht erwarten; und vielleicht sind auch die Telefonleitungen betroffen."

„Das ist es jedenfalls nicht, also plaudern Sie mit mir, so lange Sie wollen. Du kannst doch einen Freund bitten, morgen bei dir zu übernachten, nicht wahr?"

"Oh ja; Ich hätte heute Abend jemanden holen können, aber ich brachte es nicht übers Herz, danach zu fragen. Mir geht es gut, Mr. Brice, ich bin kein sehr nervöser Mensch – nur ist es irgendwie schrecklich. Unsere Haushälterin ist ein nettes altes Ding, aber sie ist fast hysterisch und ich habe sie ins Bett geschickt. Ich verabschiede mich jetzt und freue mich, Sie morgen wiederzusehen."

KAPITEL V

Olive Raynor

Am nächsten Tag sah ich Miss Olive Raynor zwar, aber nicht wie erwartet in der Umgebung ihres eigenen Zuhauses.

Denn ich erhielt zu erschreckend früher Stunde eine recht eindringliche Aufforderung, mich im Polizeipräsidium zu melden, und nicht lange nach meiner Ankunft dort erschien auch Miss Raynor.

Die Polizei hatte eine arbeitsreiche Nacht verbracht, mehr oder weniger Beweise zutage gefördert und eine ganze Reihe von Zeugen gesammelt.

Polizeichef Martin leitete die Ermittlungen, und ich stellte bald fest, dass meine Geschichte für äußerst wichtig gehalten wurde und von mir erwartet wurde, sie bis ins kleinste Detail zu erzählen.

Dies tat ich, indem ich geduldig wiederholte Fragen beantwortete und Tatsachen bekräftigte.

Aber ich konnte keinen Hinweis auf die Identität oder auch nur auf das Aussehen des Mannes geben, der mit Mr. Gately gestritten hat. Ich konnte sagen, dass er eine stämmige Gestalt zu sein schien, und das tat ich auch, oder zumindest zeigte der Schatten einen großen Körperbau und breite Schultern.

„Hatte er einen Hut auf?" fragte der Chef.

"NEIN; und ich würde sagen, er hatte entweder einen großen Kopf oder dichtes, buschiges Haar, denn der Schatten zeigte das."

„Haben Sie sein Gesicht nicht im Profil gesehen?"

„Wenn ja, dann nur für einen Moment, und das trübe Glas der Tür in unregelmäßigen Wellen verhinderte völlig eine klare Profilansicht."

„Und nachdem die beiden Männer aufgestanden waren, verschwanden sie sofort?"

„Sie kämpften; ich würde sagen, es schien, als ob Mr. Gately von dem anderen Mann gepackt wurde und versuchte zu fliehen, woraufhin der andere Mann ihn erschoss."

„Sind Sie ganz sicher, Mr. Brice", und der Chef fixierte mich mit seinem scharfen blauen Auge, „dass Sie diese Angelegenheit nicht im Lichte der späteren Entdeckung von Mr. Gatelys Schicksal rekonstruieren?"

Ich dachte sorgfältig darüber nach, bevor ich antwortete, und sagte dann: „Es ist durchaus möglich, dass ich das unbewusst getan habe. Aber ich sah deutlich, wie die beiden Gestalten in einem verzweifelten Kampf zusammenkamen, dann verschwanden, zweifellos im dritten Raum, und dann hörte ich den Schuss. Das ist alles, was ich positiv sagen kann."

„Sie sind also quer durch den Flur gegangen und haben versucht, hineinzukommen?"

"Ja; versuchte durch die mittlere Tür einzutreten, wo ich die Männer gesehen hatte."

"Und als nächstes?"

„Als ich feststellte, dass die Tür verschlossen war, versuchte ich es mit der dritten, denn die Männer schienen in diese Richtung zu verschwinden."

„Der dritte Raum war auch verschlossen?"

"Ja; oder zumindest ließ sich die Tür von außen nicht öffnen. Dann ging ich zurück zur Tür Nummer eins."

„Und das hat sich sofort geöffnet?"

"Ja; Hätte ich das zuerst versucht, hätte ich wahrscheinlich die Männer gesehen – oder das Mädchen Jenny.

"Vielleicht. Könnten Sie den Kopf des Besuchers erkennen, wenn Sie ihn noch einmal im Schatten an der Tür sehen würden?"

„Ich bin mir nicht sicher, aber ich bezweifle, dass ich es könnte. Ich konnte erkennen, ob es sich um einen ganz anderen Kopftyp handelte, aber wenn er nur ähnlich war, konnte ich nicht schwören, dass es sich um denselben Mann handelte."

"Hm. Wir müssen das Experiment machen. Zumindest könnte es uns einen Hinweis in die richtige Richtung geben."

Er befragte mich weiter zu meinem Wissen über Mr. Gately und seine Angelegenheiten, aber als er herausfand, dass ich fast nichts davon wusste und schon nach kurzer Zeit Mieter des Puritan Buildings gewesen war, verlor er plötzlich das Interesse an mir und richtete seine Aufmerksamkeit auf mich an Miss Raynor.

Olive Raynor war allein und unbeaufsichtigt gekommen. Das überraschte mich, denn ich hatte mir vorgestellt, dass die jungen Damen aus den höheren sozialen Kreisen niemals alleine irgendwohin gingen. Aber in vielerlei Hinsicht stellte Miss Raynor ihre Unabhängigkeit und Eigenständigkeit unter Beweis, und ich hatte keinen Zweifel daran, dass draußen in ihrem Auto ein vertrauenswürdiger Chauffeur wartete.

Sie war in Schwarz gekleidet, aber es war nicht der schwere Kreppstoff, den vermutlich alle Frauen zur Trauer trugen. Ein langer Umhang aus schwarzem Samt hüllte die schlanke Figur in seine voluminösen Falten, und als er zurückgeschlagen wurde, sah ich, dass ihr Kleid aus schwarzem Satin bestand, in Kombination mit dünnerem schwarzen Stoff. Obwohl Frauenkleidung für mich ein Rätsel war, übte sie auf meine unwissenden Augen eine gewisse Faszination aus, und ich wusste genug, um zu erkennen, dass Miss Raynors Kostüm korrekt und sehr elegant war.

Auch ihr Hut war schwarz, kleiner als der, den ich sie am Tag zuvor gesehen hatte, und von ruhigerem Typ.

Im Großen und Ganzen sah sie sehr hübsch aus, und ihr süßes, blumenähnliches Gesicht mit den großen, mitleiderregenden braunen Augen war offen zu Chief Martin gerichtet, während sie seine Fragen mit leiser, klarer Stimme beantwortete. Eine leichte Blässe kündete von einer Nacht voller Wachsamkeit und Trauer, aber diese schien das Scharlachrot ihrer feinen, zarten Lippen zu betonen – ein Scharlachrot, das sie mit Hilfe des Rougestifts nicht kannten.

„Nein“, sagte sie positiv, „Mr. Gately hatte keine Feinde, ich bin mir sicher, dass er keine hatte! Natürlich hat er möglicherweise Teile seines Lebens oder seiner Angelegenheiten vor mir geheim gehalten, aber ich habe zu lange und zu vertraut mit ihm zusammengelebt, um ihn nicht gründlich zu kennen. Er war von einfacher, geradliniger Natur und ein weiser und edler Herr.“

„Aber Sie mochten Ihren Onkel nicht ganz“, unterstellte der Häuptling.

„Er war nicht mein Onkel“, erwiderte Olive ruhig. „Ich habe ihn so genannt, aber er war nicht mit mir verwandt. Er war ein Studienfreund meines Vaters und als meine beiden Eltern starben, wurde er nicht nur mein Vormund, sondern auch mein freundlicher Freund und Wohltäter. Er nahm mich zu sich und ich bin seit zwölf Jahren sein ständiger Begleiter. In dieser Zeit habe ich keine Handlung gesehen, kein Wort gehört, das auch nur im Geringsten auf seine Ehre oder seinen Charakter als Geschäftsmann oder Gentleman hinweisen könnte.“

Das Mädchen sprach stolz, als wäre sie froh, ihrem Vormund diesen Tribut zu zollen, aber dennoch war in ihrer Stimme kein Hauch von Zuneigung zu hören – kein Zittern der Trauer über ihren Verlust.

„Dennoch sind Sie nicht vor Trauer über seinen Tod gebeugt“, bemerkte Martin.

Das zierliche Kinn neigte sich empört. "Herr. Martin", sagte Olive, „ich kann nicht glauben, dass meine persönlichen Gefühle für dich von Interesse sind. Mir ist bewusst, dass ich hier bin, um zu meinem Wissen über die Fakten im Zusammenhang mit diesem Fall befragt zu werden."

Der Chef nickte. „Das ist in Ordnung", sagte er, „aber ich muss so viel wie möglich über Mr. Gatelys Leben außerhalb und innerhalb seiner Bank erfahren." Wenn Sie mir keine Informationen geben , muss ich sie woanders besorgen."

Die angedeutete Drohung hat funktioniert.

„Ich trauere wirklich um Mr. Gatelys tragisches Schicksal", sagte Olive sanft. „Natürlich war er nicht mein Verwandter, aber ich bewunderte und respektierte ihn zutiefst. Wenn ich ihn nicht zutiefst liebte, war es seine eigene Schuld. Er war in seinem Haushalt äußerst streng und tyrannisch, und sein leichtestes Wort war das Gesetz. Ich war in vielen Dingen bereit zu gehorchen , aber es ärgerte und irritierte mich, wenn er sich in meine einfachsten Beschäftigungen oder Vergnügungen einmischte. Er erlaubte mir nur sehr wenig Gesellschaft oder Unterhaltung; er verbot vielen meiner Freunde das Haus; und er weigerte sich beharrlich, mich Aufmerksamkeiten von Männern annehmen zu lassen, es sei denn, es handelte sich um bestimmte Männer, die er bevorzugte und – denen ich nicht immer den Vorzug gab."

„Hat er Amory Manning bevorzugt?" war die nächste abrupte Frage.

Olives Wangen färbten sich sanft rosa, aber sie antwortete ruhig. „Nicht besonders, obwohl er Mr. Manning das Haus nicht verboten hatte. Warum fragen Sie das?"

„Ist Ihnen in letzter Zeit etwas Ungewöhnliches an Mr. Gately aufgefallen? Sind Sie nervös oder haben Sie Angst vor einer Gefahr?"

"Nicht im geringsten. Er hatte ein äußerst ausgeglichenes Temperament, und in letzter Zeit gab es keine Veränderung."

„Wann hast du ihn das letzte Mal lebend gesehen?"

"Gestern Nachmittag. Ich ging in sein Büro, um etwas Geld zu holen."

„Er verwaltet Ihr Vermögen?"

"Ja."

„Er hat keine Einwände gegen Ihre Ausgaben erhoben?"

"Gar nicht. Er war in meinen finanziellen Angelegenheiten äußerst gerecht und rücksichtsvoll. Er gab mir dann, was ich verlangte, und nach einem sehr kurzen Aufenthalt ging ich weiter."

"Wo?"

„Zum Haus eines Freundes in der Park Avenue, wo ich den größten Teil des Nachmittags verbrachte."

„Um wie viel Uhr waren Sie in Mr. Gatelys Büro?"

„Ich weiß es nicht genau. Ungefähr um zwei Uhr, glaube ich."

„Kannst du es mir nicht positiver sagen? Es könnte wichtig sein."

Aber Olive konnte nicht sicher sein, ob sie vor oder nach zwei dort war. Sie hatte spät zu Mittag gegessen, einige Besorgungen gemacht und war am Nachmittag endlich bei ihrer Freundin angekommen.

Dies schien mir höchst plausibel, da junge Damen der Gesellschaft nicht immer genau auf die Zeit achten, aber der Chef hielt es offenbar für eine Frage des Augenblicks und machte sich darüber Notizen.

Olive sah gleichgültig aus, und obwohl sie höflich genug war, verriet ihr gesamtes Verhalten den Wunsch, die Untersuchung hinter sich zu bringen und nach Hause gehen zu dürfen.

Nach einer weiteren, ermüdenden Befragung, die meines Erachtens nichts wirklich Wichtiges hervorbrachte, seufzte der Chef und beendete das Interview.

Mr. Mason und Mr. Talcott waren inzwischen eingetroffen, und ihre Anwesenheit wurde von Miss Raynor begrüßt, die sich offenbar über die Nähe eines persönlichen Freundes freute.

Natürlich waren ihre Beweise nur eine Wiederholung der Szenen, die ich am Tag zuvor erlebt hatte, aber ich war sehr an der Haltung der beiden Männer interessiert.

Talcott, der Sekretär der Treuhandgesellschaft, war vom Tod seines Freundes und Präsidenten ehrlich betroffen und zeigte echte Trauer, während Mr. Mason, der Vizepräsident, ein kühles, präzises Auftreten an den Tag legte und offenbar viel mehr daran interessiert war, etwas herauszufinden der Mörder als entsetzt über die Tragödie.

„Wir *müssen* herausfinden, wer ihn getötet hat", wiederholte Herr Mason. „Warum, Chief Martin, wenn es der Polizei nicht gelingt, den Mörder von

Amos Gately aufzuspüren, wird das für immer ein Schandfleck in ihrer Akte sein! Scheuen Sie keine Mühen – setzen Sie Ihre besten Männer auf den Fall, setzen Sie Himmel und Hölle in Bewegung, wenn es sein muss, aber holen Sie sich Ihren Mann! Das Unternehmen wird Sie im vollen Umfang seiner Macht unterstützen; Wir werden eine Belohnung anbieten, wenn der richtige Zeitpunkt dafür gekommen ist. Aber das Verbrechen muss gerächt werden, der Mann, der Präsident Gately erschossen hat, *muss* die Strafe bezahlen!“

Olives blitzende Augen zeigten ihr Mitgefühl für diese Art von Gesprächen und ich konnte die Haltung des Mädchens durchaus verstehen, dessen Gerechtigkeitssinn nach Rache schrie, während sie gezwungen war, die Entbehrungen ihres Lebens gegenüber ihrem Vormund einzugestehen.

Etwas später gingen die drei zusammen fort, Miss Raynor und die Männer von der Bank, aber ich blieb und hoffte, von weiteren Zeugen mehr zu erfahren. Und ich tat. Ich habe so viel gelernt, dass meine Gedanken und Theorien in völlig andere Richtungen gingen; Meine halbgefestigten Überzeugungen wurden zunichte gemacht und schnell wieder aufgebaut.

Zuerst kam Jenny Boyd herein, die gelbe Stenographin mit den Ohrenschützern, in Sonntagskleidung. Ihr billig modischer Hut war über ihr kesses kleines Gesicht geneigt, das den enthusiastischen, wenn auch unüberlegten Einsatz bestimmter Pigmente zeigte. Ihr Kleid hatte einen V-Ausschnitt und einen kurzen Rock, aber es hatte einen gewissen Stilanspruch und war unbestreitbar ansprechend. Ihre Wichtigkeit war so groß, dass ich dachte, ich hätte noch nie so viel Ego in einem so kleinen Kosmos gesehen.

Minny war bei ihr, aber die ältere Schwester, in ruhigerer Kleidung, war nur ein Kontrast für die überschwängliche Jenny. Außerdem wurden sie von einem großen, gutmütigen Mann begleitet, in dem ich sofort den Hausmeister des Matteawan -Gebäudes erkannte und der, wie sich herausstellte, der Vater der beiden Mädchen war.

„Hier sind wir“, sagte er auf eine unverblümte, herzliche Art; „Hier sind ich und meine Mädchen, und wir wären Ihnen dankbar, Mr. Chief, wenn Sie es so weit wie möglich verkürzen würden, denn ich und Minny wollen zurück.“

„In Ordnung, Boyd“, und Chief Martin lächelte ihn an. „Ich werde dich zuerst in Angriff nehmen. Erzählen Sie uns alles über den Privataufzug von Mr. Gately.

„Das werde ich, aber abgesehen von dieser Mordangelegenheit wäre mir nie ein Wort davon über die Lippen gekommen. Nun, Mr. Gately, ihm gehörte das Matteawan , verstehen Sie? und als es seinen Absichten entsprach, einen privaten Aufzug zu seinen Zimmern im obersten Stockwerk des Nachbargebäudes einzubauen – dem Puritan-Gebäude, wissen Sie –, was wäre einfacher, als den Schacht in dem einen Gebäude mit dem zu fahren Öffnung oben in das andere Haus. Jedenfalls hat er das getan – vor langer Zeit. Ich musste natürlich davon wissen – "

„Natürlich, als Superintendent des Matteawan ."

„So nennen sie es jetzt, aber mir gefällt die Bezeichnung Hausmeister besser. Als Hausmeister habe ich angefangen, und als Hausmeister werde ich bis zum Ende arbeiten. Nun, Mr. Gately, er fuhr mit dem kleinen Auto auf und ab, wann immer er wollte, und niemand bemerkte ihn überhaupt. Es war zwar nicht unbedingt geheim, aber es war ein privater Aufzug."

„Aber eine versteckte Tür in seinem eigenen Büro macht die Sache ziemlich geheim, würde ich sagen."

„Dann ist es also ein Geheimnis. Aber es ist doch kein Verbrechen, wenn ein Mann eine verdeckte Möglichkeit hat, in seine eigenen Gemächer hinein oder aus ihnen herauszukommen, oder? Oft kommt es vor, dass Mr. Gately vor Lachen platzt, weil er einem alten, schlampigen Narren entkommen ist, der ihn zu Tode treiben wollte!"

„Du hast ihn also oft herunterkommen sehen?"

„Nicht häufig, aber ab und zu. Wenn ich gerade in der Nähe wäre."

„Hat sonst noch jemand den Aufzug benutzt?"

"Manchmal ja. Ich habe ein paar Leute auf- oder absteigen sehen , aber meistens war es der Chef selbst."

„Ist er gestern darin hochgegangen?"

„Nicht, dass ich es gesehen hätte . Aber natürlich könnte er es getan haben."

„Wann kam er zuletzt in seine Büros – bevor er verschwand?"

„Wann hat er das gemacht, Jenny? Sag laut, Mädchen, und erzähle dem Chief alles, was du darüber weißt."

Obwohl Martin Jenny nicht angesprochen hatte, wandte er sich nun an sie, als wollte er sie zu ihrer Geschichte einladen.

Und Jenny zügelte sich, schüttelte ihre Federboa, machte einen vergeblichen Versuch, ihren kurzen Rock ein wenig weiter nach unten zu ziehen, bis zu ihrem Knöchel in Seidenstrümpfen, und begann:

Büro betrat, ging er natürlich meistens durch die mittlere Tür, direkt in sein persönliches Büro. Er ist nicht durch mein Zimmer gegangen. Und so ging er gestern durch die mittlere Tür, öffnete aber fast sofort meine Tür, steckte seinen Kopf hinein und sagte: „Lass heute Nachmittag niemanden rein, um mich zu sehen, es sei denn, du kommst." und frag mich zuerst.'"

„War das nicht eine allgemeine Regel?"

„'Meistens; Aber manchmal kam jemand, den ich kannte , wie Mr. Talcott oder Miss Olive, und sie nickten mir einfach zu oder lächelten mich an und gingen direkt zu Mr. Gatelys Tür. Also sage ich: „Ja, Sir", und ich achtete darauf, dass mich niemand hetzte. Mr. Gately, er hat mir vertraut, und ich habe darauf geachtet, immer genau das zu tun, was er gesagt hat."

„Nun, mach weiter. Wer hat angerufen?"

„Erstens, Herr Smith; und dann Frau Driggs; und nach ihnen, Miss Olive."

„Fräulein Raynor?"

"Ja natürlich!" und Jenny sprach leichtfertig. „Ich habe sie sogar angekündigt, weil ich strenge Befehle hatte. Miss Olive, sie lachte nur und wartete, bis ich zurückkam und sagte, sie könne hineingehen."

„Wie viel Uhr war das?"

„Das kann ich nicht mit Sicherheit sagen. „Lange, ungefähr zwei oder drei, schätze ich."

Jenny kaute eifrig Kaugummi und ihr Verhalten war alles andere als respektvoll, was den Chief verärgerte.

„Versuchen Sie, sich genauer zu erinnern", sagte er scharf. „War Miss Raynor vor oder nach den beiden anderen Anrufern, die Sie erwähnt haben, dort?"

„Nun, das ist wirklich schwer zu sagen." Jenny legte den Kopf schief und gönnte sich das, was sie zweifellos für das bezauberndste Augenspiel hielt. „Ich bin kein zweibeiniger Stundenplaner!"

„Seien Sie vorsichtig", riet der Chef. „Ich möchte von Ihnen klare Antworten, keine Dummheiten."

Jenny schmollte. „Ich gebe es Ihnen, so gut ich kann, Mr. Chief. Ehrlich gesagt, ich weiß nicht, ob Miss Olive kurz vor oder hinter der Driggs-Henne war!"

„Seien Sie außerdem vorsichtiger bei der Wortwahl. Ist Mrs. Driggs noch einmal durch Ihr Zimmer gegangen, als sie gegangen ist?"

„Ja, ich schätze, sie hat es getan, aber – mal sehen , nein, ich schätze, sie hat es auch nicht getan.“

„Ist Ihr Gedächtnis nicht sehr kurz?“

„Für solche Kleinigkeiten, ja, Sir. Aber ich kann mir viele Dinge ganz einfach merken. Ich habe jetzt ein Date mit –“

"Stoppen! Wenn du nicht aufpasst, junge Frau, wirst du eingesperrt!“

„Benimm dich jetzt hübsch, Jenny-Mädchen“, drängte ihr Vater, der ganz offensichtlich der Sklave seines prächtigen Sprösslings war; „Sei nicht leichtsinnig; Hier ist kein Platz für solche Manieren.“

„Da hast du recht, das stimmt nicht“, stimmte der Chef zu und starrte Jenny böse an, die von seiner Strenge überhaupt nicht berührt war.

„Nun, benehme ich mich nicht hübsch?“ und das dumme Ding kicherte schelmisch und faltete mit einer Miene gespielter Sanftmut die Hände.

Die anhaltenden harten Worte des Chefs brachten sie jedoch dazu, endlich eine klare und zusammenhängende Geschichte zu erzählen, die jedoch kein Licht auf den mysteriösen Anrufer warf. Tatsächlich wusste Jenny überhaupt nichts von ihm, außer dass sie ihn mit einer Pistole in der Hand die Treppe hinunterlaufen sah oder zu sehen glaubte.

„Was für einen Hut trug der Mann?“ fragte den Chef, um eine Beschreibung zu bekommen.

„Ich weiß nicht – ein weicher Hut, schätze ich.“

„Kein Derby?“

"Oh ja! Ich glaube, es *war* ein Derby! Und er trug einen Mantel –“

„Ein Dunkler?“

„ Nein, irgendwie – oh, ich schätze, es war kein Mantel, sondern eine, wissen Sie, Norfolk-Jacke.“

„Ein Norfolk und kein Mantel an einem Tag wie gestern! Ich glaube nicht, dass du überhaupt einen Mann gesehen hast, Jenny!“

„Wissen Sie, das denke ich manchmal, Herr Chief! Es kommt mir fast so vor, als hätte ich es geträumt.“

"Wie meinst du das! Wagen Sie es nicht, mich zu belästigen, Fräulein!“

„Bin ich nicht", und Jennys freches Gesicht sah jetzt ernst genug aus. „Aber es kam alles so schrecklich plötzlich und ich war so erschüttert, dass ich einfach nicht sagen kann, was so war und was nicht!"

„Das scheint Ihre Schwierigkeit zu sein. Du sitzt da drüben und denkst über die Sache nach, während ich mit deiner Schwester rede."

Minny , ein ruhiges, hübsches Mädchen, war ebenso zurückhaltend wie Jenny redselig. Aber schließlich hatte sie wenig zu erzählen. Außer dem Mann namens Smith und Mrs. Driggs hatte sie außer dem Mann namens Smith und Mrs. Driggs niemanden in ihren Aufzug gebracht, um Mr. Gately neben Miss Raynor zu sehen.

„Sind diese Leute auch alle mit Ihrem Auto umgefallen?"

"Ich bin mir nicht sicher. Die Autos waren ziemlich voll, und ich weiß, dass Miss Raynor das nicht tat, aber bei den anderen bin ich mir nicht so sicher."

Nun, auch Minnys Aussage war bedeutungslos, denn obwohl sie von mehreren Fremden erzählte, die auf verschiedenen Etagen in ihr Auto ein- oder ausstiegen, wusste sie nichts über sie und sie konnten nicht aufgespürt werden.

Die drei Boyds wurden noch ein wenig befragt und dann durften der alte Joe Boyd, der Vater und Minny auf ihre jeweiligen Posten zurückkehren, aber der Chief hielt Jenny fest, um sie weiter zu befragen. Ich war mir sicher, dass er hoffte, dass er von ihr einen Hinweis auf Mr. Gatelys persönliche Angelegenheiten bekommen könnte. Er hatte von der Hutnadel gehört, und obwohl er sie noch nicht ausdrücklich erwähnt hatte, wusste ich, dass er davon überzeugt war, dass sie nicht von Miss Raynor stammte, und dass er vorhatte, Jenny einem milden dritten Grad zu unterziehen.

Ich wollte gerade gehen, denn ich wusste, dass ich zu dieser Sitzung nicht eingeladen werden würde und auch das Ergebnis würde ich später erfahren.

Dann kam ein Offizier herein und nach einem geflüsterten Wort an Chief Martin winkten sie mir zu.

„Kennen Sie Amory Manning?" fragte der Chef.

„Ich habe ihn gestern zum ersten Mal getroffen", antwortete ich, „aber ich kannte ihn schon früher."

"Wo wohnt er?"

„Irgendwo in der Gegend von Gramercy Park, glaube ich."

„Das stimmt, das tut er. Nun, der Mann wird vermisst."

"Fehlen! Ich habe ihn gestern Abend, also gestern Nachmittag, gesehen, und damals ging es ihm gut.

„Den ganzen Morgen haben Männer nach ihm gesucht", fuhr der Chief fort, „und er ist nirgendwo zu finden. Er war letzte Nacht überhaupt nicht in seinen Zimmern."

Ich habe zurückgeschaut. Zuletzt hatte ich Manning an der Twenty-second Street aus dem Auto der Third Avenue steigen sehen – genau dort, wo er normalerweise ausstieg, um zu seinem Haus zu gehen.

Ich erzählte dies und kam zu dem Schluss: „Dann muss er es sich anders überlegt haben und ist woanders hingegangen als in seine Gemächer."

„Ja, es sieht so aus", stimmte der Chef zu. „Aber wohin ist er gegangen? Das ist die Frage. Er kann nicht gefunden werden."

Clews

Erst am Nachmittag erreichte ich mein Büro und dort fand ich Norah in einem braunen Arbeitszimmer.

Sie blickte lächelnd auf, als ich eintrat.

„Ich vernachlässige meine Arbeit", sagte sie mit einem Blick auf einen Stapel Papiere, „aber die Affäre auf der anderen Seite des Flurs hat mich erfasst und ich kann sie nicht mehr los."

„Das kann ich auch nicht. Mir kommt es so vor, als wäre ich zutiefst darin verwickelt – wenn nicht sogar als Nebeneffekt! Aber es gibt neue Entwicklungen. Herr Manning wird vermisst."

"Herr. Manning? Was hat er damit zu tun?"

„Mit dem Verbrechen? Nichts. Er kam erst hierher, als Miss Raynor kam, wissen Sie? Aber--"

„Sind sie verlobt?"

"Nicht, dass ich davon Wüste. Ich denke nicht."

„Nun, dann werden sie es sein. Und machen Sie sich keine Sorgen über die Abwesenheit von Herrn Manning. Er wird Miss Raynor nicht lange fernbleiben. Wer ist er überhaupt? Ich meine, was macht er?"

„Er ist Bauingenieur und lebt in Gramercy Park. Das ist der Umfang meines Wissens über ihn. Ich habe ihn ein- oder zweimal unten in der Bank gesehen, seit ich hier bin, und sein Aussehen gefällt mir. Um Miss Raynor willen hoffe ich, dass er bald auftaucht. Sie erwartete, dass er sie am letzten Abend besuchen würde, aber er ist überhaupt nicht dorthin gegangen."

„Das hätte ich nicht gedacht! Es war eine schreckliche Nacht. Ich wollte ins Kino gehen, konnte mir aber bei diesem wilden Sturm nicht vorstellen, hinauszugehen! Aber egal, Herr Manning, reden wir über die Gately-Affäre. Ich möchte dorthin gehen und mich im Büro umsehen. Glaubst du, sie würden mich lassen?"

„Ja, das erwarte ich ja. Ist jetzt jemand da?"

„Ja, ein Polizist – dieser Mann, Hudson. Du weißt, dass sie ihn Foxy Jim Hudson nennen, und ich nehme an, er findet eine Menge Dinge heraus, die nicht so sind!"

„Sie haben keine besonders hohe Meinung von unserem Rechtssystem."

„Oh, es geht ihnen gut – aber die meisten Detectives können nicht sehen, was direkt vor ihrer Nase ist!"

„Das sind keine allwissenden Sherlocks, oder? Und Sie denken, Sie könnten eine Menge Schlaumeier-Schlussfolgerungen ziehen?"

Norah nahm es mir nicht übel, aber ihre grauen Augen waren sehr ernst, als sie sagte: „Ich wünschte, ich könnte es versuchen. Gestern Nachmittag war eine Frau in diesem Raum; Jemand außer Miss Raynor und der alten Dame Driggs.

"Woher weißt du das?"

„Bring mich dorthin und ich zeige es dir. Sie werden mich reinlassen, mit deiner Unterstützung."

Wir gingen hinüber und der Beamte erhob keine Einwände gegen unseren Eintritt. Tatsächlich schien er ziemlich froh zu sein, jemanden zum Reden zu haben.

„Wir sind irgendwie dagegen", gestand er. „Unsere Vermutungen gehen alle in eine Richtung, und das gefällt uns nicht."

„Sie haben also einen Verdächtigen?" Ich fragte.

„Das ist kaum der Fall, aber wir beginnen zu glauben, dass wir wissen, in welche Richtung wir schauen müssen."

„Gibt es Hinweise, die Ihren Verdacht bestätigen könnten?"

„Viele davon . Aber schielen Sie selbst einmal die Augen zusammen, Mr. Brice. Du bist klug und schlau, und – meine alten Augen sind nicht mehr das, was sie einmal waren."

Ich habe diese gespielte Bescheidenheit für das gehalten , was sie wert war – überhaupt nichts –, und ich habe den schlauen Kerl mit einem wirklich schmeichelhaften Haftungsausschluss gemildert.

Aber ich machte von seiner Erlaubnis Gebrauch und ging stillschweigend davon aus, dass Norah dabei war, und wir begannen eine neue Prüfung der Kleinigkeiten auf Mr. Gatelys Schreibtisch sowie anderer Details zu den Zimmern.

Norah öffnete die Schublade, die Mr. Talcott verschlossen hatte – der Schlüssel befand sich jetzt darin.

„Wo ist das Scheckbuch?" fragte sie beiläufig.

Hudson sah ernst aus. "Herr. Pond hat das", sagte er; "Herr. Pond ist Mr. Gatelys Anwalt, und er hat alle seine Konten usw. mitgenommen. Aber das Scheckbuch ist ein Knaller . Sehen Sie, der letzte Abdruck darin zeigt einen Scheck, der auf eine Frau ausgestellt war …"

„Ich sagte, es sei eine Frau!" rief Norah aus.

„Na ja, vielleicht, vielleicht. Jedenfalls wurde der Scheck *nach* den Schecks ausgestellt, die auf Smith und die Driggs-Frau ausgestellt waren. Der Zahlungsempfänger des letzten Schecks war also später hier als die beiden anderen."

"Wer war sie?" war Norahs nicht unnatürliche Frage.

Aber Hudson sah sie nur mit einem leichten Lächeln an, als würde sie eine Antwort auf diese Frage erwarten.

„Oh, alles klar", erwiderte sie; „Ich sehe, dass ihre Hutnadel immer noch hier ist."

„Wenn die Hutnadel dort ein Schothorn ist , bist du herzlich willkommen. Wir glauben nicht, dass es so ist. Mr. Gately hatte häufige Damenbesuche, auf die jeder Mann ein Recht hat, aber weil sie ihre Hutnadeln hier zurücklassen , macht sie das nicht zu Mördern. Nein, ich behaupte, wenn eine Frau Mr. Gately erschießen würde , wäre sie süß genug, ihre Hutnadel *nicht* als Visitenkarte zurückzulassen ."

Meiner Meinung nach hat das Hudsons Mentalität gestärkt, und ich konnte sehen, dass es auch bei Norah punktete.

„Das stimmt", stimmte sie großzügig zu. „Sobald ich in Büchern das heruntergefallene Taschentuch oder den kaputten Manschettenknopf sehe, weiß ich, dass das nicht Eigentum des Kriminellen *ist* . Aber trotzdem hinterlassen Menschen Spuren. Sherlock Holmes sagt, dass eine Person einen Raum nicht betreten und verlassen kann, ohne dass ihre Anwesenheit dort erkennbar ist."

„Poppycock", sagte Hudson kurz und nahm seine Überlegungen wieder auf.

Er saß entspannt in Mr. Gatelys Schreibtischstuhl, aber ich konnte sehen, dass der Mann tief nachdachte, und da er Stoff zum Nachdenken hatte, den er nicht mit uns teilen wollte, wandte ich mich wieder meiner eigenen Suche zu.

„Hier ist etwas, das die Dame hinterlassen hat!" Rief ich aus, als ich auf einem silbernen Aschenbecher einen Zigarettenstummel sah, dessen teilweise verbranntes goldenes Monogramm darauf hindeutete, dass er für den Gebrauch einer Frau gedient hatte.

„Hey, lass das in Ruhe!" warnte Hudson. „Und seien Sie nicht zu voreilig; Manchmal haben Männer Zigaretten mit vergoldeten Buchstaben, nicht wahr?"

Ohne eine Antwort prüfte ich das Monogramm. Aber nur ein kleiner Teil blieb unverbrannt und ich konnte die Buchstaben nicht erkennen.

Norah wühlte im Papierkorb, und der Schlingel! Als Hudson den Kopf drehte, fischte sie heimlich etwas heraus, versteckte es in ihrer Hand und steckte es später in ihre Tasche.

„Nichts zu tun!" spottete Hudson, als er sich umdrehte und ihre Beschäftigung sah, „wir haben das alles durchgemacht und alles, was belastend war, wurde ausgemerzt." Es war nicht viel, einige Umschläge und Briefe, aber nichts Nennenswertes. Na ja, Strohhalme zeigen, aus welcher Richtung der Wind weht, und wir haben mehrere Strohhalme!"

"Ist dieser?" und Norah zeigte auf den Kutschenscheck, der immer noch auf dem Schreibtisch lag.

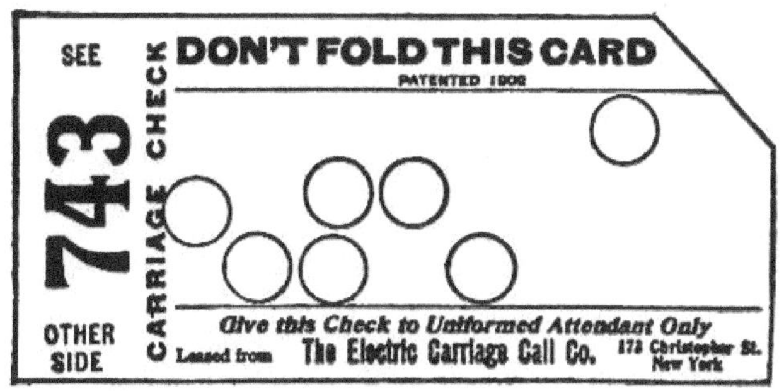

Carriage Check/The Electric Carriage Call Co.

"Nein. Ich und der Chief kamen zu dem Schluss, dass das überhaupt nichts bedeutete. Es ist alt, wie man an seinem schmutzigen Aussehen sehen kann, also wurde es gestern nicht hier gelassen. Diese Dinger sind immer sauber und frisch, wenn sie ausgegeben werden, und das ist irgendwie altersverschmutzt, wissen Sie."

"Also!" Ich rief: „ *Warum* sollte ein Kutschenscheck altersbedingt verschmutzt sein?" Sie werden am selben Tag verwendet, an dem sie ausgegeben werden. Warum ist es überhaupt hier?"

Hudson sah interessiert aus. „Das stimmt, Mr. Brice", gab er zu. „Ich gehe davon aus, dass Mr. Gately der Scheck beispielsweise in einem Hotel ausgehändigt wurde. Nun ja, er hat es aus irgendeinem Grund nicht benutzt und es in seiner Tasche mit nach Hause genommen. Aber wie Sie sagen, warum ist es hier? *Warum* hat er es behalten? Und was hat er damit gemacht, um ihm diesen abgenutzten Look zu verleihen?"

Wir haben alle den Scheck untersucht. Ein Stück weißer Pappe, etwa 5 x 10 cm groß, mit sieben kreisförmigen Löchern in unregelmäßiger Reihenfolge. Auf der Oberseite stand „Diese Karte nicht falten" und an einem Ende stand in großen roten Buchstaben die Zahl 743. Außerdem wurde die rechte obere Ecke abgeschnitten.

„Warum", rief ich, „hier ist ein schmaler Streifen Papier über das Ende geklebt, und – sehen Sie – er ist fast durchsichtig! Ich kann es durchlesen : „ Hotel St. Charles!" Daher kam es!"

"Halte deine Pferde!" und Hudson lächelte herablassend, „daher kommt es *nicht !*"Es kam von jedem Hotel *außer* dem St. Charles. Sie wissen es vielleicht nicht, aber oft verwendet ein Hotel elektrische Anrufschecks anderer Hotels mit einem Zettel, der über den Namen geklebt wird. Das ist ein Punkt, den Sie sich merken sollten. Nein, Mr. Brice, ich kann diesem Scheck keine Bedeutung beimessen, aber ich kann zugeben, dass ich nicht verstehe, warum er da ist. Es sei denn, Mr. Gately fand es in seiner Tasche, nachdem es einige Zeit unbemerkt dort gelegen hatte. Und doch wird es sehr abgetan, nicht wahr? Das ist seltsam. Vielleicht hat er es als Lesezeichen verwendet oder so etwas."

„Vielleicht hat die Dame es hier gelassen", schlug Norah vor. „Gleichzeitig ließ sie ihre Hutnadel zurück."

„Vielleicht hat sie das ja", und Foxy Jim Hudson lächelte sie gütig an. „Wie auch immer, du hast das Ding neugierig gemacht, und ich denke, ich werde es eine Weile behalten."

Er steckte die Karte in seine Handtasche, und Norah und ich grinsten einander an, zufrieden darüber, dass wir ihm einen Hinweis zum Nachdenken gegeben hatten.

„Wissen Sie, Mr. Brice", bemerkte Hudson nach einer weiteren Zeit stillen Nachdenkens, „Sie haben es verpasst, als Sie nicht schneller hierher geflogen sind und den Mörder auf frischer Tat ertappt haben ."

„Wenn ich gewusst hätte, dass die erste Tür, Jennys Tür, die einzige war, die ich öffnen konnte, hätte ich natürlich zuerst dorthin gehen sollen. Aber ich war noch nie hier drin – ich war erst etwa eine Woche im Gebäude und *habe* wertvolle Zeit damit verloren, von einer Tür zur anderen zu rennen. Aber ich finde es immer noch seltsam, dass ich nichts von dem Mann gesehen habe, den Jenny beschreibt.“

„Ein Grund dafür ist, dass es keinen solchen Mann gab“, und Hudson schien meinen ausdruckslosen Blick zu genießen.

„Was ist dann aus dem Mörder geworden?“

„Bin mit Mr. Gately im Auto runtergefahren. Privater Aufzug. Habe ihn auf dem Weg nach unten erschossen –“

„Aber Mann, ich habe den Schuss gehört – und dieser Raum war voller Rauch.“

„Dann habe ich ihn zweimal erschossen. Sagen wir mal, Mr. Gately wurde nicht getötet und konnte in den Aufzug gelangen. Dann springt auch der Mörder ein und beendet die Arbeit auf dem Weg nach unten. Es ist ein langer Weg bis ins Erdgeschoss, wissen Sie. Dann verlässt der Mörder den Aufzug, schlägt die Tür zu und geht davon.“

Ich habe darüber nachgedacht. Auf den ersten Blick schien es absurd, und doch –

„Warum hat Jenny dann gesagt, sie hätte einen Mann gesehen?“ forderte Norah.

„Vielleicht dachte sie , dass sie es getan hat – wissen Sie, die Leute denken, sie sehen, was sie ihrer Meinung nach sehen sollten. Jenny hörte einen Schuss, und als sie hineinlief, *erwartete sie* , einen Mann mit einer Pistole zu sehen – deshalb glaubte sie, ihn *tatsächlich* gesehen zu haben. Oder, noch einmal: Das Mädchen ist durchaus in der Lage, aus dem Vollen ein Garn zu machen. Für den dramatischen Effekt, wissen Sie, und um ihr albernes kleines Ich ins Rampenlicht zu rücken.“

Das war nicht unglaublich. Jenny war als Zeugin äußerst unzuverlässig. Sie stolperte und widersprach sich hinsichtlich des Hutes des Mannes und hatte widersprüchliche Aussagen über seinen Mantel gemacht.

„Nun, wie gesagt, Herr Brice, Sie hatten die Chance, vor Ort zu sein, aber Sie haben sie verpasst. Natürlich sind Sie nicht schuld , aber es ist schade. Angenommen , Sie erzählen mir noch einmal, soweit Sie sich erinnern können , von diesem anderen Schatten – dem, der nicht Mr. Gately war.“

Ich habe mich sehr bemüht, meine bisherigen Angaben zu ergänzen, aber es gelang mir nicht.

„Na ja, könnte es eine Frau gewesen sein?“

„ Zuerst hätte ich nein sagen sollen, Mr. Hudson. Aber wenn ich darüber nachdenke, denke ich vielleicht, dass es *hätte* sein können, aber ich glaube nicht, dass es so war.“

größeren Schatten als die eines Mannes werfen würden .“

„Das ist so“, rief Norah. „Der Kopf einer Frau ist kleiner als der eines Mannes , aber ihr Haar lässt ihn im Schatten größer erscheinen. Es sei denn, wie Mr. Hudson sagt, sie trug es um den Kopf gewickelt – und hatte sowieso nicht viel.“

„Gehen Sie nach draußen, Mr. Brice“, wies Hudson an, „und schauen Sie sich die Schatten von mir und Miss MacCormack an , und dann kommen Sie zurück und sagen Sie uns, was Ihnen auffällt.“

Ich tat dies und die beiden Köpfe wurden an derselben Tür sichtbar, die ich am Tag zuvor beobachtet hatte. Aber das hellere Tageslicht machte die Schatten noch verschwommener als gestern, und ich kehrte ohne viele Informationen zurück.

„Ich konnte natürlich erkennen, wer welcher war“, berichtete ich, „aber es stimmt, wenn ich euch überhaupt nicht gekannt hätte, hätte ich Norahs Kopf mit einem Mann verwechseln können, und das hätte ich vielleicht geglaubt, Hudson Du warst eine Frau. Es ist überraschend, wie wenig Individualität im Schatten gezeigt wurde.“

„Natürlich waren sie gestern klarer, da die Halle dunkler war“, überlegte Hudson. „Schließlich, Mr. Brice, kann Ihre Aussage nicht viel ausmachen, wenn wir nicht den tatsächlichen Mörder hinter dieser Glasscheibe finden, und eine seltsame Form oder Eigenschaft lässt Sie den Kopf zweifelsfrei erkennen.“

„Ich glaube, das könnte ich schaffen“, erwiderte ich; „Denn obwohl ich keine Besonderheit beschreiben kann, bin ich sicher, dass ich denselben *Kopf erkennen würde* .“

"Du bist?" und Hudson sah mich scharf an. „Na ja, vielleicht probieren wir das bei dir aus.“

Sie hatten also einen eindeutigen Verdächtigen. Und sie schlugen vor, mit meinem Gedächtnis zu experimentieren. Nun, ich war bereit, wann immer sie es waren.

Norah und ich gingen in den dritten Raum, Hudson erhob keine Einwände. Zu einer anderen Zeit hätten wir uns intensiv für die Bilder und die Einrichtung interessiert, aber jetzt hatten wir Augen und Gedanken nur für eine Sache.

Wir schauten hinter die Kriegskarte und sahen die Aufzugstür, konnten sie aber nicht öffnen.

„Das Auto ist kaputt", sagte Hudson, der uns scharf beobachtete. „Ich weiß nicht, ob es jemals wieder verwendet wird. Allerdings gehe ich davon aus, dass diese Zimmer irgendwann an jemand anderen vermietet werden. Ich gehe davon aus, dass Mr. Gatelys Sachen hier zu seinem Haus geschickt werden, aber sein Nachlass ist groß und wird eine ganze Weile in Ordnung sein müssen."

„Wer ist sein Testamentsvollstrecker?"

"Herr. Pond, sein Anwalt. Aber seine finanziellen Angelegenheiten sind in Ordnung. An Amos Gately ist nichts verkehrt – finanziell gesehen. Darauf können Sie sich verlassen!"

"Wie dann?" Ich fragte, denn der Ton deutete eine mentale Zurückhaltung an.

"Ich sage nicht. Aber sie sagen, dass jeder Mann eine geheime Seite in seinem Leben hat, und warum sollte Mr. Gately eine einzige Ausnahme sein?"

"Eine Frau?" fragte Norah und erinnerte sich immer wieder an ihren Grundverdacht.

Foxy Jim Hudson bedachte sie mit diesem leeren Blick, der nicht selten seine Antwort auf eine unwillkommene Frage war und der ihm vielleicht seinen Beinamen einbrachte.

Dann lachte er und sagte: „Sie haben Kriminalgeschichten gelesen, Fräulein. Und Sie erinnern sich, wie sie immer sagen: „Kirchen legen Femmy !" Nun ja, gehen Sie ruhig in die Kirche, wenn Sie möchten. Aber seien Sie auf ein trauriges und trauriges Ergebnis vorbereitet."

Der Mann war offensichtlich tief bewegt und sein großes, schlichtes Gesicht zeigte Emotionen.

Da er uns aber nichts weiter sagen wollte und Norah und ich unsere eher unproduktive Durchsuchung der Räume beendet hatten, gingen wir zurück in mein Büro.

Hier zeigte mir Norah, was sie aus dem Mülleimer genommen hatte.

„Ich gebe es ihm zurück, wenn du es sagst", bot sie an; „Aber er konnte nichts damit anfangen, und vielleicht kann ich es."

Es war nur ein winziges Stück rosafarbenes Papier, dünn und stark zerknittert. Ich nahm es.

„Sei vorsichtig", warnte Norah; „Ich glaube nicht, dass Fingerabdrücke darauf zu sehen sind, aber es ist eine Art Schothorn . "

"Aber was ist es?" fragte ich ausdruckslos, während ich das zerknitterte Papier vorsichtig mit Daumen und Zeigefinger hielt.

„Es ist ein Puderpapier", versicherte Norah kurz.

"Ein Was?"

„Ein Pulverpapier. Frauen tragen sie – sie kommen in kleinen Büchern. Das ist eines der Blätter. Man reibt sie auf das Gesicht und der Puder löst sich auf der Nase oder den Wangen."

"Ist das so? Ich habe noch nie welche gesehen."

„Viele Mädchen benutzen sie." Norahs klare, gesunde Gesichtsfarbe widerlegte jede Vorstellung, dass sie so etwas brauchte, und sie sprach ein wenig verächtlich.

„Ein weiterer Beweis für die Präsenz dessen, was Freund Hudson eine Femmy nennt ", lächelte ich.

"Ja; Aber diese Dinge haben eine große Individualität, Mr. Brice. Das ist von überaus feiner Qualität, es hat einen deutlichen, eindeutigen Duft und ist zweifellos ein importierter Artikel – wahrscheinlich aus Frankreich."

„Können sie solche Dinge jetzt hinter sich bringen?"

„Oh, pshaw, es könnte sein, dass es vor dem Krieg importiert wurde. Diese Qualität würde ihren Geruch für immer behalten! Wie auch immer, glauben Sie nicht, dass wir die Frau ausfindig machen könnten, die es benutzt und es dort gelassen hat? Es muss gestern passiert sein, denn der Korb wird in diesem Büro natürlich jeden Tag geleert."

„Braves Mädchen, Norah!" und ich nickte zustimmend. „Du bist wirklich ein She-Sherlock! Ein bisschen intim, nicht wahr, wenn sich eine Frau im Büro eines Mannes die Nase pudert?"

„Überhaupt nicht, Mr. Old Fogey! Heutzutage sieht man die Mädchen das überall. In der Straßenbahn, im Theater – überall."

"In Ordnung. Wie wollen Sie vorgehen?"

„Ich denke, ich werde zu den schicksten Parfümgeschäften der Fifth Avenue gehen und versuchen, den Hersteller dieser Zeitung herauszufinden."

Dann öffnete sich meine Tür und der Polizeichef stand im Türrahmen.

„Würden Sie quer durch den Flur vorbeikommen, Mr. Brice?" er sagte.

"Darf ich kommen?" rief Norah, und ohne die Antwort abzuwarten, die übrigens nie kam, folgte sie uns.

„Wir haben viel gelernt", begann der Chef fragend, während ich wartete. „Und denken Sie jetzt sorgfältig nach, Mr. Brice. Ich möchte, dass Sie mir sagen, ob der Kopf, den Sie im Schatten an der Tür gesehen haben, möglicherweise der Kopf einer Frau gewesen sein könnte?"

„Ich denke, es hätte sein können, Chef; Wir haben darüber gesprochen, und ich bin bereit zu sagen, dass es hätte sein können – aber ich glaube nicht, dass es so war."

„Und die Schultern? Obwohl sie breit wie die eines Mannes ist, könnte die Figur einer Frau, sagen wir mal, in Pelze gehüllt, nicht einen ähnlichen Effekt hervorrufen?"

Ein eisiger Schauer durchlief mich, aber ich antwortete: „Das könnte sein; die Umrisse waren sehr undeutlich."

„Wir untersuchen sorgfältig die Bewegungen von Miss Raynor", fuhr er ruhig fort, „und wir stellen fest, dass sie absichtlich die Unwahrheit darüber erzählt hat, wo sie den gestrigen Nachmittag verbracht hat. Sie sagte, sie sei im Haus einer Freundin in der Park Avenue gewesen. Wir haben den Namen der jungen Dame erfahren und sie sagt, Miss Raynor sei gestern überhaupt nicht da gewesen. Außerdem stellen wir fest, dass Miss Raynor *nach* den Anrufen der alten Leute, von denen wir wissen, in diesem Büro war und nicht *vor* ihnen, wie Miss Raynor selbst ausgesagt hat."

„Aber –" begann ich.

"Warten Sie bitte einen Moment. Dies wird durch die Tatsache positiv bewiesen, dass ein von Mr. Gately auf Miss Raynor ausgestellter Scheck unmittelbar *auf* die beiden auf Mr. Smith und Mrs. Driggs ausgestellten Schecks folgt."

„Beweisen?" Ich keuchte.

„Dass Miss Raynor die letzte ist, von der bekannt ist, dass sie sich vor der Schießerei in diesem Raum aufgehalten hat."

„Oh", rief Norah, „aus Scham! Dieses hübsche Mädchen zu verdächtigen! Sie würde keiner Fliege etwas zuleide tun!"

"Kennst du sie?"

"Nein Sir; Aber--"

„Es ist eine oft bewiesene Tatsache, dass die sanfteste und sanfteste Frau, wenn sie ausreichend dazu provoziert wird oder wenn sich eine plötzliche Gelegenheit dazu ergibt, in einem Moment der Leidenschaft das tun wird, was niemand zu träumen gewagt hätte!" Miss Raynor war sehr wütend auf ihren Onkel – das gab Jenny nach langer Verzögerung zu. Mr. Gately hatte einen Revolver, normalerweise in seiner Schreibtischschublade, aber jetzt *nicht mehr da*. Und" – eine beeindruckende Pause ging dem nächsten Argument voraus, „Mr. Amory Manning ist nicht zu finden."

„Was schließen Sie daraus?" fragte ich erstaunt.

„Dass er absichtlich verschwunden ist, damit er nicht als Zeuge gegen Miss Raynor vorgeführt wird. Er konnte ihr am besten helfen, wenn er nicht in der Stadt war und nicht zu finden war. Also ging er weg und sie tat so, als wüsste sie es nicht. Natürlich hat sie es getan – sie haben es geduldet –"

"Stoppen!" Ich weinte: „Du bist verliebt. Sie gehen von unwahren Bedingungen aus!"

„Ich wünschte, es wäre so", und der Chef zeigte für den Moment eine sehr menschliche Miene; „Aber ich habe in dieser Angelegenheit keine Wahl. Ich werde von einer unaufhaltsamen Armee von Fakten angetrieben, die nicht zurückzudrängen sind. Was fällt Ihnen sonst noch ein, das Mr. Mannings plötzliches Verschwinden erklären könnte? Angegriffen? Unsinn! Nicht im Sturm des letzten Abends. Entführt? Warum? Er ist ein harmloser Bürger, kein Millionär oder einflussreicher Mann. Sie sagten, Sie hätten ihn letzte Nacht gesehen, Mr. Brice. Wo genau war das?"

Ich erzählte von meiner Fahrt mit dem Third Avenue-Wagen und davon, dass ich an der Twenty-Second Street ausgestiegen war, um mit Mr. Manning zu sprechen. Dann erzählte ich von seinem plötzlichen, fast mysteriösen Verschwinden.

„Überhaupt nicht mysteriös", sagte der Chief. „Er hat dir absichtlich entwischt. Er ist sofort weggegangen und hat sich sorgfältig versteckt. Aber wir werden ihn finden. Heutzutage und in dieser Generation ist es für einen Mann nicht einfach, sich vor der Polizei zu verstecken!"

„Aber, Miss Raynor!" Sagte ich immer noch ungläubig. "Warum? Welches Motiv?"

„Weil ihr Onkel sie Amory Manning nicht heiraten ließ. Als sie sagte, sie sei zum Haus ihrer Freundin, Miss Clark, gegangen, ging sie in Wirklichkeit zum Haus einer Mrs. Russell, der Schwester von Manning. Dort sollte sie Manning treffen. Ich habe das alles direkt von Mrs. Russell.

„Und Sie denken, es war Miss Raynors Schatten, den ich an der Tür gesehen habe!"

„Sie sagten, es könnte eine Frau gewesen sein."

„Sehr gut, dann suchen Sie sich eine andere Frau! Es war nie Miss Raynor!"

„Ihre Empörung, Mr. Brice, ist sowohl natürlich als auch bewundernswert, aber sie beruht auf Ihrer Abneigung, schlecht über Miss Raynor zu denken. Der Polizei wird der Luxus solcher Gefühle nicht gestattet."

„Aber – aber – wie ist sie – wie ist Miss Raynor aus dem Zimmer gekommen?"

„Wir können Jennys Geschichte über den Mann mit dem Revolver, der die Treppe hinunterläuft, nicht ganz glauben. Und wir glauben, dass die Person, die die Schießerei begangen hat, möglicherweise mit dem Opfer im Privataufzug hinuntergegangen ist. Es wäre leicht, unbemerkt auf die Straße zu gelangen, und das setzt jemanden voraus, der mit der Funktionsweise des automatischen Aufzugs vertraut ist."

„Aber Miss Raynor sagte, sie hätte es noch nie gesehen", rief ich triumphierend. „Sie sagte, sie hätte nur ihren Onkel davon sprechen hören!"

„Ich weiß, dass sie es *gesagt hat* ", erwiderte der Chef.

Kapitel VII
Hudsons Auftrag

Ein oder zwei Tage lang fuhr ich herum, völlig außer sich. Ich fühlte mich mit Miss Raynor nicht ausreichend vertraut, um sie aufzusuchen – obwohl sie mich einmal darum gebeten hatte –, aber ich sehnte mich sehr danach, herauszufinden, ob die Polizei sie bereits über ihren Verdacht informiert hatte. Ich dachte, vielleicht warteten sie auf weitere Beweise, vielleicht sogar bis nach der Beerdigung von Mr. Gately. Bisher gab es in den Papieren keine Hinweise darauf, dass Olive im Verdacht stand, und ich hoffte wider alle Hoffnung, dass das auch so sein würde. Aber ich hatte das Gefühl, dass sie genau beobachtet wurde, und ich wusste nicht, welche neuen Beweise gegen sie auftauchen könnten.

Am Samstagabend fand die Beerdigung des großen Kapitalisten statt.

Ich besuchte das Haus, und da dies mein erster Besuch in diesem Haus war, war ich überhaupt nicht auf die Fülle an Kunstschätzen vorbereitet, die es beherbergte.

Ich saß im großen Salon und bewunderte die Bilder und Bronzen sowie die wunderschöne Architektur und die Wanddekorationen.

Eine Schar von Menschen nahm an den Gottesdiensten teil und der bedrückende Duft der vielen Blumen und das ständige Klicken der Klappstühle, kombiniert mit dem Flüstern und dem gedämpften Rascheln des Publikums, erzeugten diese unverwechselbare Beerdigungsatmosphäre, die empfindliche Nerven so strapaziert.

Dann löste eine einzelne klare, süße Sopranstimme, die zu einer feierlichen Hymne erklang, die Spannung, und bald waren die kurzen Trauerfeierlichkeiten vorbei, und ich bewegte mich mit dem Menschengedränge, das langsam auf die Tür zuströmte.

Ich ging nach Hause, die klare, frostige Luft erfüllte mich mit einem Gefühl der Dankbarkeit nach den überfüllten Räumen.

Und ich habe mich gefragt. Ich fragte mich, was die nächste Szene in dem schrecklichen Drama sein würde. Würden sie Miss Raynor, die schöne Olive Raynor, des Verbrechens beschuldigen? Wie konnten sie? Dieses zarte, vornehme Mädchen!

Und doch war sie unabhängig von Gedanken und furchtlos vor Handlungen.

Obwohl ich sie nur flüchtig kannte, hatte ich schon mehr oder weniger von ihr gehört, und mir war klar geworden, dass sie keineswegs nachgiebig oder leicht zu beeinflussen war. Sie ärgerte sich zutiefst darüber, dass ihr Vormund sie tyrannisch behandelte, und hatte es ihm nicht selten auch gesagt. Obwohl sie äußerlich nicht uneins waren, waren sie von Natur aus unkonventionell und hatten sehr unterschiedliche Geschmäcker.

Olive wollte, wie es für ein junges Mädchen selbstverständlich ist, Gäste und Fröhlichkeit. Mr. Gately, ein durch und durch egoistischer Mann, bevorzugte Ruhe und Freiheit von Gesellschaft. Ihr Beharren stieß auf Ablehnung und die Ergebnisse waren für beide oft beunruhigend. Tatsächlich hatte Miss Raynor gedroht, das Haus ihres Vormunds zu verlassen und allein zu leben, aber das entsprach ihm keineswegs. Der Komfort seines Zuhauses und die ordnungsgemäße Verwaltung seines Haushalts hingen weitgehend von Olives fähiger und effizienter Führung ab, und ohne ihre Anwesenheit und Fürsorge würde er viele angenehme Details seines täglichen Lebens verpassen. Er erlaubte ihr selten, zu Besuch zu gehen, und erlaubte ihr fast nie, einen Freund bei sich zu haben.

Von diesen intimen Angelegenheiten erfuhr ich von Norah, die wiederum von Jenny erfahren hatte.

Jenny war noch nicht lange bei Mr. Gately, aber es war ihr überraschend schnell gelungen, ein paar Informationen über sein Privatleben aufzuschnappen, und als sie von der Polizei befragt wurde, hatte sie alles erzählt , was sie wusste – und, wie ich vermutete, *mehr* als sie wusste, – über Miss Raynor.

Nun, ich nehme nicht an, dass die Polizei so weit gegangen ist, anzunehmen, dass Olive Raynor Mr. Gately getötet hat, weil er ihren Wünschen nicht nachgegeben hat, aber sie schien zu glauben, dass sie wirklich Grund zum Verdacht hatten.

Ich war verzweifelt. Am Sonntag konnte ich nur an die Sache denken und fragte mich, ob es zu anmaßend von mir wäre, Miss Raynor meine Hilfe oder meinen Rat anzubieten. Zweifellos hatte sie eine Menge Berater, aber vielleicht brauchte sie einen solchen juristischen Freund wie ich für sie.

Aus einem Impuls heraus rief ich an und fragte, ob sie Lust hätte, mich zu sehen. Zu meiner freudigen Überraschung begrüßte sie den Vorschlag und bat mich, noch am Nachmittag anzurufen, da sie dringend Rechtsberatung brauchte.

Und so fand ich mich um vier Uhr wieder im Haus des verstorbenen Präsidenten der Trust Company.

Diesmal wurde ich in einen kleinen Empfangsraum geführt, wo bald Olive erschien.

„Es ist hier entlang, Mr. Brice", sagte sie nach einem kurzen Gespräch. „Ich mag Mr. Pond nicht – er ist Onkels Anwalt – ich kann den Mann einfach nicht ertragen!"

„Aus irgendeinem bestimmten Grund, Miss Raynor?" Ich fragte.

„N – nein, – nun ja, das heißt – oh, er ist ein schreckliches altes Ding und er will mich heiraten!"

„Sind Sie ganz sicher, dass Sie mir diese persönlichen Angelegenheiten anvertrauen wollen?" Ich hatte das Gefühl, dass ich das sagen sollte, denn das Mädchen war nervös, und ich war mir keineswegs sicher, dass sie ihre Offenheit später nicht bereuen würde.

"Ja, das tue ich. Ich möchte einen Anwalt, Mr. Brice, und ich werde keinen Mr. Pond haben. Deshalb bitte ich Sie hier und jetzt, meine Angelegenheiten in die Hand zu nehmen, sich um meine finanziellen Angelegenheiten zu kümmern und mich in vielerlei Hinsicht zu beraten, wenn ich Ihre Hilfe benötige. Du denkst vielleicht, ich hätte viele Freunde", flehten die großen braunen Augen mitleiderregend, „aber das habe ich nicht. Onkel Amos – Sie wissen natürlich, dass er nicht mein Onkel war, aber ich habe ihn so genannt – erlaubte mir nicht, viele Freunde zu finden, und seine eigenen Bekannten sind allesamt ältere Leute, und davon hatte er nicht sehr viele. Mein Geld ist mein eigenes Recht. Mr. Gately hat sich gewissenhaft um meine Konten gekümmert , und ich möchte, dass alles Mr. Pond aus der Hand genommen und in Ihre Obhut genommen wird. Das ist natürlich möglich."

Olive sah gebieterisch aus und schien zu glauben, dass die Sache geklärt sei.

„Zweifellos lässt sich das arrangieren, Miss Raynor; Ich werde darüber nachdenken."

„Denken Sie nicht darüber nach – sagen Sie einfach Ja! Wenn Sie das nicht tun, muss ich mir einen anderen Anwalt suchen, und – ich hätte lieber Sie."

Ich war nicht immun gegen ihre hübsche, diktatorische Art und stimmte zu, die von ihr gewünschten Schritte zu unternehmen.

Sie erzählte mir weiter, wie sie platziert wurde:

Amos Gately besaß nicht nur ein beträchtliches eigenes Vermögen, ihr Testament hinterließ ihr auch eine beträchtliche zusätzliche Summe und auch das Haus, in dem sie gelebt hatten.

„Sie sehen also", sagte Olive, „ich werde weiterhin hier leben – vorerst." Ich habe jetzt Mrs. Vail bei mir – als Duenna, der Anstand halber. Sie ist eine liebe alte Dame und von geschmeidiger, beherrschbarer Art. Ich habe sie hauptsächlich aus diesem Grund ausgewählt. Außerdem ist sie freundlich und fröhlich und ich habe sie gerne bei mir. Ich mochte Onkel Amos, Mr. Brice, aber wir hatten viele Meinungsverschiedenheiten. Wenn er mir etwas mehr Freiheit gelassen hätte, hätte ich wunderbar mit ihm auskommen können – aber er behandelte mich wie ein Kind. Wissen Sie, er hat mich *als Kind* bei sich aufgenommen und nie gemerkt, dass ich erwachsen geworden bin und eine Individualität und einen eigenen Willen habe. Ich bin zweiundzwanzig Jahre alt und er hat sich verhalten, als wäre ich zwölf!"

„Und jetzt ganz und gar deine eigene Herrin?"

"Ja; Kommt es Ihnen nicht seltsam vor? Und es ist *alles* so seltsam! Ohne ihn ist dieses Haus wie ein anderes Haus. Und wie schrecklich sein Tod war! Manchmal denke ich, ich kann hier nicht bleiben, ich muss in eine andere Umgebung vordringen. Aber der Gedanke, hier wegzuziehen, ist für mich derzeit sowieso zu viel. Oh, ich weiß nicht, *was ich* tun soll! Ich kann nicht erkennen, dass er weg ist!"

Olive weinte nicht. Sie saß mit trockenen Augen und ohne Tränen da und wirkte so erbärmlich einsam und so unfähig, ihren neuen Aufgaben gerecht zu werden, dass ich ihr gerne jede mögliche Hilfe versprach, die ich geben konnte, sowohl in rechtlichen Angelegenheiten als auch auf persönlicher oder freundlicher Weise.

„Glauben Sie nicht, dass ich hilflos bin", sagte sie und las meine Gedanken. „Ich werde mich der Situation stellen, ich werde mich an meine veränderten Umstände anpassen, aber es wird natürlich ein wenig Zeit brauchen."

„Ja, in der Tat", stimmte ich zu, „und versuchen Sie zunächst nicht, zu viel zu tun. Nehmen Sie sich ausreichend Zeit, um sich auszuruhen und den Schock und die schrecklichen Szenen, die Sie erlebt haben, zu verarbeiten."

Mir war klar, dass das Mädchen nicht gedacht hatte, dass sie verdächtigt wurde oder dass die Polizei sie beobachtete. Ich fragte mich, ob es besser wäre, ihr einen Hinweis darauf zu geben oder sie im Unwissen zu lassen, als gerade ein Diener hereinkam und sagte, Mr. Hudson wünsche ein Interview mit Miss Raynor.

Hudson! Foxy Jim Hudson! Natürlich könnte das nur eines bedeuten.

"Lass mich bleiben!" Ich sagte impulsiv: „Oh, das tue ich!" Sie kam zurück, und eine Minute später kam Hudson herein.

Es gab etwas an der Art des Mannes, das mir einfach gefiel, und wenn Olive befragt werden musste , war ich mir sicher, dass er es so sanft tun würde, wie es nur möglich war.

Obwohl er unkultiviert war, klang seine Stimme freundlich, und als er einige einleitende Fragen stellte, antwortete Olive direkt und ohne Einwände.

Aber als er sie fragte, wo sie am Nachmittag von Mr. Gatelys Tod gewesen sei, sah sie ihn hochmütig an und sagte:

„Das alles habe ich dem Mann erzählt, der mich in der Innenstadt befragt hat – diesem Mr. Martin."

„Haben Sie ihm die Wahrheit gesagt, Miss Raynor?"

"Herr?"

In das eine Wort legte Olive eine Menge verächtlichen Stolz, aber ich konnte auch einen Ausdruck der Angst in ihren Augen erkennen.

„Lassen Sie mich Ihnen jetzt einen kleinen freundlichen Rat geben", sagte Hudson, „Sie sind eine sehr junge Dame, und Sie glauben wahrscheinlich , dass Sie ein wenig weiße Unwahrheit erzählen und damit durchkommen können, aber das können Sie nicht." Mach es mit der Polizei. Sehen Sie, Miss, wir wissen, wo Sie am Mittwochnachmittag waren, und da können Sie genauso gut offen darüber sein."

„Na gut, wo war ich dann?"

„Im Haus von Mrs. Russell – der Schwester von Mr. Manning."

Olive sah ihn erstaunt an. Dann änderte sich ihr Verhalten.

„Wie Sie wissen", sagte sie, „kann ich es genauso gut zugeben. Ich *war* bei Mrs. Russell. Was davon?"

„Nur dass Sie, Miss Raynor, wenn Sie in einem Fall vorgetäuscht haben, dies möglicherweise auch in anderen Fällen getan haben. Können Sie mir sagen, warum Sie sagten, Sie seien im Haus Ihrer Freundin, Miss Clark?

" Natürlich werde ich. Mein Vormund wollte mich aus einer persönlichen Angelegenheit nicht zu Frau Russells Haus gehen lassen. Deshalb sagte ich ihm manchmal, wenn ich dorthin gehen wollte, dass ich zu Miss Clark gehen würde. Diese kleine Unwahrheit hielt ich für gerechtfertigt, denn Mr. Gately hatte kein Recht zu sagen, wohin ich gehen sollte und wohin nicht! Wenn ich unwahr war , dann deshalb, weil seine ungerechten Regeln und Vorschriften mich dazu gemacht haben! Normalerweise bin ich kein Geschichtenerzähler. Wenn ich gezwungen wäre, einer zu sein, um ein paar einfache Vergnügungen oder Ablenkungen zu genießen, geht das niemanden außer mir etwas an."

„Das stimmt, Hudson", warf ich ein, „warum sollten Sie sich als Miss Raynors Sonntagsschullehrerin bezeichnen?"

„Tut mir leid, dass ich das tun muss", und das gutmütige Gesicht zeigte echtes Bedauern; „Aber ich habe Befehle. Nun, Miss Raynor, ich muss Ihnen ein paar klare Fragen stellen. Wo ist Mr. Amory Manning?"

"Ich weiß nicht! Ich wünschte nur, ich hätte es getan!"

„Na, na, das geht nicht! Ich schätze, Sie können sich für mich einen Hinweis auf seinen Aufenthaltsort ausdenken. Sie können uns nicht täuschen, wissen Sie."

„Ich will es auch nicht!" Olives Augen leuchteten. „Weil ich es für notwendig hielt, ab und zu der Spionage meines Vormunds zu entgehen, brauchst du nicht zu glauben, dass ich nicht in der Lage bin, die Wahrheit zu sagen! Ich habe keine Ahnung, wo Mr. Manning ist, und ich bin äußerst besorgt, dass ihm etwas zustoßen könnte. Wenn Sie ihn finden, werden Sie mir einen großen Gefallen tun."

„Sind Sie mit ihm verlobt, Miss Raynor?"

„Nein, das bin ich nicht, obwohl ich Ihnen nicht das Recht zugestehen würde, diese Frage zu stellen. Mr. Manning und ich sind gute Freunde, das ist alles."

"Herr. Gately war mit seinen Aufmerksamkeiten Ihnen gegenüber nicht einverstanden?"

„Das tat er nicht, und deshalb habe ich es unterlassen, von Gelegenheiten zu erzählen, bei denen ich Mr. Manning im Haus seiner Schwester gesehen habe oder sehen könnte. Wenn das für Sie von Interesse ist, habe ich keine Einwände dagegen, dass Sie es wissen."

„Können Sie eine Pistole abfeuern, Miss Raynor?"

Ich erkannte, dass es Hudsons Methode war, sie zu überraschen und so vielleicht etwas aus einer unvorsichtigen Antwort zu lernen.

„Ja", antwortete sie prompt, „ich bin ein guter Schütze; Warum?"

Ihre staunenden Augen waren jetzt furchtlos, und für mich schien es ein Beweis ihrer völligen Unschuld zu sein, dass sie sich bei dieser Frage nicht schämte.

Aber Hudson dachte offenbar anders. Er sah sie vorwurfsvoll an und fuhr fort: „Besitzen Sie eine Pistole?“

"Ja; Mr. Gately hat mir vor ein paar Jahren eines geschenkt.“

"Wo ist es?"

„Unten auf unserem Landsitz auf Long Island. Dort habe ich Angst vor Einbrechern, in der Stadt aber bei weitem nicht so sehr.“

"Hm. Nun, Miss Raynor, Sie sind die Letzte, von der bekannt ist, dass sie Amos Gately lebend gesehen hat.“

„Warum, Mr. Brice hat die Schießerei gesehen!“

„Nur im Schatten. Ich meine, Sie sind der Letzte, von dem bekannt ist, dass er mit ihm in seinem Büro gesprochen hat. War Ihr Gespräch – ähm – freundschaftlich?“

„Völlig so. Ich ging dorthin, um etwas Geld zu verdienen, wie es gelegentlich der Fall war. Mein Vormund gab mir einen Scheck und ich löste ihn bei der Trust Company Bank ein.“

„Ja, das wissen wir; und dass Ihnen der Scheck ausgehändigt und später eingelöst wurde, und zwar ungefähr zu der Zeit, als Mr. Gately getötet wurde.“

„Früher Mr. Hudson. Ich war gegen halb zwei in der Bank.“

„Nein, Miss Raynor. Wir haben die Aussage des Kassierers, dass Sie gegen drei Uhr dort waren.“

„Er irrt sich“, Olives Stimme war zuversichtlich und hatte einen Anflug von Empörung, „um drei Uhr oder kurz danach war ich bei Mrs. Russell.“

„War Mr. Manning da?“

"NEIN; er erwartete, später zu kommen, nachdem er sich um einige Geschäfte gekümmert hatte.“

„Was war das Geschäft?“

„Ich weiß es nicht, aber es muss irgendwo in der Nähe des Puritan-Gebäudes gewesen sein, denn als ich ankam, war er in der Nähe.“

„Um wie viel Uhr war das?“

„Ich weiß es nicht genau, vielleicht um halb drei oder etwas später. Ich war erst seit wenigen Augenblicken bei Mrs. Russell, als Mr. Talcott mich dort anrief.

„Woher wusste er, dass du da bist?“

„Er rief zuerst Miss Clark an, und sie sagte es ihm.“

„Deine Freunde haben dir also dabei geholfen, deinen Vormund zu täuschen?“

„Es ärgert mich, wie Sie das ausdrücken, Mr. Hudson“, Olive sah ihn hochmütig an, „aber ich antworte: Ja. Meine Freunde stimmten mir zu, dass Mr. Gately in seinen Befehlen unvernünftig war und dass ich nicht verpflichtet war, ihnen zu gehorchen.“

„Aber Sie sind jetzt von seiner Ungerechtigkeit befreit.“

„Das ist eine brutale Rede und eines Mannes unwürdig!“ Meine Freiheit ist zu teuer zu einem so schrecklichen Preis erkauft!“

„Bist du *sicher,* dass du das denkst?“

„Was meinen Sie damit, Mr. Hudson? Aussprechen! Glaubst du, ich habe meinen Vormund getötet?“

„Es gibt Leute, die das denken, Miss Raynor.“

„Verlasst dieses Haus!“ rief Olive und erhob sich. „Solche Worte dürfen hier nicht gesprochen werden!“

„Nun, nun, Fräulein, Dramatik bringt Sie nicht weiter ! Es gibt Beweise gegen Sie, so glaubt die Polizei, und es liegt an mir, Ihnen zu sagen, dass wir Sie bitten müssen, die Stadt nicht zu verlassen, ohne uns davon zu informieren. Wir beschuldigen Sie nicht, aber wir möchten, dass Sie dort sind, wo wir nach Belieben mit Ihnen kommunizieren können. Ich gehe jetzt, Miss Raynor. Ich bin nur gekommen, um mich in einigen Punkten zu vergewissern – was ich auch getan habe – und um Ihnen zu sagen, dass Sie in Rufbereitschaft bleiben sollen. Tatsächlich kann ich Ihnen genauso gut sagen, dass jeder Fluchtversuch scheitern wird.“

„Du meinst, ich werde überwacht!“

„Das ist alles, Fräulein.“

Olive sah ihn an, als würde man einen Staubwurm betrachten.

"Gehen!" sagte sie leise, aber energisch. „Ich werde die Stadt nicht verlassen , ich werde dieses Haus wahrscheinlich nicht verlassen. Ihr Verdacht ist unwürdig. Allerdings hat es mich eines gelehrt : Ich werde jemand anderen engagieren – jemanden, der nicht zur dummen Polizei gehört, um den Mörder meines Onkels zu finden! Und auch um meinen Freund, Mr. Manning, aufzuspüren."

Hudson lächelte. Er sah Olive fast tolerant an, als wäre sie ein eigensinniges Kind.

"In Ordnung. Fräulein Raynor. Ich vertraue Ihnen beim Wort, dass Sie hier bleiben, und ich schätze eher, dass die Polizei den Mörder noch fassen und auch das Versteck von Amory Manning entdecken wird. Guten Tag."

Hudson ging weg und Olive drehte sich voller Wut zu mir um.

„Was für eine Unverschämtheit!" rief sie aus. „Sind solche Dinge erlaubt? Hierher zu kommen und mich praktisch des Mordes an meinem Onkel zu beschuldigen!"

„Er war nicht dein Onkel, weißt du."

„Das spielt keine Rolle. Ich liebte ihn wie einen Verwandten. Seine Strenge und seine unvernünftigen Befehle waren mir zuwider, aber das änderte nichts an meiner wahren Liebe und Zuneigung für den Mann. Für den größten Teil meines Lebens war er alles für mich. Er war in den meisten Angelegenheiten wirklich freundlich. Er verwöhnte mich auf jede erdenkliche Art und Weise, was Komfort und Luxus anging. Er kritisierte nie die Art und Weise, wie ich mein Geld ausgab oder wie ich mich unterhielt, außer wenn es darum ging, Gäste zu empfangen oder Besuche zu machen."

„Und Bewunderer zulassen?"

„Es gab einige Männer , die er gut fand – Sie können es genauso gut wissen, Mr. Brice, mein Vormund wollte, dass ich seinen Freund und Anwalt, Mr. Pond, heirate."

„Warum, wenn dieser Herr so viel älter ist als Sie?"

„Nur weil Onkel ihn so gern hatte. Und außerdem schien Onkel nie zu begreifen, dass ich einer anderen Generation angehörte als er. Er konnte nicht verstehen, er konnte es wirklich nicht, warum ich junge Gesellschaft und schwule Partys wollte. *Er* tat es nicht, und er ging wirklich davon aus, dass *ich* es nicht tat. Ich glaube, er hat nie gemerkt, wie sehr er mich benachteiligte, als er mir die Gesellschaft verbot."

„Ist das wirklich so weit gekommen?"

"Praktisch. Oder wenn es mir gelang, ihn zu überreden, mir einen Hausgast oder eine kleine Party zu ermöglichen, machte er alles so unangenehm, dass ich froh war, als sie weg waren."

„Unangenehm, wie?"

„Oh, er machte so viel Aufhebens, als würde sein Wohlbefinden beeinträchtigt , als ob er sich durch ihre Anwesenheit und dadurch, dass er meine Zeit und Aufmerksamkeit für sich beanspruchte, furchtbar störte, anstatt mir zu erlauben, meine Gäste angemessen zu bewirten."

„Zweifellos, damit du es nicht wieder tun würdest."

"Ja natürlich. Aber das alles war für mich unangenehm, fast unerträglich, und doch tötet man seine Leute nicht für solche Dinge."

Für mich war diese einfache Aussage von Olive Raynor überzeugender als ein Sturm der Verleugnung. Sie war empört über den Anflug von Misstrauen, doch ihre ruhige, würdevolle Widerlegung beteuerte mich bei weitem von ihrer völligen Unschuld.

„Natürlich tut man das nicht", stimmte ich zu, „und nun gilt es herauszufinden, wer es getan hat. Haben Sie irgendeinen Verdacht, Miss Raynor, auch nur den geringsten?"

"NEIN; außer dass es mir so vorkommt, als ob es irgendein Mann gewesen sein muss, der Onkel geschäftlich kannte. Obwohl Amos Gately ein großzügiger und wohltätiger Mann war, war er gewissenhaft gerecht, und wenn er Feinde hatte, waren es Männer, die er bei einem Fehlverhalten entdeckt hatte und die er entlarvt oder bestraft hatte. Kein Mensch hatte einen Grund zu gerechter Feindschaft gegen ihn – da bin ich mir sicher!"

KAPITEL VIII

Der Mann, der durch die Erde fiel

„Und es ist meine Aufgabe", fuhr Olive mit einem ernsten Blick in ihren braunen Augen fort, „den Tod meines Vormunds zu rächen." Ich mache mir keine Sorgen über diese Überwachung meiner selbst , oder wie auch immer sie es nennen, sie ist zu absurd, um sie wirklich ernst zu nehmen. Selbstverständlich werde ich die Stadt nicht verlassen und werde alle Fragen beantworten, die mir die Polizei stellt. Denn, sehen Sie, Herr Brice, der einzige Grund, den ich hatte, Unwahrheiten zu erzählen, ist kein Grund mehr. Ich habe auf ‚Notlügen' zurückgegriffen, weil Onkel Amos so unverhältnismäßig streng zu mir war, aber so etwas habe ich nicht mehr nötig, und ich versichere Ihnen, dass Sie mich von nun an absolut ehrlich finden werden."

Ein trauriges kleines Lächeln begleitete die Worte, und der ernste Ausdruck auf dem zarten, vornehmen Gesicht gab mir bedingungsloses Vertrauen in ihre Aufrichtigkeit.

„Dann", beeilte ich mich, ihr zu raten, „verärgern Sie die Polizei nicht." Wenn sie Sie im Auge haben, können Sie sicher sein, dass sie glauben, es gäbe einen Grund, Sie im Auge zu behalten. Seien Sie freundlich oder zumindest geduldig mit ihnen, dann werden sie sich ihres Fehlers umso schneller bewusst. Darüber hinaus möchten Sie, dass sie Ihnen dabei helfen, den wahren Mörder Ihres Vormunds zur Strecke zu bringen. Es ist eine mysteriöse Angelegenheit, Miss Raynor."

„Oh, das ist es, Mr. Brice, und es kann sein, dass wir beim Durchdringen des Geheimnisses etwas ans Licht bringen – wissen Sie – etwas, das für Mr. Gatelys Charakter schädlich ist."

„Haben Sie solche Angst – definitiv, meine ich?"

„Nicht definitiv, nein. Wenn ich es getan hätte, würde ich es dir sagen. Aber auf eine vage, besorgte Weise habe ich das Gefühl, dass es etwas in seinem Leben geben muss, das dies herbeigeführt hat, und von dem ich noch nichts weiß. Aber Sie denken, nicht wahr, dass wir weitermachen und alles lernen müssen, was wir können?"

„Sie haben also keine Angst vor Ermittlungen, weder für sich selbst noch für irgendjemand anderen?"

Ich habe diese Frage nach kurzem Zögern gestellt, musste es aber wissen.

„Nein, Sir", ertönte ihre Stimme deutlich. „Ich weiß, was Sie meinen, Sie denken an Herrn Manning. Und es gibt noch eine weitere Aufgabe für Sie. Wir müssen Amory Manning finden. Dieser Mann ist nie freiwillig gegangen, ohne mir eine Nachricht zu schicken. Er sagte, er würde in dieser Nacht hierher kommen – in der Nacht, in der Onkel starb. Er ist weder gekommen, noch hat er in irgendeiner Weise mit mir kommuniziert. Das bedeutet, dass er dazu nicht in der Lage war."

„Aber was könnte passiert sein, dass es ihm unmöglich gemacht hätte, Ihnen eine Nachricht zu schicken?"

„Ich weiß es nicht – ich kann nicht denken, da bin ich mir sicher. Aber er wurde von jemandem angegriffen oder überwältigt, der ihn aus dem Weg räumen wollte. Mr. Manning hatte Feinde – so viel darf ich Ihnen sagen –"

„Weißt du mehr? Das kannst du mir *nicht* sagen?"

"NEIN; das heißt, ich *weiß es nicht* irgendetwas – aber ich habe eine gewisse Vorahnung – oh, nichts Bestimmtes, Mr. Brice, aber ich kann nicht anders, als zu befürchten, dass wir Amory Manning nie wieder lebend sehen werden!"

„Ich möchte Ihr Vertrauen nicht erzwingen, aber können Sie mir nicht noch ein paar Fakten erzählen? Warum hat er Feinde? Sind sie politisch?"

"Ja; in gewisser Weise. Frag mich jetzt sowieso nicht. Versuchen wir, Amory zu finden, und wenn es uns nicht gelingt, werde ich es vielleicht für meine Pflicht halten, Ihnen zu sagen, was ich jetzt zurückhalte."

Und damit musste ich zufrieden sein. Denn Olive Raynor redete nicht wie ein junges, unerfahrenes Mädchen, wie ich gedacht hatte; Sie vermittelte mir jetzt den Eindruck einer jungen Frau, die sich mit wichtigen Angelegenheiten beschäftigt und die vertrauenswürdige Trägerin wichtiger Geheimnisse ist.

„Also zunächst einmal", sagte ich, „nehmen wir an, wir versuchen zunächst, Mr. Manning zu finden – oder herauszufinden, was aus ihm geworden ist."

„Ja", stimmte sie zu; „Aber wie sollen wir es angehen? Ich habe bereits mit mehreren seiner Freunde telefoniert, die ich kenne, und keiner von ihnen hat ihn seit diesem Tag, dem Tag von Onkels Tod, gesehen. Gott sei Dank ist niemand so dumm, ihm die Schuld zu geben!"

„Sie konnten es nicht so gut, da er bei Ihnen war, als die Entdeckung gemacht wurde."

"Ich weiß es. Und dass die Polizei sagt, er sei weggelaufen, um sich zu verstecken, um mich vor Verdacht zu schützen, ist so ziemlich die absurdeste Theorie, die es gibt!"

"Das denke ich auch. Kommen wir nun zu den Daten. Haben Sie später etwas von Mr. Manning gehört, als ich ihn an jenem Abend auf dem Heimweg aus dem Auto der Third Avenue aussteigen sah?"

„Nein, das habe ich nicht. Und wir wissen, dass er sein Zuhause nie erreicht hat. Seine Zimmer befinden sich in einem Haus im Gramercy Park –"

„Deshalb ist er an der Twenty-second Street ausgestiegen –"

"Ja natürlich. Er hat dich dort zurückgelassen, nicht wahr?"

„Da sind wir beide aus dem Auto gestiegen. Meine eigenen Zimmer befinden sich in der gleichen Gegend. Aber die Schneeböe an der Ecke war wie ein Wirbelwind, und meine Brille war so mit Flocken bedeckt, dass ich einen Moment lang nichts sehen konnte, und als ich es konnte, war Manning außer Sichtweite. Ich wusste damals nicht genau, in welcher Richtung er lebte, also schaute ich in alle vier Richtungen, aber ich sah ihn nicht. Allerdings konnte man in dem schwarzen Sturm ohnehin kein halbes Dutzend Schritte erkennen."

„Natürlich machte er sich auf den Weg zu seinem Haus – vielleicht hatte er es fast erreicht –, als derjenige, der ihm auf der Lauer lag, ihn angriff."

„Warum bist du dir so sicher, dass er angegriffen wurde? Möglicherweise hatte er einen Auftrag in eine andere Richtung."

„Ich sehe das Ding sozusagen als Bild. Und als er an dieser Ecke ausstieg, sah ich ihn natürlich direkt nach Hause gehen. Es ist unwahrscheinlich, dass er gerade eine andere Besorgung macht und trotzdem an dieser Ecke aussteigt."

"NEIN; Ich vermute nicht."

„Nun, da er nie nach Hause gegangen ist, noch nicht dort war, welche Theorie gibt es da, außer dass er daran gehindert wurde, dorthin zu gehen? Er könnte entführt worden sein – lächeln Sie nicht, das ist eine der Möglichkeiten – oder er könnte einen schweren Unfall gehabt haben, er ist ausgerutscht und hat sich das Bein gebrochen oder so etwas in der Art. Aber in einem solchen Fall wäre er in ein Krankenhaus gebracht worden, und ich hätte davon erfahren müssen. Nein, Mr. Brice, er wurde von einem mächtigen Feind entführt. Ich sage „mächtig", was eher „klug oder diplomatisch" bedeutet, denn meiner Meinung nach wäre bei der Entführung von Amory Manning nicht Gewalt, sondern Tricks zum Einsatz gekommen."

„Aber warum sollte man ihn entführen?“ Ich weinte erstaunt: „Was ist er?“ Warum ist er eine Bedrohung?“

„Ich kann es Ihnen nicht sagen, Mr. Brice, es sei denn, es wird dringend notwendig. Aber es hat mit – mit Männern auf höherer Ebene – zu tun, und es hat nichts mit dem Tod meines Vormunds zu tun – da bin ich mir sicher.“

„Sehr gut, Miss Raynor; Ich vertraue Ihnen natürlich, das versteht sich von selbst, aber ich vertraue auch Ihrem Urteilsvermögen, das Ihnen in dieser Angelegenheit Ihr volles Vertrauen entgegenbringt.“

"Sie können. Ich versichere Ihnen, dass ich Ihnen alles erzählen werde, wenn es für mich unumgänglich wird. Versuchen wir in der Zwischenzeit, eine Spur von ihm zu finden.“

„Haben Sie es in den Krankenhäusern versucht?“

"Ja; Ich habe einige von ihnen angerufen und unseren Hausarzt gebeten, sich bei anderen zu erkundigen. Er tat dies, allerdings mit nur negativen Ergebnissen. Jetzt--"

„Jetzt ist es an der Zeit, einen Detektiv hinzuzuziehen“, sagte ich positiv. „Und ich meine nicht einen einfachen Polizisten, sondern einen Sonderermittler. Haben Sie Einwände gegen einen solchen Kurs?“

"NEIN; nicht, wenn wir ein gutes bekommen. Ich weiß nicht viel über solche Dinge, aber haben einige dieser allwissenden Detektive nicht mehr Theorien und Schlussfolgerungen als Ergebnisse?“

„Sie haben den Finger auf einen entscheidenden Fehler im üblichen Smarty-Cat-Detektiv gelegt“, lachte ich. „Aber ich kenne einen großartigen Mann. Ich gebe zu, er ist exzentrisch, aber darüber hinaus hat er nichts von den Merkmalen des transzendentalen Detektivs aus den Märchenbüchern. Er ist eher intelligent als selbstsicher und eher effizient als spektakulär. Er *ist* teuer, aber nicht teurer, als sein Erfolg es rechtfertigt.“

„Das hört sich gut an. Aber können wir nicht zuerst selbst ein wenig nachforschen, Mr. Brice? Das hatte ich gehofft. Einen Detektiv zu engagieren bedeutet, die ganze Angelegenheit so öffentlich zu machen, und davor schrecke ich zurück.“

„Nicht unbedingt, Miss Raynor. Wenn der Mann, von dem ich spreche, den Fall übernehmen sollte, würde er kein Aufhebens machen oder sich darum rühren. Und wenn Sie das sagen, kann er auch versuchen, den Mann zu finden, der Amos Gately getötet hat.“

„Oh, das ist es, was ich will! Ja, lassen Sie uns Ihren Detektiv behalten – oder wie auch immer das Verfahren lautet. Wie heißt er?"

„Lachen Sie nicht, aber es ist Penny Wise!"

"Was? Wie lächerlich!"

„Ja, aber wahr. Pennington Wise steht auf seinen Visitenkarten, aber keine menschliche Natur könnte auf den unvermeidlichen Spitznamen verzichten."

„Er sollte diesen Namen ändern! Das reicht aus, um jede gute Arbeit, die er leisten könnte, herabzusetzen!"

„Nun, das glaubt er nicht. Tatsächlich hat er sich so sehr daran gewöhnt, dass die Leute darüber Witze machen, dass er nur noch oberflächlich lächelt und seinem Geschäft nachgeht."

„Wirst du ihn bitten, uns zu helfen?"

„ Natürlich werde ich das tun, und wenn er nicht zu sehr mit einer anderen Angelegenheit beschäftigt ist, wird er zweifellos sofort damit beginnen."

„Ich fühle mich so jung und unerfahren", Olive schauderte, „über diese großen Dinge zu entscheiden. Es scheint, als ob jemand, der älter und weiser ist, mich leiten sollte. Oh, ich weiß, dass ich Ihre Hilfe und Ihren Rat habe, aber ich wünschte, ich hätte einen Verwandten oder nahen Freund, auf dessen Urteil ich mich verlassen könnte. Ich bin einzigartig allein auf der Welt, Mr. Brice."

„Sie haben Frau Vail?"

"Mein Begleiter? Sie ist eine entzückende Begleiterin und verspricht, in meinem Privatleben höchst angenehm und sympathisch zu sein, aber sie ist nicht in der Lage, mir in diesen wichtigen Angelegenheiten wertvolle Ratschläge zu geben."

„Sie sind tatsächlich allein, Miss Raynor, aber Sie sind für eine junge Frau erstaunlich fähig und Sie überraschen mich immer wieder mit Ihrem Verständnis für die Situation und Ihrer Fähigkeit, sich den Anforderungen zu stellen."

„Wenn ich nur Amory Manning hätte, der mir helfen könnte."

Armes Kind, ich wusste, dass das der Grund für ihre Einsamkeit war, und obwohl ich nicht maß, Mitleid zu empfinden, fühlte ich mich privilegiert, ihr meine persönliche Hilfe sowie die interessierte Erfüllung meiner rechtlichen Pflichten zusichern zu dürfen.

„Nun, Mr. Brice", antwortete sie, „ich möchte, dass Sie etwas für mich tun. Ich möchte, dass du in die Leichenhalle gehst. Dazu kann ich mich nicht durchringen, und ich möchte auch niemanden, den ich kenne, darum bitten."

„Sicherlich", antwortete ich und behandelte die Angelegenheit instinktiv beiläufig, denn ich sah, dass sie tief bewegt war. „Es wird nur ein Formular sein, aber es ist besser zu glauben, dass wir jede mögliche Anfrage gestellt und nichts unversucht gelassen haben. Ich werde sofort dorthin gehen – jetzt, wenn Sie es sagen."

Sie schien über meine prompte Zustimmung erfreut zu sein und drängte mich, sofort zu gehen.

„Kommen Sie heute Abend zurück und berichten Sie", sagte sie, und dann wünschte sie mir mit einer dieser plötzlichen Verhaltensänderungen, von denen ich zu erfahren begann, dass sie charakteristisch für sie waren, schnell und knapp einen guten Tag und entließ mich praktisch .

Ich begann meine Besorgung für das Wachstum mit genügend Denkanstößen, um mein Gehirn in Aufruhr zu versetzen. Ich war jetzt tief in die Sache vertieft und ziemlich zufrieden, dass es so sein sollte. Ich war der Anwalt und Berater von Miss Raynor und beschloss, mein Bestes zu geben, um ihre Wahl zu verdienen und zu rechtfertigen. Bislang war ich unbekannt, aber jetzt würden mich die Mitglieder meines Berufsstandes mit Neid – und zweifellos auch mit Kritik – betrachten. Letzteres sollte, wie ich gut aufpassen wollte, günstig sein.

es mir ansah, hatte ich drei verschiedene Missionen. Erstens, alle finanziellen Angelegenheiten von Miss Raynor zu regeln und zu erledigen. Zweitens, um ihr dabei zu helfen, den Mörder von Amos Gately aufzuspüren . Drittens, um ihr zu helfen, Amory Mannings Schicksal zu finden oder herauszufinden.

Der erste war mein einziger persönlicher Vorwurf. Die anderen beiden mussten von Wise bewältigt werden, und ich für meinen Teil war sicher, dass ihm das gelingen würde.

Mein Besuch im Leichenschauhaus brachte, wie ich vermutet hatte, kein Ergebnis. Von den armen Unglücklichen, deren sterbliche Überreste am oder seit Mittwoch, dem Tag von Mannings Verschwinden, dorthin gebracht worden waren, konnte man sich beim besten Willen nicht vorstellen, wie Amory Manning auszusehen.

Obwohl ich ihn bis zu diesem Tag noch nie gesehen hatte, hatte ich ein lebhaftes Bild von dem Mann vor Augen, großformatig, gut aufgestellt und mit einer allgemeinen Ausstrahlung von Kraft und Kraft. Ich hatte sein Gesicht beobachtet, als wir in der überfüllten Straßenbahn standen, zu weit voneinander entfernt für ein Gespräch, aber dennoch im Blickfeld des anderen.

Sein Gesicht war kräftig und gelehrt, letzterer Effekt wurde durch seine riesige Muschelbrille noch verstärkt, und er hatte dichtes, eher grobes dunkles Haar. Außerdem ein dunkler Vandyke-Bart und ein kleiner Schnurrbart, beide sorgfältig gestutzt.

„Nein", sagte ich zum Leichenschauhauswärter, „der Mann, den ich suche, ist nicht hier."

Ich erzählte ihm weiter von Manning, für den Fall, dass er mir etwas zu sagen wusste. Aber er sagte nur kurz:

„Sie sind nicht der Erste, Sir. Die Polizei hat hier nach Herrn Manning gesucht und einige andere haben dies auch getan."

also voraus! Nun, das machte es nur umso sicherer, dass das, was wir suchten, nicht hier war.

„Es gab noch einen anderen Kerl, aber er war auch nicht Mr. Manning", versicherte mein Informant. „Wie dem auch sei, die Polizei hat ihn aufgesucht. Willst du gehen?"

"Wie meinst du das?"

„Am selben Nachmittag wurde im East River eine Leiche aufgesammelt, die erstarrt war. Zumindest dachten wir, er sei eine Leiche, aber wir gaben ihm die Schuld, wenn der Kerl nicht zum Leben erwachte!"

Ich war nicht besonders interessiert, denn wenn die Leiche an diesem Nachmittag aus dem Fluss geborgen worden wäre, könnte es sich nicht um Manning gehandelt haben. Aber der Leichenschauhauswärter fuhr fort: „Vielleicht sehen Sie mal nach, Sir, ob Sie ihn kennen. Denn der arme Kerl hat den Verstand verloren – nein, das nicht –, aber er hat sein Gedächtnis verloren, und er weiß nicht, wer er ist!"

"Amnesie?" Ich fragte.

„So nennen sie es, und das andere auch. Aspasia – oder was auch immer es ist."

„Aphasie", korrigierte ich ihn, ohne zu lächeln, denn wie sollte er etwas über das wissen, was den meisten erfahrenen Ärzten ein Rätsel war. "Wo ist er?"

bald nach Bellevue gebracht , als sie sahen, dass er lebte. Es war eine schwierige Aufgabe, ihn am Leben *zu erhalten* , habe ich gehört, und sein

Gedächtnis ist völlig zerstört. Es wäre ein Geschenk des Himmels, wenn Sie ihn identifizieren könnten. Ich bitte jeden, einen Blick auf die Chance zu werfen. Irgendwie tut er mir leid."

Ich war nicht besonders interessiert, aber da ich so im Interesse der Menschheit angesprochen wurde, ging ich ins Krankenhaus und hatte keine Schwierigkeiten, den betreffenden Patienten zu sehen. Tatsächlich waren die Ärzte sehr darauf bedacht, dass Besucher ihn sehen würden, in der Hoffnung, dass jemand den Mann identifizieren könnte.

Mein erster Blick überzeugte mich davon, dass es nicht Amory Manning war, obwohl ich nicht gedacht hatte, dass es so war.

Dieser Mann hatte dünnes, helles Haar und ausdruckslose, schwache Augen. Er war glattrasiert und seine Stimme war eigenartig – eine Stimme, die jeden identifizieren konnte, da war ich mir sicher, aber es war keine Stimme, die ich zuvor gehört hatte.

NEIN; Ich kannte ihn nicht, und eine sorgfältige Prüfung ergab, dass ich ihn nicht kannte.

Aber es war ein trauriger Fall. Offenbar hatte der Mann eine gute Bildung und war an ein kultiviertes Umfeld gewöhnt. Darüber hinaus hatte er neben seinem Gedächtnis auch einen Sinn für Humor, der ihn nicht verlassen hatte.

Ich saß an seinem Bett und blieb etwas länger, als ich beabsichtigt hatte, denn ich begann, mich für seine Geschichte zu interessieren, und die Zeit verging wie im Flug.

„Sehen Sie", sagte er und fixierte mich mit seinen seltsam aussehenden Augen, „ich bin durch die Erde gefallen."

„Du was?"

"Ich tat. Ich bin durch die Erde gefallen, und es war ein langer, langer Fall."

„Nun ja, achttausend Meilen, wurde mir gesagt."

„Oh nein", und er war fast kleinlich, „ich bin nicht mittendrin gefallen."

„Oh", und ich hielt inne, um weitere Erkenntnisse zu gewinnen.

„Es war so. Ich erinnere mich perfekt daran, wissen Sie. Ich war irgendwo – irgendwo im Norden –"

"Kanada?"

„Ich weiß es nicht – ich weiß es nicht." Er schüttelte unsicher den Kopf. „Aber ich weiß, dass es im Norden war, wo es immer kalt ist."

Vielleicht war der Mann ein Arktisforscher gewesen.

"Island?" Ich sagte: „Grönland?“

„Vielleicht“, und er sah desinteressiert aus. „Aber“, hier hellte sich sein Gesicht ein wenig auf, „wie dem auch sei, ich bin durch die Erde gefallen. Ich bin *dort* hineingefallen , wo auch immer es war, und bin durch die Erde weitergegangen, bis ich am anderen Ende wieder herausgekommen bin.“

„Du meinst, du bist durch einen Abschnitt oder ein Segment des Globus gefallen? Als ob Sie, sagen wir, in London reingefallen wären und am Kap der Guten Hoffnung wieder herausgekommen wären!“

"Das ist die Idee! Nur ich bin hier in New York rausgefallen. “

„Und du bist reingefallen?“

„Daran kann ich mich nicht erinnern, nur dass es ‚weit oben im Norden‘ war – irgendwo.“

„Wenn Sie jetzt eine Karte hätten und sich alle nördlichen Länder ansehen würden, könnte sie sich an Sie erinnern – an den Ort, an dem Sie eingereist sind, an den Ort, an dem Sie Ihre Reise begonnen haben.“

„Das dachte ich mir, aber die Krankenschwester brachte mir einen Atlas und ich konnte den Ort nicht finden. Ich wünschte, ich hätte einen Globus.“

Armer Kerl. Ich fragte mich, was ihm diese seltsame Halluzination beschert hatte. Aber als er weiter redete, begann ich, mich für seine eigene Persönlichkeit zu interessieren.

Er war in jeder Hinsicht genauso gesund wie ich, abgesehen von seiner Behauptung, er sei durch die Erde gefallen.

Als Kind hatte ich den Ehrgeiz, nach China vorzudringen, und ich hatte diese Aufgabe schon oft in Angriff genommen. Vielleicht hatte er in seiner Kindheit einen ähnlichen Ehrgeiz gekannt, und jetzt, da seine Erinnerung verschwunden war, erinnerte sich sein verzerrter Geist wieder an diese Idee. Ich wechselte das Thema und fand ihn bemerkenswert gut informiert, ziemlich gebildet und von einem seltsam analytischen Temperament, aber über seine Identität oder seine Persönlichkeit wusste er nichts.

Er wusste das zu schätzen und es machte die Sache noch erbärmlicher.

„Es wird zu mir zurückkommen“, sagte er fröhlich. „Die Ärzte haben alles über diese aphasische Amnesie erklärt, und obwohl es sich bei mir um den schlimmsten Fall handelt, den sie je gesehen haben, wird es irgendwann verschwinden und ich werde mein Gedächtnis wiedererlangen und wissen, wer ich bin.“

„Sie können alles, was Ihnen gesagt wird, begründen und verstehen?“

"Oh ja; Ich bin in jeder Hinsicht mein eigener Herr, außer in dem Wissen, wer oder was ich vor dieser Reise durch die Erde war.“

„Dann“, versuchte ich es mit gesundem Menschenverstand, „dann müssen Sie, wenn Sie vernünftig denken können, wissen, dass Sie nicht durch die Erde gefallen sind. Es wäre unmöglich."

"Ich weiß, dass. Mein Verstand sagt mir, dass es unmöglich ist. Aber ich weiß nur, dass ich es getan habe.“

„Durch ein langes Loch, – Meilen lang?“

"Ja."

„Wer hat das Loch gebohrt?“

„Es war die ganze Zeit da. Ich nehme an, die Natur hat es geschaffen.“

„Oh, eine Art Felsspalt –“

"NEIN; eher wie eine Mine, – ein –“

„Das ist es, alter Junge! Sie waren Bergmann, und es kam zu einem Einsturz, der Ihr Denkvermögen beeinträchtigte – vorübergehend.“

„Aber eine Mine hat unten keinen Ausgang. Ich sage Ihnen, ich war weit weg von der Stelle, wo ich hingefallen bin, und ich bin kilometerweit durch die feste Erde hinuntergekommen …“

„Konnten Sie deutlich sehen?“

„Oh nein, es war dunkel, wie könnte es anders sein, im Inneren der Erde?“

Es war aussichtslos, ihn davon abzubringen. Wir unterhielten uns einige Zeit, und abgesehen von seiner Halluzination war er lebhaft und schlagfertig. Aber was auch immer ihm die Vorstellung von seinem seltsamen Abenteuer vermittelte, er glaubte fest daran, und nichts konnte diesen Glauben erschüttern.

„Was wirst du tun, wenn du hier rauskommst?“ Ich fragte ihn.

„Ich weiß es nicht, ich bin mir sicher. Aber ich kann mich des Gefühls nicht erwehren, dass die Welt mir den Lebensunterhalt schuldet – vor allem, nachdem ich durch sie hindurchgefallen bin!“

Ich lachte, denn sein Humor war ansteckend und ich war mir ziemlich sicher, dass er es irgendwie schaffen würde. Er war ungefähr dreißig, schätzte ich, und obwohl er kein muskulöser Mann war, schien er doch eine drahtige Kraft zu besitzen.

Die Ärzte, so erzählte er mir, versicherten ihm eine baldige Wiederherstellung seiner Gesundheit, würden jedoch keine definitive Zusage hinsichtlich der Wiederherstellung seines Gedächtnisses geben.

„Also", sagte er fröhlich, „ich werde ohne auskommen und neu anfangen." Ich habe nicht einmal einen Namen!"

„Sie können sich für wenig Geld eins besorgen", riet ich ihm.

"Ja; Ich habe jetzt einen Teil davon. Ich werde Rivers als Nachnamen annehmen, weil sie mich aus dem East River gezogen haben, sagen sie."

„Wie warst du gekleidet?"

„In Adams Kostüm, wurde mir gesagt. Ich bedaure den Verlust eines kompletten Anzugs , vor allem weil er meine Identität hätte beweisen können."

„Du meinst, du wurdest komplett aller Kleidung entledigt?"

„Bis auf ein paar Fetzen Unterwäsche, die als Beweis für eine zweifellos berühmte Persönlichkeit völlig wertlos waren! Allerdings habe ich Glück, dass noch Atem in meinem Körper ist, und wenn ich mein Gedächtnis wiedererlangt habe, werde ich beweisen, dass ich wirklich durch die Erde gefallen bin, und ich werde herausfinden, wo ich hingefallen bin."

„Das hoffe ich aufrichtig, alter Junge", und ich schüttelte mir die Hand, als ich aufstand, um zu gehen. „Wie das Stück sagt: ‚Du interessierst mich seltsam!' Darf ich dich wiedersehen?"

„Ich wünschte, Sie würden es tun, Mr. Brice, und bis dahin werde ich mir einen Vornamen ausgesucht haben."

KAPITEL IX

Der Mann in Boston

Ich konnte ein Hochgefühl nicht unterdrücken, als ich an diesem Abend erneut an der Tür von Olive Raynors Haus klingelte. Ich begann fast ein Eigentumsinteresse an dem Herrenhaus zu verspüren, da ich nun praktisch der Rechtsberater seiner neuen Herrin war. Und als privilegierter, sogar willkommener Besucher empfangen zu werden, war eine Quelle der Befriedigung für meinen Stolz und meine Selbstachtung.

Diesmal war Mrs. Vail bei unserem Interview anwesend, und mein erster Anblick hinterließ bei mir einen sehr positiven Eindruck. Sie war eine vornehm aussehende Dame, knapp über dem mittleren Alter, mit aristokratischem Auftreten und freundlichem, freundlichem Benehmen. Vielleicht mischte sich ein wenig Herablassung in ihren höflichen Empfang mir gegenüber, aber ich führe das darauf zurück, dass sie erst kürzlich eine wichtige Position erlangt hatte. In Miss Raynors einfacher und aufrichtiger Begrüßung war ein solcher Zug nicht zu erkennen, und als Olive sich eifrig nach dem Ergebnis meiner Nachmittagssuche erkundigte, erzählte ich ihr sofort meine Geschichte.

Sie war sehr erleichtert, dass in den Akten des Leichenschauhauses keine Spur von Amory Manning gefunden worden war, und obwohl sie gebührendes Mitgefühl zeigte, als ich ihr von dem seltsamen Fall des Mannes erzählte, der durch die Erde fiel, erregte dies nur für einen Moment ihre Aufmerksamkeit.

Sie überzeugte sich zunächst davon, dass es sich bei diesem Mann auf keinen Fall um Manning handeln konnte, und wandte ihre Gedanken dann wieder ihrem allumfassenden Thema zu.

„Es tut mir leid für ihn", sagte sie, als ich sein fröhliches Wesen und seine eher gewinnende Persönlichkeit beschrieb, „und wenn ich irgendetwas tun kann, um ihm zu helfen, werde ich es tun." Will er irgendeine Position, wenn es ihm wieder soweit geht, dass er eine einnehmen kann?"

„Ich nehme an, das wird er", erwiderte ich; „Er ist ein lebendiger Kerl, und natürlich wird er seinen Lebensunterhalt auf die eine oder andere Weise verdienen."

„Und er könnte bald sein Gedächtnis wiedererlangen", begann Mrs. Vail. „Ich kannte einmal einen Mann, der sowohl an Amnesie als auch an Aphasie litt, und es dauerte sechs Monate, bis er darüber hinwegkam. Aber als seine Erinnerung zurückkam, kam es auf einmal, wie ein Blitz, und dann ging es ihm wieder gut."

„In diesem Fall", sagte ich, „wollen die Ärzte jemanden finden, der den Mann kennt. Es sollte nicht schwierig sein, seine Freunde zu finden oder jemanden, der ihn identifizieren kann. Diese eigenartige Stimme sollte es tun.

„Imitieren Sie es", wies Mrs. Vail sie an, und so gut ich konnte, sprach ich im monotonen Tonfall des amnesischen Opfers.

Olive lachte. „Ich habe noch nie jemanden so reden hören", sagte sie. „Es ist absolut unbeeinflusst."

„Ja, genau das war es. Er hatte keinerlei Beugungen oder Schattierungen in seinen Tönen."

„Eine Stimme ist so individuell", fuhr Olive fort. „Amory Mannings Stimme ist voll und musikalisch; Ich habe ihm oft gesagt, dass er durch seine Töne genauso viel Bedeutung vermittelt wie durch seine Worte."

„Ich kannte einmal einen Mann", warf Mrs. Vail ein, „der das Alphabet so dramatisch aufsagen konnte, dass er sein Publikum allein durch seinen Ton zum Lachen, Weinen oder Schaudern brachte."

„Ja, das habe ich schon auf der Varieté-Bühne gehört", sagte Olive. „Nun, Herr Brice, was soll unser nächster Schritt sein? Es macht mir nichts aus, zuzugeben, dass ich erleichtert bin, dass Ihre heutige Aufgabe erledigt ist. Unser Arzt sagte mir, es bestehe keine Chance, dass Herr Manning getötet oder verletzt worden sei, ohne dass wir irgendwie darüber informiert worden wären. Aber ich war nervös und beunruhigt darüber, und nachts habe ich davon geträumt, ihn irgendwo zu sehen – allein und hilflos – und nicht in der Lage, mich wissen zu lassen – –"

„Vielleicht ist er das", sagte Mrs. Vail; „Ich kannte einmal einen Mann –"

Aber Olive brach die Geschichte dieser Bekanntschaft ihrer Freundin ab und blieb bei der Sache.

„Ich kann mir nichts Besseres vorstellen", sagte ich, „als Werbung zu machen. Aber warum machen das andere nicht? Wer sind Mr. Mannings Freunde? Wer sind seine Geschäftsleute? Warum schweigen sie?"

„Das weiß ich nicht", erwiderte Olive; „Aber um die Wahrheit zu sagen, ich weiß nicht viel über die geschäftlichen Angelegenheiten von Herrn Manning. Ich weiß, dass er Bauingenieur ist, aber das ist auch schon alles. Er ist auch beratender Ingenieur. Von seinen Leuten kenne ich nur seine Schwester, und auch sie weiß nicht, was sie tun soll. Seitdem habe ich Mrs. Russell zweimal gesehen und wir können nur Mitgefühl füreinander haben."

„Wer ist Mr. Russell?“

"Ihr Ehemann? Er ist in Frankreich und sie ist allein mit ihren beiden kleinen Mädchen. Sie und Amory sind einander ergeben und er war ihr in der Abwesenheit ihres Mannes eine große Hilfe und Trost. Jetzt weiß sie nicht, in welche Richtung sie sich wenden soll.“

„Ich muss diese Dinge nachschlagen“, sagte ich; „Ich muss mit Mr. Mannings Geschäftspartnern sprechen – Mrs. Russell kann mir zweifellos von ihnen erzählen.“

"Oh ja natürlich. Du gehst sie besuchen, und sie wird sich nur zu freuen, dich zu sehen.“

„Und was einen Detektiv betrifft? Soll ich Wise kontaktieren?“

"Ja, ich denke schon. Es kommt mir wirklich seltsam vor, solche Dinge zu entscheiden! Ich kann mich nicht daran gewöhnen, dass ich mein eigener Vormund bin!“

„Du bist volljährig, Olive“, und Mrs. Vail lächelte.

„Oh ja, und ich habe seit einiger Zeit die volle Kontrolle über mein Geld. Aber Onkel entschied immer über alle wichtigen Angelegenheiten – obwohl es, Gott weiß, nie solche gab, die so zu entscheiden waren wie die, die uns jetzt beschäftigen! Stellen Sie sich vor, ich würde einen Detektiv engagieren!“

„Aber Wise ist so interessant und anpassungsfähig, dass du ihn wirklich mögen wirst. Ich werde ihn bitten, eines Nachmittags oder Abends bei mir vorbeizukommen, damit Sie sich kennenlernen können.“

„Ich würde ihn gerne kennenlernen“, warf Mrs. Vail ein; „Ich kannte einmal einen Mann, der Detektiv werden wollte, aber er starb. Ich habe noch nie einen echten Detektiv gesehen.“

„Pennington Wise ist wirklich echt“, erklärte ich. „Natürlich, Miss Raynor, werde ich der Polizei sagen, dass Sie einen Privatdetektiv beschäftigen, denn ich halte es nicht für einen guten Plan, dies heimlich zu tun. Es ist niemals klug, die Polizei zu verärgern; Sie tun alles, was sie können, ungeachtet der gegenteiligen Vorurteile der Bevölkerung.“

„Sehr gut, Mr. Brice“, und Olive warf mir einen selbstbewussten Blick zu. „Es ist mir egal, was du tust, solange du dich darum kümmerst. Ich möchte diese schrecklichen Polizisten nicht wiedersehen.“

Ich dachte bei mir, dass sie dazu gezwungen sein könnte, es sei denn, Penny Wise könnte einen anderen Weg finden, sie so aussehen zu lassen. Aber ich sagte es ihr nicht, denn nichts erregte ihren Zorn so sehr wie der Anflug von

Verdacht, der sich in der Angelegenheit des Mordes an Amos Gately gegen sie richtete.

"Wie wagen sie es!" rief sie, ihre Augen schnappten vor Wut; „Zu träumen, dass ich – Olive Raynor – könnte – nun, es ist unmöglich, es in Worte zu fassen!"

Es schien so. Beim Anblick dieses zierlichen, lieblichen Mädchens – das Ideal von allem, was in der menschlichen Natur am besten und sanftesten ist – war es unmöglich, das Wort „ *Mord*"in einem Atemzug zu gebrauchen!

Als mein Besuch zu Ende war, verließ ich das Haus, entschlossen, mit der Hilfe von Penny Wise den Mörder aufzuspüren und dadurch Olives Namen von dem geringsten Makel des hässlichen Verdachts zu befreien, den die Polizei jetzt hegt.

Am nächsten Morgen erzählte ich Norah in meinem Büro von allen Entwicklungen des Sonntags.

Das warmherzige Mädchen war sehr interessiert und wollte unbedingt, dass ich sofort mit Wise kommuniziere. Zu diesem Zweck schob sie ein neues Blatt Papier in ihre Schreibmaschine und wartete darauf, dass ich dem Detektiv einen Brief diktierte.

„Warte mal, Norah", lachte ich; „Gib mir Zeit, meinen Schreibtisch zu öffnen!"

Aber ich schickte den Brief an diesem Morgen ab und wartete genauso ungeduldig auf die Antwort wie Norah selbst.

Und dann ging ich hinunter zum Polizeipräsidium.

Da wurde mir eine Überraschung beschert. Der Chief hatte einen Brief erhalten, der offenbar einen entscheidenden Einfluss auf das Geheimnis des Mordes hatte. Er reichte es mir kommentarlos und ich las Folgendes:

Zum Polizeipräsidium;

    New York City;

Damen und Herren:

Letzten Mittwochnachmittag war ich in New York und befand mich im Gebäude der Puritan Trust Company. Ich hatte Gelegenheit, im zehnten Stock ein Geschäft zu erledigen, und als ich danach darauf wartete, dass der Aufzug mich nach unten bringen würde, sah ich eine Pistole auf dem Boden des Flurs in der Nähe des Aufzugs liegen. Ich hob es auf und steckte es in meine Tasche – im Moment unentschlossen, ob ich es als „Befundbewahrung" betrachten sollte (da es sich um ein erstklassiges Exemplar handelte!) oder ob ich es im Büro des Direktors abgeben sollte. Tatsächlich vergaß ich die Sache völlig, als ich auf der Straße ankam, und erinnerte mich auch nicht mehr daran, bis ich wieder in Boston war . Und dann las ich in den Zeitungen die Berichte über den Mord in demselben Gebäude am selben Nachmittag und erkannte, dass es meine Pflicht war, die Pistole zurückzugeben und Sie über diese Tatsachen zu informieren. Aber leider für die zögerliche menschliche Natur! Ich habe (ohne es zu wollen) bis heute gezögert, und jetzt sende ich dieses verspätete Wort mit einer Entschuldigung für meine Verspätung. Die Pistole ist sicher in meinem Besitz und ich werde sie bis zu Ihrem Rat behalten. Soll ich es dir schicken – und wie? Oder soll ich es der Bostoner Polizei übergeben? Mein Wissen über die ganze Angelegenheit beginnt und endet mit dem Fund der Pistole, die schließlich möglicherweise nichts mit dem Verbrechen zu tun hat. Aber ich habe es um drei Uhr gefunden, oder ein paar Minuten später, falls Sie das interessiert. Ich werde noch eine weitere Woche hier in der Touraine bleiben und mich gern zu einem Interview einladen, wenn es Ihnen passt, aber wie gesagt, ich habe keine weiteren Informationen zu geben als die, die ich hier dargelegt habe.

Mit freundlichen Grüßen, NICHOLAS LUSK .

Der Brief stammte aus Boston und stammte vom Samstagabend, also zwei Tage zuvor. Tatsächlich hatte Freund Lusk seine Aussage verzögert, aber wie er sagte, lag das in der Natur des Menschen, wenn es um Dinge ging, die einem selbst nicht wichtig waren.

Der Chief war wütend über die späte Information und hatte bereits einen Boten losgeschickt, um die Waffe zu holen und den Mann aus Boston zu befragen.

„Auf den ersten Blick ist alles klar", erklärte Chief Martin; „Nur ein ehrlicher, fröhlicher Dummkopf würde so schreiben! Er nimmt eine Pistole, vergisst alles und dann, wenn er erfährt, dass es sich um Beweise handelt – oder vielleicht auch –, wartet er in aller Ruhe achtundvierzig Stunden, bevor er sich zu Wort meldet!"

„Ist es *die* Pistole?" fragte ich leise.

"Wie soll ich wissen?" polterte Martin. „Wahrscheinlich ist es so. Ich nehme nicht an, dass ein halbes Dutzend Leute letzten Mittwochnachmittag um drei Uhr rund um dieses Gebäude Pistolen verteilt haben!"

„Wie passen Sie das zusammen?“

„Nun, hier entlang, wenn Sie es wissen wollen. Fräulein – nun ja, wer auch immer geschossen *hat* , rannte aus dem dritten Raum, genau wie Jenny es beschrieben hat, und rannte die Treppe hinunter – egal, ob ganz nach unten oder nicht, aber mindestens bis zum zehnten – zwei Stockwerke tiefer, und dort ließ er die Pistole fallen, entweder aus Versehen oder mit Absicht, und ging, wie gesagt, entweder über die Treppe oder mit dem Aufzug in ein dazwischen liegendes Stockwerk hinunter. Jetzt wollen wir diese Pistole. Sicherlich belastet es niemanden – und doch steckt in Schusswaffen viel Individualität!“

„In Detektivgeschichten stehen auf allen gut geführten Pistolen die Initialen des Besitzers“, bemerkte ich beiläufig.

„Allerdings nicht im wirklichen Leben. Da steht natürlich eine Nummer drauf, aber das hilft selten. Und doch habe ich das Gefühl, dass diese Pistole ihre eigene Geschichte erzählen wird, und es juckt mich in den Fingern, sie in die Hände zu bekommen!“

„Wann erwartest du es?“

„Ich habe den jungen Scanlon hinterhergeschickt. Er ist unter Strom, und er wird so schnell wie möglich zurückkommen. Sehen Sie hier, das ist die Art und Weise, wie ich es dope. Wenn eine Frau geschossen hätte, wäre es eher unwahrscheinlich, dass sie aus Nervosität eine Pistole wegwirft oder sie unbeabsichtigt fallen lässt, aber ein Mann – nix !“

Das hatte ich vorhergesehen. Und die Aussage war in gewisser Weise wahr. Ein Mann, der einen Mord begangen hat, lässt seine Pistole nicht fallen – es sei denn, und ich habe diesen Gedanken Martin mitgeteilt, es sei denn, er will jemand anderen verdächtigen.

„ Nichts zu tun “, war seine knappe Antwort. „Niemand auf dieser Etage kann man verdächtigen, außer dass es sich um Rodman handelt – und die Wahrscheinlichkeit, dass es ihn gibt, ist gering.“

„Rodman!“ Ich weinte; „Nun, er ist gleich nach der Schießerei in den Aufzug im siebten Stock gestiegen.“

"Er hat!" der Chef richtete sich auf; "woher weißt du das?"

"Sah ihn. Ich ging nach unten – in Minnys Aufzug, wissen Sie – um nach Jenny zu suchen –“

"Wann war das?"

„Ungefähr zehn Minuten nach der Schießerei – und natürlich bin ich im zwölften Stock eingestiegen, und zunächst waren keine anderen Passagiere da, also habe ich mit Minny gesprochen . Aber am siebten stieg Rodman ein, und so hörten wir auf zu reden.“

„Sein Büro ist am zehnten“, überlegte Martin; „ Vermutung – gehe einfach davon aus , dass er – äh – er darin verwickelt war, und dass er danach die Treppe hinunter gerannt ist, in sein eigenes Stockwerk, wissen Sie, – und dann, später, zu Fuß bis sieben gegangen ist und ein Auto genommen hat.“ Dort--"

„Er lässt seine Pistole absichtlich auf seiner eigenen Etage liegen!“

„Scheiße, nein! Habe es versehentlich fallen lassen.“

„Aber Sie sagten, männliche Kriminelle tun das nicht!“

„Oh, pschah! Ich sage eine Menge Dinge – und du würdest es auch tun, wenn es dich genauso stören würde wie ich!“

„Das stimmt, Chef“, stimmte ich zu, „und es gibt sicherlich etwas, das untersucht werden muss – ich würde sagen, ohne auf einen Bericht aus Boston zu warten.“

„Darauf können Sie wetten! Ich werde Hudson gleich dorthin schicken. Er ist ein genauso guter Spürhund wie wir, und er wird die Rodman-Angelegenheit auf die richtige und angemessene Weise angehen. Wenn es nichts herauszufinden gibt, wird Rodman nie erfahren, dass er gesucht hat.“

Hudson wurde ordnungsgemäß entsandt und ich kehrte zum Puritan Building zurück. Es war seltsam, aber Rodman hatte die ganze Zeit in meinem Hinterkopf gespürt – und doch hatte ich keinen wirklichen Grund zu der Annahme, dass er darin verwickelt war. Ich wusste nicht, ob er Mr. Gately kannte oder nicht, aber auch ich hatte Vertrauen in die Diskretion von Foxy Jim Hudson und war mir ziemlich sicher, dass er etwas herausfinden würde – wenn es etwas gab, das es wert war, herauszufinden.

Und da war!

Zum Glück war Rodman nicht da und seine Büros waren verschlossen. Hudson überredete die Schlösser sanft, ihren Griff loszulassen, und weil er mich mitgehen ließ, gingen wir hinein.

Das erste, was mir ins Auge fiel, war eine große Kriegskarte an der Wand. Darüber hinaus war sie zwar kein Duplikat von Mr. Gatelys Karte, aber ähnlich und hing an einer ähnlichen Position. Das heißt, da Rodmans Büros direkt unter denen des Bankpräsidenten lagen, zwei Stockwerke tiefer, passten die Räume zusammen, und im „dritten Raum", wie wir ihn in Mr. Gatelys Fall nannten, hatte Rodman auch seine Karte aufgehängt.

Es gab nur eine Schlussfolgerung, und Hudson und ich kamen sofort zu dieser Schlussfolgerung.

Gemeinsam zogen wir die Karte beiseite und tatsächlich gab es eine Tür, genau wie die Tür in Mr. Gatelys Zimmer, eine kleine, bündige Tür, die normalerweise von der Karte verdeckt wurde.

„Natürlich zum geheimen Aufzug", flüsterte ich Hudson zu, denn Wände haben Ohren und diese Wände waren in vielerlei Hinsicht eigenartig.

„Bei Gott, das ist es!" er kam zurück; „Lass sie uns öffnen!"

Er drückte die Tür auf und versicherte sich, dass sie tatsächlich in den privaten Aufzugsschacht führte und dass dort die nötigen Knöpfe vorhanden waren, um die Tür zu stoppen, wenn man sie richtig benutzte. Aber jetzt, da der Wagen im Erdgeschoss stand, wo er seit dem Tag des Mordes stand, konnten die Knöpfe natürlich nicht mehr betätigt werden.

„Jetzt", sagte Hudson mit gerunzelter Stirn, „um zu sehen, wo diese blühende Schurkenfalle sie sonst noch entkommen lässt! Da ist da etwas 'Mächtiges Seltsames ' los, das wir noch nicht begriffen haben!"

Er schloss vorsichtig die Tür, ordnete die Karte neu und vergewisserte sich, dass wir keine Spuren unseres Besuchs hinterlassen hatten. Er winkte mich raus und wir gingen weg.

Er bat mich, in mein Büro zurückzukehren, und versprach, mich später dort zu sehen.

Als er zurückkam, erzählte er mir, dass er jedes zweite Büro im Gebäude besucht habe, durch dessen Räume der Aufzugsschacht führte, und dass es in keinem anderen Fall eine Öffnung in den Schacht gegeben habe.

„Das beweist", fasste er zusammen, „dass Mr. Gately und Mr. Rodman irgendwie unter einer Decke steckten, warum sollte Rodman sonst Zugang zu diesem geheimen Aufzug haben?" Beantworte mir das!"

Es gab mehrere mögliche Antworten. Rodman hätte seine Büros vielleicht nach dem Bau des Aufzugs bezogen und ihn vielleicht nie benutzt. Vielleicht hing seine Karte darüber, nur um die nutzlose Tür zu verdecken.

Oder Rodman könnte ein persönlicher Freund von Mr. Gately gewesen sein und das kleine Auto für informelle Besuche genutzt haben.

Noch einmal – obwohl ich mich für diesen Gedanken hasste – Mr. Möglicherweise hatte Gately Gäste, von denen er nicht wollte, dass sie seine Zimmer betraten, und er hätte möglicherweise eine Vereinbarung mit Rodman getroffen, die es den Besuchern ermöglichte, durch seine Zimmer ein- und auszusteigen und den privaten Aufzug zwischen dem zehnten und zwölften Stock zu nutzen .

Ich misstraute Rodman; ohne einen bestimmten Grund, aber trotzdem misstraute ich ihm, und ich habe häufig festgestellt, dass meine Intuitionen in Bezug auf Fremde ziemlich genau richtig waren.

Es war jedoch unnötig, Foxy Jims Frage zu beantworten, da er sie selbst beantwortete.

„Da ist etwas an Mr. Gately", sagte er, und er sprach ernst, fast feierlich, „das ist noch nicht ans Licht gekommen, aber es wird bestimmt ans Licht kommen. Ja, Sir, das ist bestimmt so! Und es ist unterwegs. Nun, wenn wir diese Boston-Pistole mit Mr. George Rodman verbinden können, schön und gut; Wenn wir es nicht schaffen, muss Rodman sowieso durch den Grill gehen. Er ist für immer dabei – diese Aufzugstür lässt sich nicht einfach wegerklären."

„Hat Mr. Rodman?", war es Norah, die sprach, und wie zuvor wandte sich Hudson fast erwartungsvoll an sie – er schien auf ihre Vorschläge angewiesen zu sein, oder zumindest hörte er ihnen immer zu – „ Das frage ich mich, Mr. Brice." „ fuhr sie langsam fort, „sieht Mr. Rodman überhaupt wie die Gestalt aus, die Sie im Schatten gesehen haben?"

Ich dachte zurück.

„Ja", sagte ich entschieden, „das tut er!" Moment mal, Hudson, es ist nur eine Erinnerung, wissen Sie, und ich kann mich leicht irren. Aber es scheint mir, dass ich mich an eine echte Ähnlichkeit zwischen diesem schattigen Kopf und dem Kopf von George Rodman erinnern kann."

„Es ist ein Experiment wert", erwiderte der schlaue Detektiv und wartete aufgrund seiner Entscheidung in meinem Büro, bis George Rodman in sein Büro zurückkehrte.

Ich wusste damals nicht, mit welchen Argumenten Hudson Rodman dazu brachte, es zu tun, aber seine List setzte sich durch, und als ich den Befehlen gehorchte, beobachtete ich den Schatten von George Rodmans Kopf auf Amos Gatelys Glastür, als Hudson seinen betätigte Verdächtiger in angeregtem Gespräch.

Natürlich wurde der Tatort nicht nachgestellt, es gab lediglich das Schattenbild der beiden Männer, aber Hudson schaffte es, Rodman in verschiedenen Positionen und Körperhaltungen auffällig zu beschatten.

Und als es vorbei war und Hudson, zurück in meinem Büro, mich nach meinem Urteil fragte, musste ich sagen:

"Herr. Hudson, wenn das nicht der Mann ist, den ich mit Mr. Gately streiten sah, dann ist es sein genaues Gegenstück! Wäre es ein weniger ernster Anlass, würde ich nicht zögern zu schwören, dass es derselbe Mann ist.“

„Das reicht, Mr. Brice“, und Foxy Jim Hudson ging mit seinem Bericht zurück zum Hauptquartier.

KAPITEL X
Penny Wise und Zizi

Und so kam Pennington Wise in dieser Phase der Dinge ins Spiel. Er stimmte bereitwillig zu, den Fall zu übernehmen, denn das Geheimnis dahinter reizte ihn sehr, und durch einen glücklichen Zufall wurde er nicht anderweitig beauftragt.

Er hatte versprochen, bei Miss Raynor vorbeizuschauen, und da sie mich gebeten hatte, ebenfalls anwesend zu sein, ging ich dorthin und erreichte das Haus vor Wise.

"Wie ist er so?" Olive erkundigte sich bei mir.

„Ein gut aussehender Kerl, ohne gutaussehend zu sein", sagte ich ihr. „Ich bin mir sicher, dass Ihnen seine Persönlichkeit gefallen wird, egal ob er uns aus unseren Schwierigkeiten hilft oder nicht."

„Seine Persönlichkeit ist mir völlig egal", erwiderte sie, „aber ich möchte, dass er unsere beiden Rätsel löst. Ich nehme an, Sie werden denken, dass ich schrecklich bin – aber mir wäre es lieber, wenn Mr. Wise Amory Manning für mich finden würde, als dass er den Mörder von Onkel Amos aufdeckt."

„Das kann ich dir überhaupt nicht verübeln. Natürlich wollen wir den Verbrecher finden, aber noch mehr möchte auch ich Mr. Manning für Sie finden."

„Und außerdem nehme ich an, dass die Polizei mittlerweile denkt, dass Mr. Rodman es getan hat."

„Sie gehen nicht so weit, das zu sagen, aber sie suchen nach Beweisen und sind dabei an einige ziemlich schädliche Informationen gelangt. Es scheint, dass Rodman in irgendein Fehlverhalten verwickelt war, und es sieht so aus, als ob Mr. Gately in irgendeiner Weise damit in Verbindung stand – zumindest bis zu einem gewissen Grad."

„Wenn ja, dann wusste er nicht, dass es falsch war." Olive sprach mit tiefer Überzeugung und ich versuchte nicht, sie aus dem Konzept zu bringen.

Und dann wurde Pennington Wise angekündigt.

Als er den Raum betrat, zeigte sein Verhalten keinerlei Anzeichen von Befangenheit, und wie ich erwartet hatte, freute sich Olive sehr über ihren ersten Blick auf ihn. Aber zu ihrer und auch meiner Überraschung wurde er von einer jungen Frau begleitet, oder besser gesagt, von ihm verfolgt, einem kleinen Mädchen, das stehen blieb und still daneben stand.

Als Olive sie fragend anlächelte, sagte Wise:

„Das ist Zizi. Sie gehört zu meinen Arbeitsutensilien und wird einfach da sitzen und zuhören, während wir reden.“

Das Mädchen war faszinierend anzusehen. Sie war von schlanker Statur und hatte eine geschmeidige Geschmeidigkeit, die jede ihrer Bewegungen zu einer Geste der Anmut machte, und ihr hübsches Lächeln war anerkennend und entgegenkommend. Sie hatte schwarzes Haar und sehr schwarze Augen, die funkelten und tanzten, als sie ihre Umgebung wahrnahm. Aber sie sagte kein Wort, quittierte ihre kurze Einführung nur mit einer leichten Verbeugung, nahm den Stuhl an, den Olive ihr anbot, und saß ruhig da, ihre kleinen behandschuhten Hände ruhten in ihrem Schoß.

Sie trug einen schwarzen Anzug mit einem feinen Satz schwarzer Fuchspelze. Als sie den Pelzkragen öffnete, kam eine schwarze Bluse aus weichem, dünnem Stoff zum Vorschein, die modisch von ihrem schlanken weißen Hals herunterfiel.

Ihr Verhalten war in jeder Hinsicht korrekt und sie saß in völligem Schweigen da, während Wise mit dem Reden fortfuhr.

„Ich weiß alles, was in den Zeitungen stand“, sagte er etwas unvermittelt, „jetzt möchte ich, dass Sie mir den Rest erzählen. Ich kann mich des Gefühls nicht erwehren, dass es mehr Beweise oder Hinweise geben muss, als veröffentlicht wurden. Halten *Sie Mr. Rodman* zunächst einmal für den Schuldigen?“

Er wandte sich hauptsächlich an Olive, auch wenn er mich in seinen fragenden Blick einbezog.

„Ich bin sicher, ich weiß es nicht“, erwiderte Olive; „Ich glaube jedoch nicht, dass Amos Gately in irgendeine Art von Unrecht verwickelt war. Seine Ehre und Integrität waren von höchster Qualität – ich kannte ihn gut genug, um das zu bestätigen.“

„Was für ein Fehlverhalten wird diesem Rodman vorgeworfen?“ fragte Wise.

„Niemand scheint bereit zu sein, das zu sagen“, antwortete ich, während Olive den Kopf schüttelte. „Ich habe mich bei der Polizei erkundigt, und sie weigert sich, offenzulegen, wessen sie ihn tatsächlich verdächtigen. Aber ich denke, es ist etwas ziemlich Ernstes, und sie machen sich so schnell wie möglich auf die Suche.“

„Sehen Sie", warf Olive ein, „wenn Mr. Rodman so ein schlechter Mann ist, hat er vielleicht Mr. Gately getäuscht und ihn glauben lassen, dass etwas in Ordnung sei, obwohl alles falsch war."

„ Natürlich könnte er das", sagte Wise mitfühlend. „Sind Leute hierher gekommen, um Mr. Gately geschäftlich zu sehen?"

"NEIN; niemals. Onkel hatte nur wenige Besucher, aber es waren immer nur seine Freunde, keine Geschäftsbesucher."

„Dann muss der Großteil unserer Suche in seinen Büros stattfinden. Ist Ihnen dort nichts aufgefallen, Mr. Brice, was aufschlussreich erschien?"

Dann erzählte ich ihm von der Hutnadel und dem Kutschenscheck; und ich erzählte auch, wie Norah das „Pulverpapier", das sie aus dem Papierkorb genommen hatte, gefunden und aufbewahrt hatte.

Zizis Augen blitzten bei diesem Gedanken und sie sagte: „Hat sie es aufgespürt?"

Es war das erste Mal, dass das Mädchen sprach, und ich war von ihrer Stimme entzückt. Tief und sanft, hatte es auch etwas Glöckchenartiges und schien ein klingendes Echo in der Luft zu hinterlassen, nachdem sie aufgehört hatte zu sprechen.

"Ja; zu dem Laden, wo es gekauft wurde", antwortete ich. „Wie Norah vermutet hat, stammte es von einem sehr hochkarätigen Parfümeur auf der Fifth Avenue. Aber er konnte uns natürlich nicht sagen, an wen er diese bestimmte Zeitung verkauft hatte."

„Das würde ich gerne sehen", sagte Zizi schlicht und verfiel erneut in Schweigen.

„Norah muss ein kluges Mädchen sein", bemerkte Wise, „und sie hat einen guten Anfang gemacht, indem sie den Laden gefunden hat. Vielleicht können wir die Spur weiterführen. Es gehörte nicht Ihnen, Miss Raynor?"

"NEIN; Ich verwende einen helleren Farbton. Dieses hier, das habe ich gesehen, ist ziemlich tiefrosa."

„Deutet möglicherweise auf eine Brünette hin. Nun ist es unwahrscheinlich, dass es dieser alten Mrs. Driggs gehörte, also müssen wir davon ausgehen, dass an diesem Tag eine andere Frau im Büro war. Und wir müssen herausfinden, wer sie ist."

„Da ist die Hutnadel, wissen Sie", sagte Olive. „Ich habe es hier, falls Sie es sehen möchten. Aber die Polizei kam zu dem Schluss, dass es nichts bedeutete."

„Nichts bedeutet nichts", sagte Zizi mit einem lustigen kleinen Lächeln. „Bitte zeigen Sie uns die Hutnadel."

Olive nahm es aus einer Schreibtischschublade und reichte es dem Mädchen, das es sofort an Penny Wise weitergab.

Er betrachtete es eine stille Minute lang interessiert.

„Es könnte kein besseres *Porträtgespräch geben* !" er rief aus. „Diese Anstecknadel gehört einer Dame mit dunklem, glattem Haar – grob und reichlich. Sie hat gute Zähne und ist stolz auf sie. Ihr Geschmack ist eher auffällig und sie liebt starke Düfte. Sie hat etwas unordentliche Gewohnheiten und neigt zu Gefühlen. Sie ist intellektuell und effizient, und wenn sie nicht wohlhabend ist, verfügt sie zumindest über Kompetenz."

„Um Himmels willen !" keuchte Olive; „Und ich habe diese Hutnadel stundenlang studiert und konnte nie etwas daraus schließen!"

„Was ich daraus gelesen habe, ist für uns möglicherweise nutzlos", sagte Wise gleichgültig; „Ich denke, es wird ein ausreichender Hinweis darauf sein, auf welchem Weg man nach der betreffenden Dame suchen muss, aber das bedeutet nicht zwangsläufig, dass es von Nutzen sein wird, sie zu finden."

„Aber sie weiß vielleicht etwas, das sie uns sagen kann und das uns nützt", schlug Olive vor. „Auf jeden Fall lasst uns sie finden. Wie werden Sie vorgehen?"

„Ich denke, es wäre ein guter Plan, die Stenographin Jenny Boyd zu fragen, ob sie dort jemals jemanden gesehen hat, auf den unsere Beschreibung zutrifft."

„Vielleicht ist sie die Dame des Pulverpapiers", murmelte Zizi, und Penny Wise sagte nachdenklich: „Natürlich" und fuhr fort:

„Diese Jenny-Person muss noch weiter gegrillt werden. Sie hat nicht alles erzählt, was sie weiß. Sie war nur kurze Zeit bei Mr. Gately beschäftigt und hat dennoch viele Informationen erhalten. Aber sie hat noch lange nicht alles preisgegeben!"

„Woher weißt du das alles?" fragte Olive verwundert.

„Ich habe die Zeitungen gelesen. Ich habe die unzerstörbare Angewohnheit, zwischen den Zeilen zu lesen, und ich glaube, Miss Jenny wurde von jemandem überredet, bestimmte interessante Beweisstücke zu unterdrücken, die genau in unser Bilderrätsel passen würden."

"Darf ich rein kommen?" sagte eine sanfte Stimme und Mrs. Vail erschien in der Tür.

Als wir aufstanden, um sie zu begrüßen, stellte Olive Mr. Wise vor, und dann erlaubte sich Mrs. Vail den Luxus eines Blicks echter Neugier.

Sein skurriles Lächeln bezauberte sie und ihre Sprache und ihr Auftreten waren überaus herzlich. Tatsächlich war sie so sehr in diese neue Bekanntschaft vertieft, dass sie Zizi, die wie immer im Hintergrund und im Schatten saß, nicht einmal sah.

„Lassen Sie mich nicht unterbrechen", sagte Mrs. Vail und flatterte auf einen Stuhl. „Mach einfach weiter, als ob ich nicht hier wäre. Ich bin *so* interessiert, lass mich einfach zuhören! Ich werde kein Wort sagen. Oh, liebe Olive, hast du Mr. Wise den Brief gezeigt?"

"NEIN; es ist unwichtig", antwortete das Mädchen.

„Aber ich glaube nicht, meine Liebe", beharrte Mrs. Vail. „Du weißt, dass es ein – wie nennt man das? – ein Schothorn sein könnte . Ich kannte einmal eine Dame –"

„Ein Brief ist immer wichtig", sagte Zizi aus ihrer Ecke, und Frau Vail zuckte zusammen und stieß einen erschrockenen Ausruf aus.

"Wer ist er?" „, schrie sie und spähte durch ihr *Lorgnon* in die Richtung der Stimme.

„Zeig dich, Zizi", befahl Wise. „Das ist meine Assistentin, Mrs. Vail. Sie ist in unserem Rat, aber nicht darin. Ich kann sie nicht genau erklären, aber du wirst sie verstehen."

Zizi beugte sich vor und schenkte Mrs. Vail ein angenehmes, wenn auch gleichgültiges Lächeln, dann verfiel sie wieder in ihre übliche Dunkelheit.

Das Mädchen war, hatte Wise gesagt, eine unbedeutende Persönlichkeit, und doch sagte sie, wann immer sie sprach , etwas!

Mrs. Vail sah verwirrt aus, aber offenbar war sie bereit, alles, wie seltsam es auch sein mochte, im Zusammenhang mit der Detektivarbeit zu akzeptieren.

„Nun", bemerkte sie, „wie dieses hübsche kleine Ding sagt, ein Brief ist immer wichtig, und ich denke, du solltest ihn zeigen, Olive." Ich hatte einmal einen Brief, der mein ganzes Leben veränderte!"

„Was ist das für ein Brief, Miss Raynor?" fragte Wise sachlich.

„Eines, das ich heute Morgen mit der Post erhalten habe", antwortete Olive. „Ich habe nicht darauf geachtet, weil es anonym war. Onkel Amos hat mir einmal gesagt, ich solle einen anonymen Brief nie zur Kenntnis nehmen, sondern ihn immer verbrennen und vergessen.

„Im Allgemeinen ein guter Rat", sagte Wise; „Aber in solch ernsten Angelegenheiten, wie wir sie vor uns haben, ist jeder Brief von Interesse."

„Ist der Brief von einer Frau geschrieben und mit ‚Ein Freund' unterschrieben?" fragte Zizi mit ihrer sanften Stimme.

„Hast du es geschrieben?" rief Olive und drehte sich zu dem geisterhaften Mädchen um, das so ruhig hinter ihr saß.

„Oh, nein, nein, nein! *Ich* habe es nicht geschrieben", und das bescheidene kleine Gesicht zeigte ein flüchtiges Lächeln.

„Woher wusstest du das dann? Denn es *ist* mit „Ein Freund" signiert, aber ich weiß nicht, ob es eine Frau war, die es geschrieben hat oder nicht."

„Das war es", und Zizi nickte mit ihrem schlanken kleinen schwarzen Kopf. Sie hatte ihren Hut abgenommen und ihn auf einen Stuhl in der Nähe gelegt, und als sie sich in ihre Pelze schmiegte, die einen dunklen Hintergrund bildeten, sah ihr kleines weißes Gesicht unheimlicher aus als je zuvor. "Neunzig Prozent. aller anonymen Briefe werden von Frauen geschrieben, und zwar neunzig Prozent. davon sind mit „A Friend" signiert. Obwohl das normalerweise eine falsche Angabe ist."

„Darf ich den Brief sehen?" fragte Wise.

"Sicher; Ich werde es bekommen."

Es war Zizi, die sprach! Und als sie aufstand, ging sie schnell durch den Raum zu einem Schreibtisch, holte aus einem Fach einen geöffneten Brief, trug ihn zu Wise und ließ sich dann wieder auf ihren Platz fallen.

Mrs. Vail schnappte überrascht nach Luft und Olive schien erstaunt zu sein.

„Woher wussten Sie, wo Sie das finden können?" rief sie , ihre großen braunen Augen weiteten sich vor Staunen.

„Ganz einfach", sagte Zizi lässig; „Sie haben diesen Punkt kaum aus den Augen gelassen, Miss Raynor, seit der Brief erwähnt wurde!"

„Aber wie konnten Sie, obwohl ich auf den Schreibtisch schaute, den Brief auf einmal erkennen?"

„Oh, ich habe auch auf den Schreibtisch geschaut. Und ich habe Ihre Morgenpost gesehen, ziemlich gut sortiert. Da liegt ein Stapel Rechnungen, ein Stapel unverkennbar gesellschaftlicher Notizen, und oben in einer

Schublade lag ganz für sich dieser Brief. Du hast es ein Dutzend Mal oder öfter angeschaut, also konnte ich nicht anders, als es zu wissen."

Olive lachte. Man konnte nicht anders, als das seltsame Mädchen zu mögen, dessen Gesichtsausdruck so ernst war, obwohl ihre schwarzen Augen tanzten.

Unterdessen untersuchte Penny Wise das Schreiben.

„Ich werde es laut vorlesen?" und er warf einen Blick auf Olive, die mit einem Nicken nachgab.

„ FRÄULEIN RAYNOR:

„Hören Sie auf, nach AG-Jägern zu suchen, sonst geraten Sie selbst in Verlegenheit. Es handelt sich hierbei um reine Ware. Rufen Sie alle Tecs ab oder hüten Sie sich vor den Konsequenzen. Werde nicht zweimal warnen!

" EIN FREUND. "

„Eine Frau", sagte Pennington Wise nachdenklich, nachdem er es gelesen hatte.

„Eine Geschäftsfrau", fügte Zizi aus ihrer Ecke hinzu.

„Vielleicht ein Stenograph", fuhr Wise fort, und Olive rief:

„Meinst du Jenny?"

"Ach nein; Dies wurde von einer Frau geschrieben, die über mehr Verstand verfügt, als sich Jenny jemals erträumt hätte. Tatsächlich eine sehr kluge Frau."

"WHO?" hauchte Olive, ihr eifriges Gesicht errötete vor Interesse und begierig darauf, mehr zu erfahren.

„Das weiß ich nicht, Miss Raynor, aber –"

„Oh, Mr. Wise", unterbrach Mrs. Vail; "Du bist so wunderbar! Erklären Sie mir im weiteren Verlauf nicht, wie Sie das machen?"

Sie sprach, als wäre er ein Zauberer.

„Alles, was uns gefällig ist", stimmte Wise zu. „Nun, so sieht es für mich aus. Die Autorin dieses Briefes ist eine Geschäftsfrau, nicht nur, weil sie dieses große, einzelne Blatt Postpapier verwendet, sondern weil sie weiß, wie man es benutzt. Sie ist Stenographin – damit meine ich nicht unbedingt, dass das ihr Beruf ist –, sie verfügt möglicherweise über Kenntnisse in Stenografie und ist in einem viel wichtigeren Berufszweig tätig. Aber sie ist eine versierte und schnelle Schreibkraft. Das erkenne ich natürlich an der sauberen und einheitlichen Schreibweise. Sie ist klug, weil sie dieses unverbindliche Papier verwendet hat, das keineswegs besonders oder individuell ist. Sie ist wiederum eine Geschäftsfrau, denn sie verwendet Ausdrücke wie ‚aufgeben‘, ‚eingebahnt‘, ‚Tecs‘, ‚Straight Goods‘ …"

„Was sie tun könnte, um irrezuführen –" murmelte Zizi.

„Zu viele davon und zu beiläufig benutzt, Ziz . Einem Mädchen aus der Gesellschaft, das versucht hätte, sich als Geschäftsfrau auszugeben, wären diese Worte nie so leicht in den Sinn gekommen. Ich hätte eine Zeitungsfrau sagen sollen, wenn da nicht eine gewisse Eigentümlichkeit des Stils gewesen wäre, die darauf hindeutet: – Was, Zizi?"

"Du hast es; ein Telegrafist."

"Genau. Kennen Sie einen Telegrafisten, Miss Raynor?"

"In der Tat nicht!" und Olive wirkte verblüfft über den Vorschlag, solche Menschen zu ihren Bekannten zu zählen. "Bist du sicher?"

„Sieht sehr danach aus. Die kurzen Sätze und der Verzicht auf Personalpronomen scheinen mir auf die Diktion eines Telegrafenmädchens hinzuweisen. Und sie ist sehr schlau! Sie hat den Durchschlag des Briefes geschickt und nicht die äußere Schreibmaschine."

"Warum?" Ich fragte.

„Um es weniger nachvollziehbar zu machen. Wissen Sie, das Schreiben mit der Maschine ist fast so individuell wie das Schreiben mit einem Stift. Die Differenzierungen der Maschine sowie der Technik des Benutzers sind fast immer so ausgeprägt, dass die Schrift erkennbar ist. Nun sind diese Besonderheiten, während sie auf dem ersten Papier oft klar erkennbar sind, auf dem Durchschlag mehr oder weniger verschwommen. Also hat 'A Friend', der es für sehr schlau hält, den Kohlenstoff geschickt. Dies ist ein neuer Trick, obwohl ich ihn in letzter Zeit mehrmals gesehen habe. Aber es ist nicht so irreführend, wie angenommen wird. Denn alle individuellen Eigentümlichkeiten der Schreibmaschine, also der Maschine, sind hier fast ebenso sichtbar wie hier. Ich habe sie in diesem Fall leicht bemerkt. Und außerdem hat sich diese angehende kluge Autorin übertrieben! Denn ein Durchschlag verwischt so leicht, dass es fast unmöglich ist, ihn anzufassen, nicht einmal das Blatt zu falten, ohne einen verräterischen Daumen- oder Fingerabdruck zu hinterlassen! Und dieser Korrespondent hat dies äußerst zuvorkommend getan!"

"Wirklich!" hauchte Zizi mit einem Anflug von Befriedigung in ihrer leisen Stimme.

„Und die Besonderheiten – was sind sie?" fragte Olive.

„Derjenige, der zuerst herausspringt und mich trifft, ist der erhöhte s . " Schauen Sie – und Sie müssen genau hinschauen, Miss Raynor – in jedem Fall ist der Buchstabe s einen winzigen Fleck höher als die anderen Buchstaben."

„Ja, so ist es", und Olive untersuchte den Brief mit tiefem Interesse; „Aber wie findet man eine Maschine mit einem erhöhten s?"

„Es ist kein Schild, es ist ein Beweis. Wenn wir glauben, dass wir die richtige Maschine haben, werden die s es beweisen und uns nicht dorthin führen."

„Lass mich sehen", bettelte Mrs. Vail und griff nach der Zeitung. „Ein Freund von mir ist Stenograph; vielleicht Sie--"

„Entschuldigung", und Penny Wise faltete den Brief sorgfältig zusammen. „Wir können keine Fingerabdrücke mehr auf diesem Papier bekommen, sonst machen wir es unbrauchbar. Nun, Miss Raynor, ich gehe. Ich werde den Brief annehmen und habe kaum Zweifel, dass er mir bei meiner Arbeit eine große Hilfe sein wird. Ich werde Ihnen von Zeit zu Zeit Bericht erstatten, aber es kann ein paar Tage dauern, bis ich etwas Wichtiges erfahre. Zizi?"

"Ja; Ich bleibe hier", und das Mädchen saß ruhig in ihrem Stuhl.

„Das bedeutet, dass sie vorerst bei Ihnen wohnen wird, Miss Raynor", und Wise lächelte Olive an.

"Hier leben?"

"Ja, bitte. Es ist notwendig, sonst würde sie es nicht tun."

„Oh, lass sie bleiben!" rief Frau Vail; „Sie ist so interessant – und seltsam!"

Der Gegenstand ihres Kommentars schenkte ihr ein einnehmendes Lächeln, sagte aber nichts, und Wise winkte mir zu, mit ihm zu gehen, und erhob sich zum Abschied.

Aber ich wollte noch ein wenig mit Olive über verschiedene Dinge reden und sagte Wise, dass ich etwas später zu ihm kommen würde.

„Sei brav, Zizi", beschwor er, als er ging, und sie nickte mit dem Kopf, aber mit einer frechen Grimasse in Richtung des Detektivs.

"Mein Zimmer?" sagte sie fragend mit einem hübschen, schüchternen Blick auf Olive. „Ich mache keine Probleme, kein bisschen. Irgendein kleines altes Zimmer, wissen Sie."

„Du wirst es in wenigen Augenblicken haben", und Olive ging weg, um die Hausmädchen zu befragen.

Mrs. Vail nutzte die Gelegenheit, um ununterbrochen mit dem fremden Mädchen zu reden.

„Was ist deine Arbeit?" sie erkundigte sich; „Helfen Sie Herrn Wise? Ist er nicht wunderbar! Wie man ihn bewundern muss. Ich kannte einmal einen Detektiv – oder zumindest einen Mann, der Detektiv werden wollte, aber – – Oh, sagen *Sie mir bitte* , was Ihr Teil der Arbeit ist!"

„Ich sitze daneben", erwiderte Zizi mit einem süßen kleinen Grinsen, das alle Schärfe seiner Schroffheit verlor.

"Sitze neben! Ist das ein Fachbegriff? Ich verstehe es nicht ganz."

„Ich verstehe mich selbst nicht immer", und das Mädchen schüttelte langsam den Kopf; „Aber ich schweige einfach, bis Mr. Wise möchte , dass ich etwas sage – um ihm etwas zu sagen, wissen Sie. Dann sage ich es ihm."

„Aber woher weißt *du* das?" Ich war fasziniert von diesem seltsamen Kind, denn es sah kaum mehr als ein Kind aus.

"Oh!" Zizi schauderte und raffte sich zusammen, ihre schwarzen Augen waren rund und unheimlich; "Oh! Ich weiß nicht , woher ich das weiß! Ich schätze, der Drehgestellmann sagt es mir!"

Auch Mrs. Vail schauderte und schrie leise auf.

„Du bist eine Hexe", rief sie; „Seien Sie ehrlich, sind Sie nicht eine Hexe?"

„Ja, Dame, Dame! Ich *bin* eine Hexe – ein armes kleines Hexenmädchen!" und Zizi lachte schallend über ihren eigenen kleinen Witz.

Wenn ihr Lächeln bezaubernd gewesen war, dann war ihr Lachen umso charmanter. Es war nicht nur ein silbriges Trillergeräusch, es war auch ansteckend, und Mrs. Vail und ich lachten mitfühlend.

„Worüber lacht ihr alle?" sagte Olive und tauchte wieder auf.

„Auf mich", und Zizi sprach jetzt demütig; „Ich habe sie zum Lachen gebracht. Entschuldigung!"

„Komm mit mir, du lustiges Kind", und Olive führte sie weg und ließ mich als Opfer von Mrs. Vails unaufhörlichem Geplapper zurück.

Die gute Dame sprach ausführlich über den Detektiv und seinen Assistenten und schilderte ausführlich viele Berichte über Menschen, die sie gekannt hatte. Ihre Bekanntschaft schien groß zu sein!

Endlich kam Olive lächelnd zurück.

„So etwas wie sie habe ich noch nie gesehen!" sie rief aus; „Ich habe ihr ein hübsches kleines Zimmer gegeben, nicht weit von meinem entfernt. Ich weiß zwar nicht, warum sie hier bleibt, aber ich möchte sie haben. Nun, in etwa zwei Minuten hatte sie die Möbel komplett ausgetauscht. Natürlich nicht die schweren Teile, aber sie bewegte einen kleinen Tisch und alle Stühle und schraubte schließlich eine Glühbirne von einer Stelle heraus und steckte sie an eine andere, und nachdem sie sich umgesehen hatte, sagte sie: „Nur eine Sache." mehr!' und wenn sie nicht mit einem Sprung auf einen Tisch springen und ein ziemlich großes Bild herunternehmen würde! „Da", sagte sie und stellte es im Flur hin. „Ich kann das Ding nicht ertragen!" Das ist ein wunderschönes Zimmer, und ich danke Ihnen, Miss Raynor. Das rosafarbene, an dem wir vorbeikamen, gehört dir, nicht wahr?'

"'Ja; woher wusstest du das?' Ich fragte sie. Und sie sagte: „Ich habe ein Foto von Herrn Manning auf Ihrem Schreibtisch gesehen." Kleiner Schlingel! Ich kann nicht anders, als sie zu mögen!"

KAPITEL XI
Fallflüsse

Ich war so vertieft in die neuen Interessen, die in mein Leben gekommen waren, so begierig darauf, Olive Raynor behilflich zu sein, und so neugierig, die Vorgehensweise von Pennington Wise zu beobachten, dass ich gestehen muss, dass ich den armen Kerl, den ich gesehen hatte, völlig vergessen hatte Bellevue Hospital – der Mann, der „durch die Erde fiel"! Und ich bin mir nicht sicher, ob ich jemals wieder an ihn gedacht hätte, außer als flüchtige Erinnerung, wenn ich nicht einen Brief von ihm erhalten hätte.

Mein lieber Brice [er schrieb]: Ich habe kein Recht, deine Zeit zu stehlen, aber wenn du ein paar Minuten zu verschwenden hast, wünschte ich, du würdest sie mir geben. Ich werde bald aus dem Krankenhaus entlassen, mit einem einwandfreien Gesundheitszeugnis – aber ohne Hinweise oder Hinweise auf meine geschätzte Identität. Die Ärzte – verdammt noch mal ! – sagen, dass meine Erinnerung eines Tages mit voller Kraft zu mir zurückspringen wird, aber in der Zwischenzeit muss ich einfach still sitzen und warten. Da ich kein geduldiger Mensch bin, werde ich damit beschäftigt sein, mir eine neue Identität anzueignen. Und wenn die alte jemals zurückkommt, habe ich zwei – und kann ein Doppelleben führen! Nein, ich bin nicht leichtfertig, ich bin philosophisch. Nun, wenn Ihr Angebot nicht an eine Bedingung geknüpft war , kommen Sie bitte zu mir.

Mit freundlichen Grüßen, FALLFLÜSSE .

PS: Die Ärzte betrachten mich als einen sehr wichtigen und interessanten Fall – daher mein Name.

Ich lächelte über den Brief, und da ich von Anfang an Gefallen an dem Mann gefunden hatte, ging ich sofort zu ihm.

„Nein", versicherte ich ihm, nachdem ich ihn herzlich willkommen geheißen hatte, „mein Angebot war an keine Bedingungen geknüpft. Ich bin mehr als bereit, auf jede erdenkliche Weise zu helfen, eine Nische für Sie in dieser Altstadt zu finden und Sie dort unterzubringen. Es spielt keine Rolle, woher Sie kommen oder wie Sie hierher gekommen sind. New York ist ein All-Comedy -Rennen, und der Teufel schnappt sich die Letzten."

„Dann wird er mich nicht kriegen", und Rivers nickte entschlossen; „Vielleicht bin ich zunächst nicht im Van, aber geben Sie mir eine halbe Chance, dann werde ich es schaffen!"

Das war keine Angeberei oder Angeberei, wie ich sehen konnte, sondern eine ernsthafte Entschlossenheit. Der Mann war aufrichtig und hatte eine gewisse Zielstrebigkeit, die sich sowohl in seinem Aussehen und Verhalten als auch in seinen Worten zeigte.

Rivers war jetzt aufgestanden und angezogen, und ich sah, dass er ein gutaussehender Kerl war. Sein hellbraunes Haar war sorgfältig gescheitelt und gebürstet; sein glattrasiertes Gesicht war dünn und blass, zeigte aber starke Charakterzüge. Ihm war eine Brille aufgesetzt worden – ein *Zwicker*, der von einer winzigen Goldkette über einem Ohr gehalten wurde – und dies korrigierte den leeren Ausdruck in seinen Augen. Seine Kleidung war preiswert und unverkennbar konfektioniert.

Er entschuldigte sich. „Ich hätte lieber bessere Klamotten", sagte er, „aber da ich mir Geld leihen musste, um mich überhaupt anzuziehen, wollte ich nicht viel ausgeben." Ein Arzt hier ist ein Ziegelstein! Er wird meinen „Fall" weiterverfolgen, und so habe ich sein Darlehen angenommen. Es ist eine schreckliche Situation, ein lebender, erwachsener Mann zu sein, der keinen Cent für seinen Namen übrig hat!"

„Lassen Sie mich Ihr Bankier sein", bot ich aufrichtig an; "ICH--"

"NEIN; Ich möchte nicht so sehr Münzen, sondern eine Möglichkeit, welche zu verdienen. Wenn Sie mir jetzt die Möglichkeit geben, Arbeit zu bekommen – irgendetwas, das ziemlich gut bezahlt ist –, wäre ich Ihnen dankbar, Sir, und ich werde mich auf den Weg machen."

Sein Lächeln war von der offenen, freundlichen Art, die Mitgefühl hervorruft, und ich erklärte mich bereit, ihm auf jede erdenkliche Weise zu helfen.

"Was kannst du tun?" Ich habe vorläufig gefragt.

" Keine Ahnung . Ich muss mich selbst untersuchen und herausfinden, was meine latenten Talente sind. Zweifellos ist ihr Name Legion. Aber einen davon habe ich geschafft. Ich kann zeichnen! Erleben Sie diese Meisterwerke!"

Er hielt einige Blätter Kritzelpapier hoch, auf denen ich mehrere sorgfältig und gut gemachte mechanische Zeichnungen sah.

„Du warst ein Zeichner!" Ich rief aus: „In deinem verlorenen Leben."

"Ich weiß nicht. Vielleicht war ich es. Wie auch immer, diese Dinge sind in Ordnung."

"Was sind Sie?"

„Nicht viel von irgendetwas. Es handelt sich um eine Art Muster für Tapeten oder Wachstücher. Sehen? Das sind bloß Vorschläge, wissen Sie, aber wenn man sie wiederholt, ergibt das eine tolle Studie für ein zweifarbiges Papier."

„Da hast du recht", rief ich voller Bewunderung für das Muster. „Sie müssen ein Designer solcher Dinge gewesen sein."

„Egal, was ich *war* – die Sache ist, was ich jetzt sein kann, um meinen Platz in der Wirtschaftswelt einzunehmen. Das sind, sehen Sie, Adaptionen von Schneekristallen."

" Also sind sie! Es versetzt mich zurück in meine Schulzeit."

„Vielleicht erinnere ich mich auch daran. Ich erinnere mich an die Bilder von Schneekristallen in „Steele's Fourteen Weeks in Natural Science". Hast du das studiert?"

"Ich tat!" Ich antwortete grinsend; "auf der Hochschule! Aber kommt Ihre Erinnerung zurück?"

„Nicht so, dass du es bemerken würdest! Ich erinnere mich an alles, was ich auf pädagogische Weise gelernt habe, aber ich kann kein individuelles Bild von mir persönlich sehen – *oh* , egal! Wie bekomme ich eine Stelle als Meisterdesigner in einer großartigen Fabrik?"

„Das ist ein großer Auftrag", lachte ich. „Aber man kann klein anfangen und zu einer stolzen Größe aufsteigen –"

„Nein, danke ! Ich bin nicht mehr so jung wie früher – mein Lieblingsarzt schätzt mich auf dreißig – plus oder minus –, aber ich fühle mich etwa sechzig."

„Wirklich, Rivers, fühlst du dich wie ein alter Mann?"

„Nicht körperlich – das ist das Seltsame daran. Aber ich habe das Gefühl, als hätte ich mein ganzes Leben hinter mir –"

„Oh, das liegt an deinem vorübergehenden Geisteszustand –"

"Ich weiß es. Und ich werde es erobern – oder es irgendwie umgehen. Wenn Sie mich jetzt vorstellen – und, ja, als meine Garantie, meine Referenz fungieren –, weiß ich, dass das viel verlangt ist, aber wenn Sie das tun, werde ich es gut machen, das verspreche ich Ihnen!"

„Ich glaube, dass du das tun wirst, und ich bin nur zu froh, es zu tun. Ich werde Sie, wann immer Sie es wünschen, zu einer mir bekannten Firma mitnehmen, von der ich glaube, dass sie sehr froh sein wird, Sie zu holen. Sehen Sie, so viele Männer mit Ihren Talenten sind in den Krieg gezogen …"

„Ja, ich weiß, und ich würde mich gerne melden, aber der Arzt sagt, dass ich das nicht kann, weil ich ein – ein Defektist bin."

„Ich wünschte, du wärst lieber Detektiv", sagte ich, teils um ihn von seinem Zustand abzulenken, teils weil ich so sehr an meine eigenen Interessen dachte, dass er zweitrangig war.

"Ich wäre gerne. Seit ich hier im Krankenhaus bin, habe ich eine Menge Kriminalgeschichten gelesen, und ich glaube nicht, dass das Abzugsgeschäft ein so toller Trick ist. Sherlock Holmes ist in Ordnung, aber die meisten seiner Nachahmer sind Blödsinn und Unsinn."

Und dann, da ich es nicht länger zurückhalten konnte, erzählte ich ihm alles über den Gately-Fall und über Pennington Wise.

Er war zutiefst interessiert und seine Augen leuchteten, als ich Wises Schlussfolgerungen aus der Hutnadel erzählte.

„Hat er es schon bewiesen?" er hat gefragt; „Hast du ihn untersucht?"

„Nein, aber es war keine Zeit. Er hat gerade erst mit seiner Arbeit begonnen. Er hat eine andere Aufgabe; um Amory Manning zu finden."

"Wer ist er?"

„Ein Mann, der verschwunden ist, und es besteht Angst vor einem Verbrechen."

„Wird er verdächtigt, Gately getötet zu haben?"

„Oh nein, das nicht; aber er wurde verdächtigt, sich versteckt zu haben, um Miss Raynor zu schützen –"

"Pah! Ein Mädchen würde so einen Mord nicht begehen."

„Ich glaube jedenfalls nicht, dass dieses Mädchen das getan hat. Und tatsächlich haben sie – ich meine die Polizei – einen neuen Verdächtigen. Es gibt einen Mann namens Rodman, nach dem gesucht wird."

„Oh, das ist alles ein tolles Spiel! Ich wünschte, ich könnte in die Welt hinausgehen und an solchen Dingen teilnehmen!"

„Das wirst du, alter Mann. Sobald Sie einigermaßen angefangen haben, wird die Welt –"

„Meine Kellertür! Darauf können Sie wetten! Ich werde gleich nach unten rutschen."

„Was ist, wenn du da durchgefallen bist? Erinnern Sie sich an weitere Einzelheiten dieser etwas – äh – ungewöhnlichen Aufführung?"

"Ja, das tue ich! Und du kannst lachen, so viel du willst. Das ist keine Halluzination, es ist eine klare, wahre Erinnerung – die einzige Erinnerung, die ich habe."

„Woran erinnern Sie sich?"

„Diese Reise durch die Erde –"

„Haben Sie in letzter Zeit Jules Verne gelesen?"

„Lesen Sie es nie. Aber diese lange Reise hinab , kilometerweit , ich werde sie nie vergessen! Ich musste mir einen Globus ansehen, und ich vermute, dass ich Tausende von Meilen von hier aus gestartet bin –"

„Oh, jetzt komm mal –"

„Nun, es hat keinen Zweck. Ich kann es niemandem glauben machen, aber es ist die Wahrheit!"

„Schreiben Sie es fürs Kino auf. „Der Mann, der durch die Erde fiel" wäre ein atemberaubender Titel!"

„Jetzt machst du mich wieder fertig. Ich schätze, ich werde zu diesem Thema den Mund halten. Aber ich gebe Ihnen noch eine weitere helfende Hand. Wo bekomme ich ein Zimmer, in dem ich für kurze Zeit wohnen kann?"

„Warum nur kurze Zeit?"

„Weil ich zunächst eine kleine, billige Wohnung nehmen muss, dann bin ich finanziell bald wieder auf den Beinen und kann in ein anständigeres Quartier umziehen. Sehen Sie, ich werde Sie jetzt doch bitten, mir ein paar Schekel anzuvertrauen, und ich werde den Kredit in naher Zukunft mit Zinsen zurückzahlen."

Seine ruhige Einstellung zum geschäftlichen Erfolg beeindruckte mich positiv. Zweifellos war er in seinem früheren Leben daran gewöhnt, Geld zu verdienen und auszugeben, und er hielt es für selbstverständlich. Aber sein gesunder Menschenverstand, der ihn keineswegs im Stich gelassen hatte, machte ihm bewusst, dass er ohne irgendeine Qualifikation keine zufriedenstellende Position bekommen würde.

Während er redete , zeichnete er scheinbar unbewusst auf dem Papierblock, der auf dem Tisch neben ihm lag – zarte Bleistiftstriche, die sich in sechsseitige Figuren auflösten, deren Radien sich zu wunderschönen Ranken oder Spitzen entwickelten, bis sie sich bildeten ein perfektes, harmonisches Ganzes; jeder Abschnitt gleich, genau wie in einem Schneekristall.

Sie waren so vorzüglich gemacht, dass ich über seine besondere Begabung staunte.

„Du solltest Spitze entwerfen", bemerkte ich; „Diese Designs sind zu fein für Papiere oder Teppiche."

„Vielleicht ja", erwiderte er und betrachtete ernsthaft seine Zeichnungen. „Jedenfalls werde ich etwas entwerfen – und es wird etwas sein, das sich lohnt!"

„Vielleicht waren Sie Graveur", riskierte ich, „bevor Sie –"

„Bevor ich durch die Erde fiel? Vielleicht war ich es. Nun, nehmen wir an, dass ich morgen Ihre guten Dienste so sehr in Frage stelle, dass ich mit Ihnen zu der Firma gehe, die Sie erwähnt haben. Oder, wenn Sie mir ein Empfehlungsschreiben geben würden –"

„Kennst du dich in New York aus?"

"Ich bin mir nicht sicher. Ich habe das Gefühl, dass ich einmal in New York war – vor langer Zeit, aber ich kann es nicht mit Sicherheit sagen."

„Dann gehe ich mit dir. Ich rufe Sie morgen an und begleite Sie zu dem Büro, das ich geplant habe, und suche außerdem nach einem Zuhause und einem Kamin, die Ihnen gefallen."

„Die Art, die mir gefällt, kommt im Moment nicht in Frage", sagte er, fest entschlossen, sich mir gegenüber keiner größeren Verpflichtung zu unterziehen, als nötig wäre. „Ich wähle ein Zimmer, wie es der alte Herr in der Bibel hatte, mit einem Bett, einem Tisch, einem Hocker und einem Kerzenständer."

„Du erinnerst dich noch gut an deine Literatur."

„Das tue ich meistens; obwohl ich gestehen muss, dass ich von diesem asketischen Menschen gelesen habe, seitdem ich hier bin. Das Krankenhaus ist reich an Bibeln und Detektivgeschichten und knapp an *Belletristik* . Na dann, alter Mann!"

Ich ging nachdenklich weg. Es war ein seltsamer Fall, dieser von Case Rivers. Ich lächelte über den Namen, den er gewählt hatte.

Er war zweifellos ein gebildeter und belesener Mann. Seine Rede vermittelte mir ein wenig den Eindruck eines Engländers, und ich fragte mich, ob er vielleicht Kanadier war. Natürlich habe ich kein Wort von seiner Geschichte geglaubt, dass er von Kanada über *das* Innere des Globus in unsere schöne Stadt gekommen sei – aber vielleicht hatte er eine Erinnerungslücke, die auch an seine Eisenbahnreise erinnerte, und träumte, er sei angekommen auf eine fantastische Art und Weise.

Und dann, wie immer, als ich von einem Tatort zum nächsten überging, flogen meine Gedanken zu meiner nächsten Besorgung, einem Besuch im Polizeipräsidium.

Hier gab mir Chief Martin viele neue Informationen. Es schien, als hätten sie im Fall George Rodman schädliche Beweise zutage gefördert, und er war zweifellos ein Übeltäter – aber in welcher besonderen Form des Bösen verschweigte der Chief zu erklären. Auch eher grobe Hinweise konnten zu keinem Ergebnis führen. Schließlich sagte ich :

„Warum verhaften Sie Rodman dann nicht?"

„Nicht genügend eindeutige Beweise. Ich bin mir ziemlich sicher, dass er Gately getötet hat, und ich glaube, ich weiß auch, warum, aber ich kann es noch nicht beweisen. Ihre Aussage, dass sein Kopf, der auf der Glastür zu sehen war, derselbe war, den Sie am Tag des Mordes gesehen haben, ist unser stärkster Punkt …"

„Oh, das habe ich nicht gesagt!" Ich weinte entsetzt; „Ich sage zwar, dass es wie derselbe Kopf aussah, aber ich würde nicht schwören, dass es so war!"

„Nun, ich glaube, das war es, und obwohl wir die Pistole nicht mit Rodman in Verbindung bringen können –"

„Haben Sie die Pistole von dem Mann aus Boston bekommen?"

"Ja; Scanlon hat diesen Speck mit nach Hause gebracht. Doch durch sorgfältiges Recherchieren gelang es nicht, weitere Informationen von Lusk, dem Mann, der die Pistole gefunden hatte, zu erhalten. Er erzählt eine direkte Geschichte von seinem Besuch im Puritan Building und seinem dortigen Geschäft, alles bestätigt durch die Leute, die er besuchte. Er hat diese Pistole gefunden, genau wie er es behauptet. Und natürlich wusste ich, dass er in seinem Brief die Wahrheit sagte. Wenn er in das Verbrechen verwickelt wäre oder schuldig wäre, würde er uns sicherlich nicht schreiben, um uns davon zu erzählen! Jetzt haben wir also die Pistole und wissen, dass sie im Flur im zehnten Stock in der Nähe von Rodmans Tür aufgehoben wurde – aber das beweist nichts, da wir nicht behaupten können, dass es Rodmans Waffe ist. Das kann natürlich sein, aber es gibt nichts, was darauf hinweist."

„Was sagt Rodman über sich selbst?"

„Bestreitet alles. Er sagt, er habe nur eine flüchtige Bekanntschaft mit Gately gehabt – das ist, wie wir wissen, eine Lüge! – sagt, er wisse, dass es in seinem Zimmer eine Aufzugstür gebe, aber er habe sie nie benutzt, nicht einmal geöffnet. Er sagte, er habe eine große Kriegskarte darüber gehängt, weil es ein guter Ort für eine Karte sei. Wir haben keinen lebenden Zeugen, der auch nur den Hauch einer Aussage gegen Rodman liefern könnte, außer Ihrer Aussage über seinen Schatten – und das ist bestenfalls ungewiss."

"Ja ist es. Ich sage tatsächlich, dass es wie Rodmans Kopf aussah – das heißt, Rodmans Kopf sah aus wie der, den ich an diesem Tag gesehen habe. Aber andere Köpfe könnten genauso ähnlich aussehen."

„Das ist das Problem. George Rodman ist ein schlauer Kerl, und was er tut, von dem er nicht wissen will, dass es nicht ans Licht kommt! Aber ich stehe auf ihn! Und ich wette, ich werde ihn noch bekommen. Er ist so verdammt cool, dass alles, was ich zu ihm sage, wie Wasser vom Rücken einer Ente abperlt. Er weiß, dass ich keine Beweise habe, und er verlässt sich darauf, dass er durchkommt."

„Was ist mit Jenny? Kann sie dir nichts sagen?"

„Sie weiß nichts über Rodman. Und genau dieser Punkt beweist, dass er, wenn er Gately oft besuchte, wie ich glaube, das tat, mit dem privaten Aufzug kam und ging, der ihre beiden Büros verband und für eines oder beide einen Straßenausgang ermöglichte."

„Hat der alte Boyd jemals gesehen, wie Rodman das Matteawan über diesen Aufzug verließ?"

„Er sagt, er hätte es nie getan, aber manchmal denke ich, dass Rodman ihn repariert hat."

„Und Jenny vielleicht auch."

"Vielleicht. Und hier ist noch etwas. Es gibt jemanden namens „The Link", der in der ganzen Angelegenheit eine große Rolle spielt, aber im Verborgenen eine Rolle spielt. Ich werde nicht sagen, wie ich diesen kleinen Witzbold gefunden habe, aber wenn ich herausfinden kann, wer „The Link" ist, habe ich einen großen Schritt in Richtung Erfolg gemacht."

Natürlich habe ich dem Polizeichef nichts über Pennington Wise gesagt, aber ich habe mir „The Link" im Kopf gemerkt, um es dem Detektiv zu melden.

„ Belohnung ist angeboten", wurden wir plötzlich informiert, als Foxy Jim Hudson in den Raum stürmte.

"Wofür?" fragte der Chef etwas geistesabwesend.

„Für Informationen, die zum Aufenthaltsort von Amory Manning führen."

Martin drehte sich auf seinem Stuhl herum, um seinen Untergebenen anzusehen. „Wer hat es angeboten? Wie viel?"

„Das ist das Seltsame daran, Chief. Nicht der Betrag, das sind fünftausend Dollar, aber es ist eine oder mehrere unbekannte Personen, die den Grünkohl aufstellen werden. Dies geschieht über die Kanzlei Kellogg and Kellogg – die weißeste Gruppe von Anwälten der Stadt. Ich meine, wer auch immer diese Belohnung anbietet, ist jemand, der sich lohnt. Kein Shyster-Geschäft. Ich bin dafür – das Geld, meine ich. Wissen Sie, Chief, dass das Verschwinden dieses Mannes Manning in irgendeiner Weise mit dem Gately-Mord zusammenhängt? Da habe ich eine Ahnung. Und hier erfahren Sie, wie ich es dope. Manning sah Rodman – nun ja, vielleicht sah er ihn nicht schießen, aber er sah etwas, das Rodman belastete, und so musste er – Rodman – Manning aus dem Weg räumen. Und das tat es! Sie sehen, Freund Rodman ist nicht nur ein tief gefärbter Schurke – sondern die Farbe wurde auch „made in Germany"!"

„Nun, ich bin froh, dass die Belohnung angeboten wird", kommentierte der Chief. „Jetzt wird sich irgendein Außenseiter melden und seinen kleinen Beitrag leisten."

„Meinst du irgendjemanden im Besonderen?" Ich fragte.

Mit diesem besonders irritierenden Trick gab Chief Martin nicht nur keine Antwort, sondern gab auch keinen Hinweis darauf, dass er meine Frage gehört hatte. Er ging weiter:

„Das macht zwei Belohnungen. Die Puritan Trust Company hat fünftausend Dollar für die Festnahme von Gatelys Mörder geboten. Diese weiteren fünftausend erhöhen die Spannung und sollten zu einem guten Ergebnis führen."

„Ich bin auf beides aus", kündigte Hudson an. „Ich kann nicht sagen, dass ich damit rechne, sie zu bekommen , aber ich werde es mit aller Kraft versuchen. Rodman hat ein furchtbar hohes Einkommen und keine sichtbaren Mittel für den Lebensunterhalt. Diese Tatsache sollte helfen."

"Wie?" Ich fragte.

„Oh, es beweist meiner Meinung nach, dass er in lukrative Geschäfte verwickelt war, für die er – nun ja – keine Werbung gemacht hat. Auch „The Link" war dabei. Das heißt – ich nehme an – „The Link" war eine Art Vermittler, der es Rodman ermöglichte, seine schändlichen Geschäfte heimlich abzuwickeln."

„Nun, Foxy, du weißt eine Menge", und der Chief lachte gut gelaunt.

Ich hatte das Gefühl, dass ich jetzt auch viel wusste, und als ich wegging, beschloss ich, sofort Penny Wise aufzusuchen und alles zu berichten, was ich gelernt hatte. Ich schaute zuerst in meinem eigenen Büro vorbei und fand Norah in einem braunen Arbeitszimmer vor, die Hände hinter dem Kopf und einen halb geschriebenen Brief in ihrer Schreibmaschine.

Sie blickte mich geistesabwesend an, und als sie dann meine Aufregung bemerkte, wurde sie aufmerksam und rief: „Was ist passiert? Was weißt du Neues?"

„Haufenweise", versicherte ich und erzählte ihr dann kurz von Rodmans wahrscheinlicher Schuld und auch von den angebotenen Belohnungen.

„Jenny ist Ihr Trumpf", sagte sie nach einem nachdenklichen Schweigen. „Dieses Mädchen weiß viel, was sie nicht erzählt hat. Es würde mich nicht überraschen, wenn sie bei Rodman angestellt wäre."

"Wie meinst du das?"

„Oh, sie ist zu leichtfertig. Sie gibt so viele Dinge zu, die sie gesehen oder gehört hat, und wenn man sie dann nach anderen fragt, ist sie wie eine leere Wand. Sie weiß zwar davon, verrät es aber nicht. Warum? Weil sie dafür bezahlt wurde, es nicht zu tun."

„Wie können wir dann an ihr vorbeikommen?"

„Bezahle ihr mehr." Und Norah widmete sich wieder ihrer Eingabe. Aber sie blickte wieder auf und sagte: „Mrs. Russell hat vor etwa einer Stunde hier angerufen."

"Sie tat! Wozu?"

"Ich weiß nicht. Sie wollte dich sehen. Sie war ein bisschen verlassen, also habe ich ein wenig mit ihr geredet."

"Ich bin froh, dass du es getan hast. Arme Dame, sie empfindet die Abwesenheit ihres Bruders schrecklich."

"Ja; wir haben es besprochen. Sie glaubt, er sei getötet worden."

„Hat sie irgendeinen Grund, das zu glauben?"

„Nein, außer dass sie es geträumt hat."

„Ein ganz natürlicher Traum für eine nervöse, besorgte Frau."

"Natürlich. Ich frage mich, ob sie weiß, dass für Mr. Manning eine Belohnung ausgesetzt ist?"

„Vielleicht hat sie es angeboten – über die Kellogg-Leute."

„Nein, das hat sie nicht."

„Bitte, woher weißt du, oh, moderne Cassandra?"

„Ich kenne deine alte Freundin Cassandra nicht, aber ich weiß, dass Mrs. Russell keine fünftausend Dollar anbietet. Sie kann es sich nicht leisten."

„Na ja, sie ist eine reiche Frau."

„Sie gilt als solche, und natürlich leidet sie weder an Essen noch an Kleidung. Aber sie spart. Sie trug die Mütze und den Muff ihres letzten Jahres und macht sich selbst als Dienstmädchen.

„Vielleicht trug sie ihre alten Kleider, weil sie nur darauf aus war, mich unwürdig zu machen."

"NEIN. Sie war auf dem Weg zu einem Empfang. Es sind jetzt ihre besten Klamotten. Und ein kleiner Riss in einem Handschuh und ein fehlender Druckknopf an ihrem Oberteil beweisen, dass sie keine persönliche Zofe hat, wie es Leute in ihrer Position normalerweise tun. Ich bin mir also sicher, dass sie keine große Belohnung anbietet, obwohl sie ihren Bruder liebt."

„Du bist eine geborene Detektivin , Norah. Du wirst Penny Wise mit seinen Fähigkeiten schlagen, wenn er nicht aufpasst!"

„Vielleicht", sagte Norah und legte ihre Fingerspitzen anmutig zurück auf die Tasten ihrer Schreibmaschine.

KAPITEL XII

Der Link

Am nächsten Nachmittag kam Penny Wise in mein Büro. Es war sein erster Besuch dort und ich hieß ihn herzlich willkommen. Norah sah so erwartungsvoll aus, dass ich ihn ihr vorstellte, denn ich konnte es nicht ertragen, das Mädchen zu enttäuschen, indem ich sie ignorierte.

Wise war ihr gegenüber wunderbar herzlich, und tatsächlich wirkte Norahs gewinnende Persönlichkeit immer freundlich.

Ich hatte am Tag zuvor versucht, Kontakt mit dem Detektiv aufzunehmen, aber er war mit verschiedenen Besorgungen unterwegs, und ich vermisste ihn hier und da, und wir konnten uns auch nicht treffen, bis er diese Muße gefunden hatte.

Ich erzählte ihm alles, was ich von der Polizei erfahren hatte, aber ein Teil davon war ihm bereits bekannt. Er war sehr interessiert an der Neuigkeit, dass jemand namens „The Link" darin verwickelt war, was er vorher noch nicht gehört hatte.

„Das ist es, was wir wollen!" er weinte; „Ich habe eine solche Person im Verdacht."

"Mann oder Frau?" fragte Norah kurz und Wise warf ihr einen Blick zu.

"Welches denkst du?"

„Frau", antwortete sie und Penny Wise nickte. „Ja, ich habe keinen Zweifel daran, dass ,The Link' eine Frau ist und ein sehr wichtiger Faktor in diesem Fall."

„Aber ich verstehe es nicht", warf ich ein. „Was verbindet sie?"

„ Wem, nicht was", sagte Wise und sah sehr ernst aus. „Natürlich müssen Sie sich darüber im Klaren sein, Brice, dass es ein großes Motiv hinter diesem Gately-Mord gibt, und es gibt auch einen wichtigen Grund für das Verschwinden von Amory Manning. Die beiden hängen zusammen, daran besteht kein Zweifel, aber das spricht natürlich nicht dafür, dass Manning der Mörder ist. Nein, dieser Link ist eine Frau mit viel Talent – eine Frau, die für die Verantwortlichen dieses Verbrechens von höchstem Wert ist und die gefunden werden muss, und zwar sofort!"

„Hat sie etwas mit Mr. Gately zu tun?" fragte Norah, ihre grauen Augen brannten vor Interesse.

"Ich weiß nicht." Wises zögerliche Antwort lag keineswegs daran, dass er nicht bereit war, seine Unwissenheit einzugestehen, sondern daran, dass er selbst tiefgründig nachdachte. „Schau her, Brice, können wir jetzt nicht durch Gatelys Zimmer gehen? Ich möchte die Polizei nicht um Erlaubnis bitten, aber wenn die Leute der Treuhandgesellschaft uns hereinlassen würden …"

„Natürlich", antwortete ich und ging sofort zum Vizepräsidenten, um die gewünschte Erlaubnis einzuholen.

„Es ist alles in Ordnung", verkündete ich, als ich mit den Schlüsseln zurückkam, „komm schon."

Wir gingen in die wunderschönen Räume des verstorbenen Bankpräsidenten.

Pennington Wise war beeindruckt von der reichen und harmonischen Wirkung, und seine schnellen Augen huschten hier und da hin und her, um Details aufzunehmen. Mit erstaunlicher Schnelligkeit ging er durch die drei Räume der Suite und nickte mit dem Kopf, während er die besonderen Punkte notierte, die ihm mitgeteilt worden waren. Im dritten Raum, dem Blauen Raum, blickte er sich um, hob die Karte von der Wand und ließ sie wieder an ihren Platz fallen, öffnete die Tür zum Flur und schloss sie wieder und wandte sich dann wieder dem mittleren Raum zu. das Büro von Amos Gately und offenbar nach Ansicht des Detektivs der wichtigste Ort von Interesse.

Er setzte sich in den schönen großen Drehstuhl, dessen Samtpolsterung ihm das Aussehen eines gewöhnlichen Schreibtischstuhls nahm, und sinnierte tief, während seine Augen die Schreibtischbeschläge förmlich verschlangen. Soweit mir aufgefallen war, war nichts gestört worden, außer dass das Telefon in der richtigen Position aufgestellt worden war und auch der Stuhl, den ich umgekippt vorgefunden hatte, wieder aufgerichtet war.

Wise hat nur ein paar Dinge gefingert. Er nahm den Federhalter, ein dickes, prächtiges Ding aus Gold.

„Wahrscheinlich ein Geschenk seiner Angestellten", sagte ich und lächelte über das verzierte und protzig aussehende Ding. „Alle anderen Spielereien sind geschmackvoller."

Pennington Wise öffnete die Schreibtischschubladen. Es gab wenig zu sehen, denn alle Finanzpapiere waren von Herrn Gatelys Testamentsvollstreckern weggenommen worden.

„Das ist ein seltsamer Haufen", bemerkte Wise, als er ein Paket Papiere aufhob, das mit einem Gummiband zusammengehalten wurde. Er sortierte sie auf dem Schreibtisch.

Es handelte sich um Blätter unterschiedlichen Stils, auf denen jeweils die Adresse oder das Wappen eines Großstadthotels stand. Unter ihnen waren viele der wichtigsten Gaststätten New Yorks vertreten. Auf jedem Blatt war mit einem gewöhnlichen Datierungsstempel aus Gummi ein Datum eingeprägt.

„Wichtig, wenn wahr", kommentierte Wise.

„Wenn was wahr ist?" fragte Norah unverblümt.

„Meine Schlussfolgerungen", erwiderte er. „Diese Briefe, wenn wir sie Briefe nennen können, wurden zweifellos zu unterschiedlichen Zeitpunkten und in unterschiedlichen Umschlägen an Mr. Gately geschickt."

„Das waren sie", informierte ich ihn. „Einer kam am Morgen nach seinem Tod."

„Das hat es! Welcher?"

„Es ist nicht hier. Die gesamte neue Post ging an seinen Anwalt."

„Wir müssen es in die Finger bekommen!"

„ Aber – sagen Sie mir, welche Bedeutung ein leeres Blatt Papier hat?"

„Die sind nicht leer", und er zeigte auf die eingestanzten Daten. „Sie sind alles andere als leer!"

„Nur ein Datum – auf einem einfachen Blatt Papier – was bedeutet das?"

„Vielleicht nichts – vielleicht alles."

Es sah Penny Wise nicht ähnlich, kryptisch zu sein, und ich kam zu dem Schluss, dass die Papiere tatsächlich als Beweismittel wertvoll waren. „Wurde die Schrift gelöscht?" Ich habe es riskiert.

"Wahrscheinlich nicht. Nein, das glaube ich nicht." Er schaute genauer hin.

„Nein", schloss er, „nichts dergleichen." Die gesamte Botschaft wird an der Oberfläche erzählt, und wer rennt, kann sie lesen."

„Lesen Sie ‚Das Waldorf-Astoria, 7. Dezember'", spottete ich. „Und ist der Leser sehr aufgeklärt?"

„Noch nicht, aber bald", murmelte Wise, während er seine Ermittlungen fortsetzte. "Ha!" Er fuhr fort: „Wie der Schauspieler es hat – was haben wir hier!"

Er untersuchte nun die Enden zweier verbrannter Zigaretten, die auf dem Aschenbecher der Rauchergarnitur zurückgeblieben waren.

„Die Dame hat ihre Initialen hinterlassen! Wie nett von ihr!"

„Hudson hat das studiert und konnte keine Buchstaben erkennen", rief ich aus.

„Blinder Hudson! Diese sehr zierlichen und teuren Zigaretten gehörten einer Schönen, deren Name mit K und S begann – oder S und K. Seien Sie vorsichtig, wie Sie sie berühren, aber Sie können sicherlich sehen, dass die Spitzen der Buchstaben zwar verbrannt, aber deutlich sichtbar sind um zu wissen, dass sie K und S sein müssen."

"Sie sind!" rief Norah; "Ich kann es jetzt sehen."

„Könnte das S nicht ein O sein?" Ich schimpfte.

„Nein", und Wise schüttelte den Kopf. „Obwohl die beiden fast verbrannt sind, zeigen sie mit Sicherheit, dass es sich bei den Buchstaben um K und S handelt. Hier ist ein Fund! Raucht Miss Raynor?"

„Das glaube ich nicht", antwortete ich. „Ich habe sie noch nie so gesehen – und sie scheint nicht dieser Typ zu sein. Und dann – die Initialen –"

„Na ja, vielleicht hatte sie ein paar Zigaretten ihrer Freunde dabei. Ich dachte nur, dass es ein ziemlich vertraulicher Besucher gewesen sein muss, der hier sitzen und mit Mr. Gately rauchen würde – hier sind seine eigenen Zigarrenstummel, sehen Sie, und natürlich kam mir Miss Raynor in den Sinn. Wenn wir sie eliminieren, haben wir vielleicht die Dame mit der Hutnadel."

„Und das Pulverpapier!" rief Norah.

„Ja, sie scheinen alle auf eine sehr freundliche Anruferin hinzuweisen, die geraucht hat, die ihren Hut abgenommen hat und die sich die Nase gepudert hat, alles in diesem Raum, und das alles an dem Tag, als Mr. Gately getötet wurde. Denn natürlich wurde das ganze Haus jeden Tag gereinigt und in Ordnung gebracht."

„Und da war noch die Kutschenkontrolle", sinnierte ich; „Vielleicht hat sie das verlassen."

„Beförderungskontrolle?" fragte Wise.

„Ja, eine Karte wie ein Stück Schweizer Käse – kennen Sie diese perforierten Kutschenschecks?"

"Ich tue. Wo ist es?"

„Hudson hat es genommen. Aber er wird nichts davon haben, und Sie vielleicht."

"Vielleicht. Ich muss es auf jeden Fall sehen. Außerdem möchte ich Jenny sehen , die junge Stenographin, die –"

„Soll ich sie hierher bringen?" bot Norah an.

„Ja", begann Wise, aber ich unterbrach ihn.

„Ich muss nach Hause", sagte ich. „Ich habe Rivers versprochen , ihn heute Nachmittag zu sehen und mit ihm ein paar Besorgungen zu machen. Angenommen, ich gehe jetzt, und Sie gehen mit mir, Mr. Wise, und angenommen, Norah holt Jenny und bringt sie zu meinen Zimmern. Wir können das Interview dort führen; Die Flüsse kommen vielleicht erst später, aber ich muss da sein, um ihn zu empfangen."

Also gingen Penny Wise und ich zu meinem schönen Wein- und Feigenbaum hinunter , und während wir gingen, erzählte ich ihm von Case Rivers.

Er war sofort interessiert, da er sich immer für alles Geheimnisvolle interessierte, und er sagte: „Ich freue mich, ihn zu sehen. Was für ein seltsamer Fall! Kann er der vermisste Manning sein?"

„Keine Chance", antwortete ich. „Die beiden Männer sind sich in Aussehen und Körperbau völlig unähnlich. Manning ist schwer, fast stämmig. Rivers ist dürr und dürr. Außerdem ist Manning dunkelhaarig und vollblütig, während Rivers blass ist und sehr helles Haar hat. Ich habe versucht, eine Ähnlichkeit festzustellen, aber es gelingt mir nicht. Allerdings ist Case Rivers für sich genommen interessant;" und ich erzählte ihm die Geschichte seiner Reise durch die Erde.

Er lachte. „Halluzination natürlich", sagte er; „Aber es könnte leicht zur Entdeckung seiner Identität führen. Dieses Amnesie-Aphasie-Geschäft fasziniert mich immer. Das heißt, wenn ich davon überzeugt bin, dass es das Echte ist. Denn, wissen Sie, es ist eine gute Gelegenheit, einen Gedächtnisverlust vorzutäuschen."

„In diesem Fall handelt es sich nicht um eine Fälschung, ich bin mir sicher", beeilte ich mich, ihm zu versichern; „Ich habe eine ausgeprägte Sympathie für Rivers entwickelt und möchte mit ihm in Kontakt bleiben, denn wenn er sein Gedächtnis wiedererlangt , möchte ich es wissen."

„Aus dem Fluss gezogen, sagen Sie?"

„Ja, ein Schlepper hat ihn aufgenommen, er ist ertrunken und erfroren, so hieß es. Er wurde in die Leichenhalle gebracht, und Gott segne Sie, wenn er nach dem Auftauen keine Lebenszeichen zeigte. Also machten sie sich an die Arbeit, belebten ihn wieder und schickten ihn nach Bellevue, wo er zu einem gefeierten Fall wurde.“

„Das sollte ich denken. Keine Kleidung oder Ausweis?“

„Kein Lappen. Oder besser gesagt, nur ein paar Fetzen Unterwäsche – aber nichts, was auch nur den geringsten Haken hätte.“

„Was ist aus seiner Kleidung geworden?“

"Niemand weiß. Man fand ihn herumtreibend, bewusstlos, scheinbar tot und bis auf die Fetzen seiner Unterwäsche völlig nackt.“

„Wurden diese Fragmente aufbewahrt?“

"Oh ja; aber sie bedeuten nichts. Nur gewöhnliches Material – gut – aber nichts Besonderes an ihnen.“

„Wo wurde er abgeholt?“

„Ich weiß es nicht genau, aber nicht weit von der Leichenhalle entfernt, glaube ich. Es war derselbe Tag wie der Gately-Mord, deshalb erinnere ich mich an das Datum. Es war ein schrecklicher Kälteeinbruch, der Fluss war voller Eis und es ist ein Wunder, dass er nicht getötet und bewusstlos gemacht wurde.“

„Wurde er bewusstlos geschlagen?“

„Ich bin mir nicht sicher, aber er war aufgrund der Kälte und der Einwirkung bewusstlos und fast erfroren.“

„Und sein Gedächtnis jetzt?“

„Ist in jeder Hinsicht perfekt, außer dass er nicht weiß, wer er ist.“

„Eine fischige Geschichte!“

"NEIN; Das wirst du nicht sagen, nachdem du ihn gesehen hast. Wenn ich sage, dass sein Gedächtnis perfekt ist, meine ich das, was er gelesen oder studiert hat. Aber es sind seine persönlichen Erinnerungen, die von ihm verschwunden sind. Er hat keine Erinnerung an sein Zuhause, seine Freunde oder seine eigene Identität.“

„Können Sie nicht auf seinen früheren Beruf schließen?“

„Ich kann nicht. Vielleicht kannst du das. Er kann zeichnen und ist belesen, das ist alles, was ich weiß.“

Zu diesem Zeitpunkt waren wir in meinen Zimmern angekommen und als wir hinaufgingen, fanden wir Case Rivers bereits dort und erwarteten uns. Ich beklagte meine mangelnde Schnelligkeit, aber er verzichtete höflich auf meine Entschuldigung.

„Schon gut", lächelte er auf seine gut gelaunte Art, „ich habe in deinen Büchern gestöbert und die Zeit meines Lebens verbracht."

Ich stellte die beiden Männer vor und sagte Rivers, dass Wise der berühmte Detektiv sei, den ich ihm gegenüber erwähnt hatte.

„Ich bin wirklich froh, Sie kennenzulernen", sagte Rivers ernst; „Wenn Sie ein wenig Rückschluss darauf ziehen können, wer ich bin, bin ich zutiefst verpflichtet. Ich gebe dir mich selbst als Schlüssel ."

„Haben Sie ein Bild von Amory Manning?" fragte Wise abrupt.

Ich reichte ihm eine gefaltete Zeitung, auf deren Titelseite ein Ausschnitt von Manning und die Geschichte seines mysteriösen Verschwindens stand.

Wise studierte das Bild und verglich es mit dem Mann vor ihm.

„Völlig anders", sagte er enttäuscht.

„Keine Chance", lachte Rivers; „Ich wünschte, ich könnte in die Fußstapfen dieses Kerls schlüpfen; aber seht ihr, ich kam von weit her."

„Erzähl mir von deiner Reise", fragte Wise.

„Ich weiß nicht viel zu erzählen", erwiderte Rivers; „Aber was ich weiß, das weiß ich genau, deshalb warne ich Sie vorher, nicht über mich zu lachen, denn ich halte es nicht aus!"

Rivers zeigte eine Entschlossenheit, die mir gefiel. Es zeigte sich, dass ich Recht hatte, wenn ich ihm einen starken Charakter zuschrieb. Er würde genauso gut streiten wie jeder andere, den ich kannte, aber nicht, wenn es um seinen Sturz durch die Erde ging.

„Ich weiß nicht, wann oder wo ich meine denkwürdige Reise begonnen habe, aber ich erinnere mich deutlich an meinen langen, dunklen Sturz direkt durch die Erde. Nun scheint es unmöglich, aber ich kann behaupten, dass ich in ein sehr kaltes, arktisches Land eingereist bin und mit den Füßen voran vorangekommen bin, bis ich in New York ausgestiegen bin. Ich wurde gefunden, aber wie ich in den Fluss gelangte, weiß ich nicht."

„Du warst bekleidet, als du angefangen hast?"

„Ich kann nur sagen, dass ich davon ausgegangen bin. Ich bin ein normaler, anständiger Mann und kann mir nicht vorstellen, dass ich mich bewusst unbekleidet auf eine Reise irgendeiner Art begeben würde! Aber ich habe keinen Zweifel daran, dass das Herumtollen im eisgefüllten Fluss meiner Kleidung gut getan hat. Wahrscheinlich, wie der Ancient Mariner berichtete: „Das Eis war hier, das Eis war dort, das Eis war überall: Es knackte und knurrte und – irgendetwas – und heulte, wie Geräusche in einer Wunde.“ Sehen Sie, ich kenne meine ‚Vertrauten Zitate‘ immer noch auswendig.“

„Das ist eine seltsame Phase“, und Wise schüttelte den Kopf. „ Vielleicht sind Sie ein Dichter –“

„Nun, ich habe seit meiner Rebellion nichts mehr gedichtet.“

„Und das ist noch eine seltsame Sache“, fuhr der Detektiv fort. „Die meisten Aphasie-Opfer können sich keine Worte merken. Sie sprechen außergewöhnlich fließend und scheinen über einen großen Wortschatz zu verfügen.“

„Ich gebe alles zu“, und Rivers sah ein wenig müde aus, als wäre er es leid, über seinen eigenen Fall zu spekulieren.

„Um das Thema zu wechseln: Wie kommen Sie mit Ihrer derzeitigen Arbeit voran, Herr Wise? Wie verläuft die Verfolgung des Mörders?“

„Ich habe ihn noch nicht, Mr. Rivers, aber wir haben einen guten Anfang gemacht. Kennen Sie die Einzelheiten?“

„Nur die Zeitungsberichte und die zusätzlichen Informationen, die mir Herr Brice gegeben hat. Ich bin sehr interessiert – denn – sagen Sie es nicht den Gath-Detektiven – ich glaube, ich neige dazu, mich selbst zu detektieren.“

Pennington Wise lächelte. „Da bist du nicht allein“, sagte er spöttisch, aber so gutmütig, dass Rivers es nicht beleidigte.

„Ich nehme an, es ist Ihr reflektiertes Licht, das jedem, der mit Ihnen spricht, dieses Gefühl gibt“, entgegnete er. „Nun, wenn du über einen Baumstumpf stehst, stütze dich auf mich, Opa, ich bin fast sieben.“

Und dann besprachen wir alle drei den Fall in all seinen Phasen, und obwohl Rivers nichts von großer Bedeutung sagte, zeigte er doch ein so intellektuelles Verständnis für alles und reagierte so intelligent auf Wises Theorien und Meinungen, dass die beiden bald sehr freundschaftlich miteinander umgingen.

Die Ankündigung der Belohnungen löste bei Rivers Begeisterung aus.

sie holen !" er weinte; „ Beide ! Bei allem Respekt vor Ihnen, Herr Wise, ich werde mich durchsetzen und gewinnen! Sagen Sie nicht, ich hätte Sie nicht gewarnt, sonst wird alles, was Sie sagen, gegen Sie verwendet! Wenn es eine Sache gibt, die ich mehr brauche als eine andere, dann sind es zehntausend Dollar – ich könnte sogar mit zwanzig auskommen! Also, hier ist Rivers, der flinke Detektiv!"

Penny Wise war kein bisschen beleidigt und lachte schallend.

„Mach weiter, mein Junge", rief er; „Hier ist ein Schnäppchen; Du arbeitest mit mir und ich werde mit dir arbeiten. Wenn wir entweder Manning oder den Mörder oder beide schnappen, dann gehört eine oder beide Belohnungen Ihnen. Ich werde mit dem zufrieden sein, was ich sonst noch daraus machen kann."

"Erledigt!" und Case Rivers jubelte. „Vielleicht ist Manning der Mörder", sagte er nachdenklich.

„Nein", warf ich ein. „Das geht nicht. Manning ist in Miss Raynor verliebt und würde seiner Sache nicht dadurch schaden, dass er ihren Vormund tötet."

„Aber Guardy war mit Freier Manning nicht einverstanden", sagte Rivers.

"NEIN; aber ich kenne Manning und Sie nicht – nun, das heißt, ich kenne ihn nur flüchtig. Aber ich bin mir sicher, dass er nicht der Mann ist, einen Finanzmagnaten und erstklassigen Bürger zu erschießen, nur weil er seinen Anzug missbilligt. Versuchen Sie es noch einmal, Rivers.

„In Ordnung: Was du sagst, gilt. Aber ich fange gerade erst an, wissen Sie. Und übrigens, ich soll heute irgendeinen Job bekommen – ja?"

Er sah mich fragend an, aber Wise antwortete. „Warte noch ein bisschen, Rivers. Wenn du zustimmst, werde ich dich für etwa zwei Wochen unterbringen, und du kannst mir helfen. Ich meine es wirklich ernst, denn als Fremder kann man an Orte gehen und Menschen sehen, wo ich mein vertrautes Gesicht nicht zeigen kann. Wenn Sie dann die beiden Belohnungen erhalten, können Sie mir meine Investition in Sie zurückzahlen. Und wenn Sie es nicht schaffen, die Zehntausend zu kriegen, nehme ich Ihre Notiz."

„Ich gehe mit dir!" sagte Rivers nach kurzem Nachdenken. „Du bist ein Volltreffer, Penny Wise!"

Ein Klopfen an der Tür kündigte Norah an, und mit ihr kam Jenny Boyd. Jenny ließ sich auch nicht unwillig mit sich ziehen – sie schien begierig darauf zu sein, einzutreten –, aber ihr absurdes, kleines, geschminktes Gesicht zeigte einen Ausdruck von Sturheit, und ihre roten Lippen waren zu einem entschlossenen Schmollmund geschlossen.

„Jenny weiß, wer ,The Link' ist, und sie wird es nicht verraten", erklärte Norah als erste Information.

„Oh ja, das wird sie", und Penny Wise zwinkerte dem Mädchen zu. Er zwinkerte wirklich sehr vielsagend zu, denn wer sollte schon sagen: „Wir verstehen uns."

Da sie sich noch nie zuvor begegnet waren, beobachtete ich, wie Jenny es aufnehmen würde, und zu meiner Überraschung sah sie ausgesprochen verängstigt aus.

Wise sah das auch – zweifellos hat er den Effekt absichtlich herbeigeführt –, aber im nächsten Moment gewann Jenny ihre Haltung zurück und war wieder ihr freches Selbst.

„Ich weiß es nicht genau", sagte sie, „und deshalb möchte ich niemanden in Schwierigkeiten bringen, indem ich ihn verdächtige."

„Du wirst niemanden in Schwierigkeiten bringen", versicherte ihr Wise, „es sei denn, sie hat sich die Mühe selbst gemacht. Lass uns ein Spiel spielen, Jenny, lass uns in Rätseln reden."

Jenny musterte ihn neugierig und als er dann ansteckend lächelte, tat sie es auch.

„Nun", fuhr Wise fort, „das ist das Spiel." Ich weiß natürlich nicht, wen Sie im Sinn haben, und Sie wissen nicht, wen ich im Sinn habe, also spielen wir das Spiel so: Ich sage: „Ich weiß, dass sie eine kluge Frau ist." .' Jetzt machen Sie eine wahrheitsgemäße Aussage über sie."

Begeistert von seinem Verhalten sagte Jenny fast unwillkürlich: „Ich weiß, dass sie die Falsche ist!"

„Ich weiß, dass sie hübsch ist", sagte Wise.

„Ich weiß, dass sie es nicht ist!" schnappte Jenny.

„Ich weiß, dass sie schwarzhaarig ist, sich gut kleidet und eine Skarabäus-Hutnadel besitzt."

„Das weiß ich auch", und Jenny war atemlos vor Interesse.

"NEIN; das geht nicht. Du musst etwas anderes wissen als ich."

„Nun, ich weiß, dass sie eine Freundin von Mr. Rodman ist."

„Und von Mr. Gately", fügte Wise hinzu.

„Oh nein, Sir, das glaube ich nicht!" Jennys Überraschung war ungeheuchelt.

„Nun, ich weiß, dass sie ein Telegraphenmädchen ist."

„Ja: und ich weiß, dass sie mehr Geld zum Ausgeben hat, als sie für ein Gehalt bekommt."

„Ich weiß, dass sie ein gutes Mädchen ist."

„Oh ja, Sir, – in diese Richtung. Aber sie--"

„Sie raucht Zigaretten."

"Ja; Sie tut. Oh, ich finde das schrecklich."

„Nun, du bist dran. Du weißt, dass sie ‚The Link' ist?"

„Ich weiß, dass sie so genannt wird, aber es ist kein gewöhnlicher Spitzname und ich weiß nicht, was er bedeutet."

"Wo ist sie?"

„Ihre Arbeit, meinst du?"

"Ja; Sie ist im Büro der Firma – " Hier flüsterte Jenny Wise die Adresse zu.

„Gutes Mädchen", kommentierte er. „Halten Sie es dunkel. Es hat keinen Sinn, es all diesen Leuten zu erzählen!"

Er drehte sich zu meinem Telefon um und sagte dann: „Nein, Brice, du machst es. Rufen Sie im Hauptquartier an und fordern Sie den Chef auf, ihn zu verhaften. – Wie heißt sie, Jenny?"

„Ich – ich habe es nicht gesagt, Sir." Die Vorsicht des Mädchens kehrte zurück.

„Dann sagen Sie es jetzt", befahl Wise. „Ich weiß es jedenfalls. Es beginnt mit S."

„Ihr Vorname – ja, Sir."

„Und der Nachname mit K. Du siehst, ich weiß es! Also raus damit!"

„Sadie Kent", flüsterte Jenny und ihre Nerven begannen zu kollabieren, als ihr klar wurde , was sie getan hatte.

"Ja natürlich. Sadie Kent. Mach weiter, Brice. Bringen Sie alles in Ordnung – und gehen Sie selbst zum Telegraphenamt. Treffen Sie dort die Beamten. Scoot!"

Ich bin gerutscht. Der starke Arm des Gesetzes wirkt schnell, wenn er es will. Innerhalb einer halben Stunde wurde Sadie Kent an ihrem Schlüssel im

Telegraphenbüro verhaftet und beschuldigt, vertrauliche Telegramme gestohlen zu haben, die von Beamten in Washington an Munitionsfabriken und Dampfschifffahrtsunternehmen geschickt worden waren, und sie an Personen weitergeleitet zu haben, von denen sie wusste, dass sie sie an das deutsche Auswärtige Amt weiterleiten würden.

Als sie angesprochen wurde, machte das Mädchen – oder besser gesagt die Frau – einen kühnen Bluff, der jedoch nutzlos war. Sie wurde in Gewahrsam genommen und alle ihre Gnadengesuche wurden abgelehnt. Alle bis auf einen. Sie bettelte so sehr darum, mit ihrer Mutter telefonieren zu dürfen, dass Hudson, der anwesend war, sanfter wurde.

„Das geht nicht, Mylady", sagte er, „aber ich werde es für Sie erledigen lassen. Mr. Brice, vielleicht macht er es ja."

„Oh, wenn Sie so nett wären", und die schöne Brünette, denn das war sie, warf mir einen dankbaren Blick zu. „Rufen Sie einfach 83649 Greenwich Square an und fragen Sie nach Mrs. Kent. Dann sag ihr bitte, dass ich heute Abend nicht zu Hause sein werde. Das ist alles."

Ihre Stimme brach und sie schluchzte leise in ihrem Taschentuch.

Sie nahmen sie mit und hielten sie fest, bis die weiteren Entwicklungen abgeschlossen waren. Ich rief sie an und überbrachte ihr die Nachricht genau so, wie sie es mir gesagt hatte. Eine freundliche Stimme antwortete und sagte, die Sprecherin sei Frau Kent, und sie dankte mir für die Nachricht.

Ich eilte zurück in meine Zimmer. Wise und Rivers waren noch da, aber Norah und Jenny waren gegangen. Ich hatte kaum meinen Mantel ausgezogen, als Zizi hereingeflogen kam.

„Oh, alle zusammen", rief sie aufgeregt, „Olive ist weg! Sie wurde entführt oder entführt oder so etwas. Eine telefonische Nachricht kam und sie flog davon, erzählte es niemandem außer Mrs. Vail und sagte ihr, sie solle es nicht erzählen!"

„Wo ist sie hin?" Ich weinte und warf mich zurück in meinen Mantel.

"Niemand weiß. Ich habe es erst in diesem Moment aus Mrs. Vail herausbekommen, und auch nur dadurch, dass ich ihr mit allerlei Schrecken gedroht habe, wenn sie es mir nicht sagen würde. Sie weiß nicht, wo Olive geblieben ist – niemand weiß es –, aber wer auch immer angerufen hat, sagte, er hätte Amory Manning bei sich, nur für ein paar Augenblicke und damit sie sofort käme, wenn sie ihn sehen wollte. Genau um vier Uhr würde ein Auto für sie kommen, und sie sollte einsteigen und keine Fragen stellen. Und sie tat es – und sie sagte Mrs. Vail, dass sie in etwa fünfzehn Minuten zurückrufen würde, sobald sie bei Mr. Manning ankam . Und jetzt ist es über eine Stunde her! und kein Wort von ihr! Diese dumme alte Frau läuft einfach auf und ab und ringt die Hände!"

„Ich glaube, sie würde es tun! Wohin sollen wir schauen, Wise?"

„Ich weiß es nicht, ich bin mir sicher!" und ausnahmsweise war der findige Detektiv völlig ratlos.

„Oh, Penny Wise", und Zizi brach in Tränen aus, „wenn *du* nicht weißt, was du tun sollst, weiß es niemand!" Olive wird getötet oder wegen Lösegeld oder etwas Schrecklichem festgehalten! Was *können* wir tun?"

Aber das dumpfe Schweigen, das sich über uns alle legte, bewies, dass keiner der Anwesenden in der Lage war, einen Vorschlag zu machen.

KAPITEL XIII

Olives Abenteuer

„Gib mir jemand ein Taschentuch!" befahl Zizi, und das nicht ohne Grund, denn ihr kleiner Batistbüschel war nichts weiter als ein nasser Ball, den sie vergeblich in ihre großen schwarzen Augen tupfte.

Ich eilte in mein Schlafzimmer und holte hastig ein frisches Taschentuch aus einer Schublade, das ich dem aufgeregten Mädchen brachte.

„Danke", sagte sie, während sie es ergriff und fleißig betätigte; „Jetzt, Männer, wir müssen uns an die Arbeit machen! Es ist nach fünf Uhr, Olive ist vor vier Uhr weggegangen – ihr könnte irgendetwas zugestoßen sein – wir *müssen* sie retten!"

"Wir werden!" rief Case Rivers und zeigte mehr Energie, als ich wusste, dass er besaß. „Was ist mit ‚The Link', Mr. Brice?"

So schnell ich konnte, erzählte ich ausführlich, was im Telegraphenbüro passiert war, wo Sadie Kent von Hudsons Männern in Gewahrsam genommen worden war.

„Ist sie leise gegangen?" fragte Penny Wise.

"Hat sie nicht!" Ich bin zurückgekehrt; „Sie lieferte einen furchtbaren Kampf ab, riss eine Menge Papiere aus einer Schreibtischschublade und stürzte sich wie eine Tigerkatze auf die Polizisten!" Sie versuchte, Hudson zu beißen, und doch war er derjenige, der sie freundlicherweise zu ihrer Mutter rufen ließ."

"Was!" rief Rivers, „er hat sie das machen lassen!"

„Eigentlich habe ich es selbst gemacht", sagte ich; und ich erzählte, wie Sadie um dieses Privileg gebettelt hatte.

"Da bist du ja!" sagte Rivers positiv. „Diese telefonische Nachricht war nicht an ihre Mutter gerichtet!"

„Aber ich habe sie angerufen", erklärte ich, „und sie sagte, sie sei Mrs. Kent."

„Das mag sein", und Rivers schüttelte den Kopf; „Aber verstehen Sie nicht, das war ein Codeaufruf – eine Warnung. Die Person, die es erhielt, Mutter oder Großmutter, erkannte den Stand der Dinge und setzte eine Maschinerie in Gang, die zur Entführung von Miss Raynor führte."

"Wozu?" Ich fragte verständnislos.

„Wahrscheinlich Rache, aber es könnten noch andere Schurken im Gange sein. Habe ich recht, Herr Wise?"

„Ja, und mächtig schlagfertig. Dann ist der nächste Schritt, zum Haus der ‚Mutter' zu gehen."

„Ja, wenn wir es zurückverfolgen können. Es kann ein Anruf innerhalb eines Anrufs sein; Ich meine, die Nummer, die Mr. Brice bekommen hat, könnte nur ein Vermittler sein – eine Verbindung –"

„Versuchen Sie es trotzdem", flehte Zizi; „Jede Minute ist kostbar. Ich habe solche Angst um Miss Olive. Weißt du, sie ist mutig – sie lässt sich nicht so leicht einer Zurückhaltung unterwerfen, und du weißt nicht, was sie ihr antun können!"

„Holen Sie sich zuerst Informationen ein", befahl Wise, als ich zum Telefon ging. „Finden Sie die Adresse der Nummer, die Sie angerufen haben. Du erinnerst dich?"

"Ja; Natürlich." Und nach wenigen Augenblicken erfuhr ich, dass das Haus unten am Washington Square lag.

„Nimm ein Taxi", sagte Zizi und zog bereits ihren langen schwarzen Umhang an, der sich um die schlanke Gestalt drehte, während sie ein Ende über ihre Schulter warf.

Sie flog zu einem Spiegel und betupfte sich beim Reden mit einer Puderquaste.

„Wir werden alle da runtergehen, und ich glaube nicht, dass wir noch weiter suchen müssen. Miss Olive ist da – da bin ich mir absolut sicher! Vom Feind festgehalten! Aber sie ist bereit, und ich glaube nicht, dass wir zu spät kommen, wenn wir uns wie ein brennendes Haus drängen!"

Und so rollten wir mit größtmöglicher Sicherheit hinunter zum Haus am Washington Square.

Die Wohnung in Kent lag im dritten Stock, und als Zizi die Treppe hinaufstürmte, ohne auf den Aufzug zu warten, folgten wir drei Männer ihr.

Als Zizi an der Klingel klingelte, stand eine Frau mittleren Alters vor der Tür, die uns eher ausdruckslos ansah.

Ich wollte gerade etwas sagen, als Zizi, die sich durch die teilweise geöffnete Tür einschmeichelte, leise sagte:

„Wir haben eine Nachricht von ‚The Link'."

Es wirkte wie von Zauberhand, und als wir alle eintraten, veränderte sich das Gesicht der Frau zu einem Ausdruck des Willkommens und der ernsten Besorgnis.

Es handelte sich eher um eine protzige Wohnung mit feiner, geschmackvoller Einrichtung. Wir sahen niemanden außer der Frau, die uns einließ, und hörten kein Geräusch aus anderen Räumen.

„Du hast es erwartet?" und Zizis Miene des geheimen Verständnisses war perfekt.

„Was erwartet?" sagte Mrs. Kent scharf, denn sie war offenbar auf der Hut.

„Sadies Verhaftung", und Zizis schwarze Augen verengten sich, als sie den anderen scharf ansah.

Doch die Frau durfte nicht gefangen werden. Sie warf uns der Reihe nach einen Blick zu und schien zu dem Schluss zu kommen, dass wir trotz Zizis Vorwand keine freundlichen Besucher waren.

„Ich weiß nichts von einer Verhaftung", sagte sie ruhig; „Ich glaube, Sie haben sich im Haus geirrt."

„Ich glaube nicht", und Penny Wise sah sie streng an. „Ihr Bluff geht nicht auf, Madam – Sadie, „The Link", wird verhaftet und das Spiel ist aus. Werden Sie Fragen beantworten oder warten, bis auch Sie verhaftet werden?"

„Ich habe nichts zu sagen", murmelte sie, aber ihre Stimme zitterte und ihre Nerven verließen sie. Versehentlich warf sie einen Blick zur geschlossenen Tür des Nebenzimmers, und Zizis schnelle Augen folgten dem Blick.

„Ist Miss Raynor da drin?" sie schleuderte so schnell heraus, dass Mrs. Kent nach Luft schnappte. Aber sie gewann sofort ihre Fassung zurück und sagte: „Ich weiß nicht , was Sie meinen – ich kenne keine Miss Raynor."

„Oh, tut, tut!" und Zizi grinste sie an; „Erzähl keine unanständigen Geschichten! Ich höre Miss Raynors Stimme!"

Sie tat es überhaupt nicht, aber als sie zuhörte, den Kopf zur Seite geneigt, wie ein frecher Vogel, zeigte Mrs. Kents Gesicht Angst, und sie lauschte auch.

Ein gedämpfter Schrei war zu hören – nicht laut, aber eindeutig ein Hilferuf.

Ohne weitere Verhandlungen rannte Rivers zur Tür, und obwohl sie verschlossen war, prallte er gegen die ziemlich dünne Platte, und die alten Scharniere gaben nach.

Dort, im Nebenzimmer, befand sich Olive Raynor, ein Taschentuch vor dem Mund, und ihre wütenden Augen blitzten vor Wut.

George Rodman hielt ihren Arm und versuchte offenbar, sie einzuschüchtern, allerdings ohne Erfolg.

Zizi flog an Olives Seite und schnappte sich das Taschentuch.

Rodman war vollkommen cool. „Lassen Sie diese Dame in Ruhe", sagte er; „Sie ist meine verlobte Frau."

„Verlobte Großmutter!" erwiderte Zizi. „Das ist nicht zu übersehen, Mr. Rodman!"

"Rette mich!" Sagte Olive und schaute von mir zu Penny Wise und wieder zurück. Ihr Blick fiel auf Rivers, kehrte aber zu mir zurück, als ihr Gesicht einen schmerzerfüllten Ausdruck annahm.

Ich konnte es nicht ganz verstehen, denn sie musste wissen, dass ihre Gefahr vorüber war, da wir alle da waren.

„Bist du seine Verlobte?" Sagte Case Rivers unverblümt.

"NEIN!" Olive antwortete empört; "niemals!"

„Dann –" und Rivers schien Rodmans Hand gewaltsam von Olives Arm lösen zu wollen, aber Rodman selbst meldete sich zu Wort:

„Einen Moment bitte", sagte er leise, beugte sich vor und flüsterte Olive ins Ohr.

Sie wurde totenbleich, ihre Lippen zitterten und es schien, als würde sie gleich fallen. Wie auch immer die kurzen Worte lauteten, sie bewirkten eine wunderbare Veränderung in der Einstellung des Mädchens. Sie verlor ihren Ausdruck trotzigen Zorns und schien ein hilfloses, hoffnungsloses Opfer des Mannes zu sein, der sie festhielt.

„Bist du mit mir verlobt?" Sagte Rodman und sah Olive mit einem drohenden finsteren Blick an.

„Ja", schaffte sie es zu flüstern, aber ihr Gesicht war so gequält, dass es spürbar war, dass sie unter Zwang sprach.

Ich war unsicher, was ich tun sollte; Auch Wise sah verblüfft aus, aber Rivers, obwohl er für Olive fremd war, schien von einer unwiderstehlichen Ritterlichkeit erfüllt zu sein, und als er sich ihr näherte, sagte er:

„Zwingt dich dieser Mann, das gegen deinen Willen zu sagen?"

Rodmans Griff um Olives Arm wurde fester und sein finsteres Gesicht blickte streng in ihrs. Sie antwortete nicht mit Worten, aber ihr mitleiderregender Blick verriet nur allzu deutlich, dass Rivers' Annahme richtig war.

Und doch, was könnten wir tun? Olive hatte Rodmans Behauptung zugestimmt, und wir konnten von ihrem Verlobten kaum ein Mädchen verlangen.

Zizi meisterte die Situation, indem er triumphierend sagte: „Wir haben ‚The Link!'" Sie ist verhaftet!"

"Was!" rief Olive, und dann ließ Rodman ihren Arm sinken und wirbelte zu ihr herum:

"Dort!" Er rief: „Dein Geheimnis ist gelüftet! Es sei denn …" Er machte eine Geste, als wollte er seinen Arm um sie legen.

Mit einem Schrei der Abscheu wich Olive vor ihm zurück, und ihr Gesicht zeigte, dass sie seine drohende Haltung seiner liebenswerten vorzog.

„Sie lassen diese Dame in Ruhe, es sei denn, sie verlangt Ihre Aufmerksamkeit", sagte Rivers, wobei sein angeborener Wunsch, eine Frau in Not zu beschützen, in seinem unterdrückten Eifer, an Rodman heranzukommen, zum Ausdruck kam.

„Du kümmerst dich um deine eigenen Angelegenheiten!" schrie Rodman wütend, als er seinen Arm ausstreckte und Olive zu sich zog. „Du gehörst doch jetzt mir, nicht wahr, Liebling?"

Der Ekel im Gesicht des Mädchens und das Schrumpfen ihrer Gestalt, als sie versuchte, sich von dem anzüglichen Gesicht zu lösen, das so nah war, waren zu viel für Rivers. Er nahm eine drohende Haltung ein und sagte: „Lassen Sie die Dame los!" Sie will nicht –"

Trotzig zog Rodman Olive näher heran und hob ihren gesenkten Kopf, um gerade ihr wütendes, schönes Gesicht zu küssen, als sie einen verzweifelten Schrei ausstieß.

Das war das Match im Pulverfass!

Da er sich nicht länger zurückhalten konnte, sprang Rivers vor und riss Olive aus Rodmans Griff.

Mit einem Knurren stürzte sich Rodman auf Rivers, der ihn geschickt mit einem Aufwärtshaken aufhielt. Rodman kam mit einem überwältigenden Facer zurück und Rivers antwortete in gleicher Weise.

Zizi, die an Olives Seite geflogen war und sie zärtlich beruhigte, beobachtete die beiden Männer atemlos. Etwas Wildes in ihrer Natur reagierte auf den Kampf, und sie errötete und erblasste abwechselnd, als der eine oder andere der wütenden Männer die Oberhand zu haben schien.

Olive verbarg ihr Gesicht in ihren Händen und wollte nicht hinsehen, aber Zizi war mit Herz und Seele im Kampf.

Es war ein Geben und Nehmen, und zwar so schnell, dass ich um Rivers' Sicherheit zitterte. Rodman war ein beeindruckender Gegner und weitaus schwerer als der hagere Mann, der seine Schläge erwiderte.

Aber Rivers war geschickt und machte mit seiner Technik wett, was ihm an Kraft fehlte.

Der Kampf war so verzweifelt und die beiden Männer so wütend, dass Pennington Wise und ich Angst vor Ergebnissen hatten. Mit einem gleichzeitigen Impuls machten wir einen Ansturm, um die Kämpfer zu trennen, mussten aber schnell zurück, um uns vor dem Hagel von Schlägen zu schützen.

Noch nie hatte ich einen so wilden, ungezügelten Kampf in so kurzer Zeit gesehen, und ich fragte mich, wie Rivers gekämpft hatte, bevor er seine Identität verlor.

Kämpfen und Boxen waren für mich nie meine Lieblingsbeschäftigung, aber dieser Wettkampf hat mich in seinen Bann gezogen. Es war primitiv, instinktiv – die Wut von Rodman stand der wütenden Empörung von Rivers gegenüber.

Letzteren hatte ich nicht für einen Schwächling gehalten, aber ich hatte ihn auch nicht für einen starken Mann gehalten, und ich hätte gedacht, dass er in einem Kampf mit Rodman untergegangen wäre.

Aber nicht so; Sein schlanker, hagerer Körper war voller latenter Kraft, seine knochigen Fäuste voller Geschicklichkeit.

Er stürmte hinein, fiel zurück, machte einen Schritt zur Seite, mit der atemberaubenden Schnelligkeit eines ausgebildeten Kämpfers. Er zeigte Wissen und Können, die mich verblüfften.

Auch Rodman kämpfte mit allen Kräften, aber er machte auf mich den Eindruck, dass er kein erfahrener und auch kein fairer Kämpfer war.

Auch Wise beobachtete Rivers mit Staunen und Bewunderung, und auch er richtete seinen wachsamen Blick auf Rodman.

Fasziniert sahen wir zu, wie Rodman den Sieg errang und Rivers ihn mit einem Lächeln, fast verächtlich, abwarf. Dann stürmte Rodman, brüllend wie ein wütender Stier, frontal auf Rivers zu, der geschickt auswich und seinen wütenden Gegner an der Seite seines Kopfes treffen ließ.

Selbst das brachte Rodman nicht zur Vernunft, und er war gerade dabei, sich erneut zu stürzen, als Wise, der eine Chance sah, sagte:

„Jetzt, Brice!"

Ich sprang vor, legte meinen Arm um Rivers Hals und riss ihn von Rodman weg, der jetzt, halb erschöpft, in Wises Griff kämpfte.

„Lass los, Rivers!" Ich weinte streng; "Wie meinst du das?"

Er starrte mich böse an, ohne zu spüren, was ich sagte, und dann, als Rodman sich losriss und wütend auf ihn losging, glitt Rivers aus meiner Umklammerung und verpasste dem anderen einen heftigen Schlag aufs Ohr. Dieser landete genau in dem Moment, als Rodman das Gleichgewicht verlor, nachdem er sich von Wise losgerissen hatte, drehte ihn herum und warf ihn mit einem Krach zu Boden, der ihm jeglichen Widerstand raubte, und er unternahm nur einen halbherzigen Versuch, aufzustehen.

Zufrieden drehte sich Rivers zu mir um und murmelte dann mit einem halb entschuldigenden Blick auf Olive: „Tut mir leid! Konnte nicht anders, Miss Raynor. Brutal!"

Der letzte war an seinen gefallenen Feind gerichtet und wurde mit einem rachsüchtigen Blick, aber keiner weiteren Erwiderung beantwortet.

Rodman riss sich jedoch zusammen und wir waren uns über unser nächstes Vorgehen einig, nämlich Olive Raynor aus diesem Haus zu entfernen.

„Schlag es", verfügte Wise; „Sie sind ein guter Kerl, Mr. Rivers! Ich ziehe meinen Hut vor dir. Nun, wenn Sie fit sind und gut aussehen, werden Sie und Mr. Brice Miss Raynor nach Hause bringen, und ich werde hier bleiben und diese kleine Störung beseitigen. Hüpf mit ihnen, Ziz ; Ich komme so bald wie möglich zu euch allen ins Haus."

Das treue Taxi wartete, und Rivers und ich setzten die beiden Mädchen ein und folgten ihnen. Rivers war sehr ruhig und schien beschäftigt zu sein. Er sah überhaupt nicht wie ein Eroberer aus, und ich vermutete, dass der Kampf eine Erinnerung erweckt hatte und er nun mit seinem verlorenen Gedächtnis zu kämpfen hatte. Schweigend gingen wir den größten Teil des Heimwegs.

Bevor wir jedoch das Haus erreichten, schüttelte er seine Träumereien mit einer ungeduldigen Geste ab, die so deutlich wie Worte es hätten tun können, zum Ausdruck brachte, dass es ihm nicht gelungen sei, den schwer fassbaren Faden zu fassen, der ihn an die Vergangenheit fesselte, und dass er in die Vergangenheit zurückgekehrt sei gegenwärtig.

Auch Olive sah es, streckte ihre Hand aus und sagte ganz offen:

„Ich schulde Ihnen großen Dank, Mr. Rivers. Ich schätze, ich war nicht in wirklicher Gefahr, solange ihr da seid, aber ich muss gestehen, dass ich froh war, dass dieser Kerl bestraft wurde.“

Ihr schönes Gesicht strahlte vor gerechter Empörung, und Zizis keckes kleines Gesicht zeigte tiefe Zufriedenheit.

„Sie haben es ihm in Hülle und Fülle gegeben, Mr. Rivers“, krähte sie förmlich; „Es war eine Freude zu sehen, wie du ihn vollgespritzt hast! Jetzt, da Sie ihn körperlich bewusstlos gemacht haben, wird Penny Wise geistig und moralisch mit ihm den Boden aufwischen! Was hat er Ihnen angetan, Miss Olive? Warum hat er dich dazu gebracht, zu sagen, dass du seine Freundin wärst?“

Der Ausdruck der Qual kehrte auf Olives Gesicht zurück, als hätte sie sich gerade erst daran erinnert, was der Mann zu ihr gesagt hatte.

„Er hat mich bedroht“, sagte sie langsam; „Mit einer schrecklichen Drohung! Ich kann nicht darüber nachdenken! Oh, ich weiß nicht, was ich tun soll! Ich kann es nicht sagen – ich kann es niemandem sagen –“

„Warten Sie, bis Sie nach Hause kommen“, riet ich ihr, und Rivers fügte hinzu: „Und warten Sie, bis Mr. Wise kommt.“ Er ist der Mann, dem Sie es sagen müssen, und er wird Sie beraten. Aber ich sage, wir kommen zur Sache, nicht wahr, Brice? „The Link“ ist verhaftet, Wise ist auf Rodman los, und er lässt ihn auch nicht los, und Miss Raynor ist in Sicherheit – puh! Ich habe das Gefühl, dass wir jetzt einfach weitermachen sollten!“

" Natürlich werden wir!" erklärte Zizi, ihr kleines Gesicht strahlte vor Vorfreude. „Macht dir nichts aus. Fräulein Olive, meine Liebe; Was auch immer dieser Mann drohte, Penny Wise wird sich um ihn kümmern.“

„Aber –“ begann Olive und hielt dann inne, denn wir hatten ihr Zuhause erreicht.

„Oh, mein liebes Kind“, rief Mrs. Vail, als wir hineingingen, „wo warst du? Ich war fast verrückt!“

Ich glaube, wir alle verspürten plötzlich einen Anflug von Scham, denn keiner von uns hatte daran gedacht, der armen Dame ihre Ungewissheit über Olives Schicksal zu nehmen! Wir hätten zumindest anrufen sollen. Aber jetzt lächelte sie und freute sich über die sichere Rückkehr ihres Schützlings und wollte unbedingt alle Einzelheiten des Abenteuers erfahren.

Sowohl Olive als auch Zizi machten sich mit Mrs. Vail auf den Weg, die lautstark plauderte, und ich blieb mit Rivers allein zurück.

„Der Kampf – zu dem ich Ihnen gratulieren möchte – hat eine alte Erinnerung geweckt?" sagte ich fragend.

„Für ein paar Augenblicke, ja;" Er kam zurück und sah zutiefst nachdenklich aus. „Aber es war sowohl vage als auch flüchtig, ich konnte es nicht auf den Punkt bringen. Oh!" und er machte eine ungeduldige Geste: „Es ist wahnsinnig! Ich scheine kurz davor zu stehen, mich vollständig zu erinnern, und dann ist es wieder verschwunden, und in meinem Kopf herrscht völlige Leere darüber. Aber es hat keinen Sinn, sich Sorgen zu machen, Brice", und er sagte fröhlich: „Ich bin sicher, dass es eines Tages kommen wird. Bis dahin werde ich Case Rivers heißen, und wenn ich unter diesem Namen sterbe, werde ich zumindest versuchen, ihn nicht in Schande zu bringen."

„Du hast es heute nicht blamiert", sagte ich herzlich. „Sie haben einen erstklassigen Kampf geführt, und zwar für eine gerechte Sache."

„Ich konnte es nicht ertragen, zu sehen, wie Miss Raynor von diesem Unmensch gemobbt wurde", erwiderte er schlicht, „und dann verspürte ich auch eine natürliche Feindseligkeit ihm gegenüber. Nein", als ich zu sprechen begann, „ich weiß, was Sie sagen werden, und ich glaube nicht, dass ich ihn kannte, bevor ich mein Gedächtnis verlor. Vielleicht habe ich das getan, aber das hat mich nicht zum Nachdenken gebracht. Es war etwas anderes, ein anderer Eindruck, der in mir den Bruchteil einer Erinnerung an etwas weckte – ach, ich weiß nicht was, aber ich werde es als ein Omen für zukünftiges Glück auffassen."

KAPITEL XIV
Wo ist Manning?

„Du sollst zum Abendessen bleiben", sagte eine Stimme aus den Schatten am anderen Ende des langen Raumes.

Als ich hinschaute, schimmerte Zizis kleines weißes Gesicht zwischen den Portières , und im nächsten Moment glitt sie hindurch und war an meiner Seite.

„Miss Raynor sagt es und Mrs. Vail fügt ihre Einladung hinzu. Sie werden Penny Wise behalten, wenn er zurückkommt, und Miss Raynor –"

„Miss Raynor möchte Mr. Rivers für seine gute Arbeit danken", und Olive selbst trat in Zizis Fußstapfen. Sie lächelte jetzt, aber ihre Lippen zitterten und ihre Augen zeigten unvergossene Tränen.

„Es gibt nichts, wofür ich mich bedanken könnte", erwiderte Case Rivers schnell, „im Gegenteil, ich möchte mich für eine solche Zurschaustellung des Zorns vor einer Dame entschuldigen." Aber ich muss zugeben, dass ich jegliche Selbstbeherrschung verloren habe, als ich sah, wie dieser Rohling dich einschüchterte. Wenn Sie mich von der Beleidigung freisprechen, bin ich wirklich froh, dass ich ihn fertig gemacht habe! Und du machst?"

"In der Tat, ja!" und Olives offener Blick war aufrichtig, aber auch traurig. „Ich hatte furchtbare Angst – und das habe ich immer noch."

"Warum?" rief Rivers plötzlich und fügte dann hinzu: „Aber ich habe kein Recht zu fragen."

„Ja, das hast du", versicherte Olive ihm, „aber – ich habe kein Recht, es dir zu sagen. Mr. Rodman hält mir eine Drohung über den Kopf, und – und –"

In diesem Moment kam Wise und Frau Vail kam mit ihm ins Zimmer.

Olive hieß ihn freudig willkommen, und als dann das Abendessen angekündigt wurde, gingen wir alle ins Esszimmer.

„Während wir essen, besprechen wir unsere wichtigen Angelegenheiten nicht", befahl Wise, und so genossen wir den Anlass, als wäre es eine gesellige Angelegenheit.

Das Gespräch war interessant, denn Pennington Wise war ein gut informierter Mann und ein guter *Erzähler* ; Rivers erwies sich als äußerst unterhaltsam und geschickt im Schlagfertigen; und obwohl Olive sehr still war, plauderte Mrs. Vail amüsant weiter, und Zizi war ihr eigenes elfenhaftes Selbst und warf in Abständen Teile ihrer seltsamen Gespräche von sich.

Wir kehrten zum Kaffeetrinken in die große Bibliothek zurück, und dann begann Wise fast abrupt, Olive nach ihrem Abenteuer an diesem Nachmittag zu befragen.

"Herr. Rivers hatte völlig recht", sagte er, „in seiner Annahme, dass der Anruf von Sadie Kent an ihre ‚Mutter' ein Trick war." „Mächtig klug von dir", wandte er sich an Rivers, „und es führte zur Verhaftung von Rodman. Die Frau namens Mrs. Kent ist nicht Sadies Mutter, sondern eine Komplizin. Für Sadie ist „The Link" ein Krimineller, und zwar tiefgründig! Aber zuerst, Miss Raynor, lassen Sie uns Ihre Geschichte erzählen."

„Als ich den Anruf entgegennahm", begann Olive, „sagte eine Männerstimme ziemlich schroff: ‚Wir haben Amory Manning hier.' Wenn Sie ihn sehen wollen, kommen Sie sofort hierher.' Ich sagte – natürlich war ich furchtbar aufgeregt – „Wo bist du?" wer bist du?' Die Stimme antwortete: „Mach dir nichts daraus." Sie müssen eine schnelle Entscheidung treffen. Wenn Sie Manning sehen möchten, ruft Sie in fünf Minuten ein Taxi an. Sag es niemandem, sonst wirst du das ganze Spiel queer machen. Sind Sie damit einverstanden?' Ich kann seine genauen Worte vielleicht nicht wiedergeben, aber das war seine allgemeine Bedeutung. Ich musste schnell nachdenken; Ich *wollte* Mr. Manning sehen, und ich befürchtete keinen Schaden. Also sagte ich, dass ich allen Bestimmungen zustimme, dass ich es niemandem erzählen würde und dass ich das Taxi nehmen würde, das mich abholen würde."

" , warf Mrs. Vail ein, die ihre Wichtigkeit gern spürte.

„Ja", fuhr Olive fort, „ich hatte das Gefühl, dass ich etwas sagen musste, denn ich hatte das unbehagliche Gefühl, dass nicht alles in Ordnung war." Wenn Amory Manning da war, warum hat er dann nicht selbst angerufen? Aber ich überlegte, dass er möglicherweise – nun ja, das dachte ich tatsächlich – als Lösegeld festgehalten würde, und in diesem Fall wäre ich bereit und gewillt, es zu zahlen. Also sagte ich nichts zu Zizi, denn ich wusste, dass sie es erzählen würde …"

"Wow! Ja!" kam aus Zizis Ecke, wo sie auf einer niedrigen Ottomane saß.

„Und so ging ich alleine. Als ich dieses Haus verließ, stand das Taxi am Straßenrand. Ich stieg ein und wurde zu dem Haus am Washington Square gebracht. Ich hatte keine Angst, bis Mrs. Kent mich, nachdem sie mich aufgenommen hatte, in einen Raum führte, in dem ich Mr. Rodman gegenüberstand. Frau Kent blieb bei mir, aber ich merkte sofort, dass sie nicht freundlich war.

„„Wo ist Herr Manning?' Ich fragte. Mr. Rodman lachte nur unhöflich und
sagte, er hätte nicht die geringste Ahnung. Und dann wusste ich, dass das
alles eine Falle war – aber ich wusste nicht, *warum* ich dort hereingelegt wurde.
Und dann", Olive hielt inne und eine tiefe Röte überzog ihr Gesicht, aber sie
schüttelte den Kopf und fuhr tapfer fort, „dann versuchte er, mit mir zu
schlafen. Ich wandte mich an Frau Kent, aber sie lachte nur verächtlich über
meine Verzweiflung. Er sagte, wenn ich ihn heiraten würde, würde er mich
vor jedem Verdacht schützen, in den Tod meines Vormunds verwickelt zu
sein! Natürlich machte mir das keine Angst, und ich sagte ihm, dass ich jetzt
von niemandem verdächtigt werde. Dann ließ er diese Argumentation fallen
und sagte mir, wenn ich ihn nicht heiraten würde, würde er – oh, diesen Teil
kann ich nicht sagen!"

"Erpressung!" sagte Wise und sah sie aufmerksam an.

„Ja", antwortete sie, „und es war eine schreckliche Drohung! Dann sah er,
dass ich empört war und mich nicht einschüchtern ließ – oh, ich tat so, als
wäre ich viel mutiger, als ich wirklich war – und begann höflicher und sehr
ernst zu reden. Er sagte, wenn ich Mr. Wise absagen und keine weiteren
Anstrengungen unternehmen würde, den Mörder meines Onkels zur Strecke
zu bringen, würde er mich sicher nach Hause schicken und mich nicht weiter
belästigen. Ich würde dem nicht zustimmen; und dann wurde er wieder
hässlich und verlor die Beherrschung, und – oh, er redete schrecklich!" Olive
schauderte bei der Erinnerung und ihre Lippen zitterten.

Mit schnellem Mitgefühl verließ Zizi lautlos ihren Platz, kniete neben Olive
und nahm ihre Hand. Mit einem dankbaren Blick auf die tröstenden kleinen
Finger, die ihre eigenen streichelten, fuhr Olive fort:

„Er stürmte und bedrohte mich, und diese Frau aus Kent machte mit und
sagte schreckliche Dinge! Und ich hatte solche Angst, dass ich nicht mehr so
tun konnte, als hätte ich es nicht mehr – und ich wusste nicht, was ich tun
sollte! Und dann klingelte es, und Mrs. Kent ging zur Tür, und während ich
hoffnungsvoll aussah – vermutlich, denn mir gefiel der Gedanke, dass
jemand kommen würde –, rief Mr. Rodman warf mir ein Taschentuch um
den Mund und band es mir hinter den Kopf. „So, Mylady", sagte er, „Sie
werden nicht so schnell um Hilfe schreien, wie Sie es geplant hatten!" Und
ich konnte keinen Ton von mir geben! Als ich dann vertraute Stimmen hörte
– die von Zizi und Mr. Wise, wusste ich, dass ich mir Gehör verschaffen
musste , und mit einer verzweifelten Anstrengung stieß ich ein Stöhnen oder
einen Hilferuf aus, obwohl dieser schreckliche Mann mit erhobener Hand
über mir stand um mich zu schlagen!"

„ Du armer Schatz!" rief Frau Vail und legte ihren Arm um Olive, „es war furchtbar!" Als ich einmal von einem solchen Fall hörte – nein, ich habe ihn in einem Buch gelesen –, fiel das Mädchen in Ohnmacht!"

„Nun, ich bin nicht ohnmächtig geworden, aber ich bin vor lauter Angst fast zusammengebrochen, weil ich befürchtete, ich könnte kein Geräusch machen, das laut genug wäre, um von euch gehört zu werden."

„Oh, wir kamen!" sagte Zizi, „ich habe am Gesicht der alten Henne gesehen, dass sie dich da drin eingesperrt hat, und ich hätte mich selbst ein bisschen laut und hochmütig schreien lassen, wenn Mr. Rivers nicht genau wie er die Tür eingeschlagen hätte."

„Ich konnte mich nicht zurückhalten", sagte Rivers, „ich gab einem blinden Impuls nach – und ich bin froh, dass ich es getan habe!"

„Ich freue mich auch", und Olive lächelte ihn dankbar an.

„Aber dann", rief Zizi, „hat er dich sagen lassen, dass du mit ihm verlobt warst –"

„Ja", und Olive wurde bleich wie vor Angst. „ Darüber kann ich nichts sagen –"

„Du hast gesagt, dass du es nicht tust, und dann hat er dir etwas zugeflüstert, und dann hast du gesagt, dass du es tust", fuhr Zizi fort und ließ die Szene unbarmherzig Revue passieren.

„Ich weiß es, – aber – oh, fragen Sie mich nicht! Vielleicht werde ich es später erzählen, wenn ich muss, aber – ich kann nicht – ich kann nicht."

Olives Kopf sank auf Zizis Schulter, und die unheimliche kleine Stimme sagte: „Na, da – reden Sie jetzt nicht mehr, Miss Olive, meine Liebe. Penny Wise, Sie führen das Gespräch von diesem Punkt an fort."

„In Ordnung", sagte Wise, „ich werde meine Geschichte erzählen. George Rodman ist in den Händen der Polizei, aber ich bezweifle sehr, dass sie ihm etwas nachweisen können. Er ist ein schlaues Unterfangen und verwischt seine Spuren sehr gut. Darüber hinaus hat Rodman ein perfektes Alibi, was den Mord an Mr. Gately angeht."

„In den ersten Detektivstunden heißt es immer: ‚Misstraue dem perfekten Alibi'", murmelte Zizi, ohne von ihrer Beschäftigung, Olives sanft gebändertes Haar zu glätten, aufzublicken.

„Ja, – hergestellte. Aber in diesem Fall scheint es keine Frage zu geben. Ein Bundesdetektiv, der Rodman schon seit einiger Zeit im Auge hatte, war genau zu dem Zeitpunkt in Rodmans Büro, als Mr. Gately getötet wurde."

„Aber Mr. Rodman fuhr kurz nach der Schießerei mit demselben Aufzug nach unten wie ich", rief ich aus.

„Wie bald danach?"

„Weniger als eine halbe Stunde. Und Rodman stieg im siebten Stock ein."

„Das ist schon in Ordnung, das weiß der Bundesamtsmann. Sie gingen zusammen vom zehnten, Rodmans Stockwerk, bis zum siebten, und nachdem sie sich dort um etwas gekümmert hatten, ging Rodman allein weiter.

„In Ordnung", sagte ich, denn ich wusste, dass Wise und der Bundesdetektiv sich nicht von George Rodman täuschen ließen!

„Und hier ist die Situation", fuhr Wise fort; „Sadie Kent ist eine deutsche Telegraphenspionin. Sie wird „The Link" genannt, weil sie ein wichtiges Bindeglied im deutschen Spionagesystem war. Als vertrauenswürdige Mitarbeiterin und kompetente Telefonistin mit langjähriger Erfahrung hat sie Informationen aus Hunderten von Telegrammen gestohlen und sie einem Mann übergeben, der sie über einen geheimen Kommunikationsweg nach Berlin übermittelte. Es wurde ein Telegramm nach Washington geschickt, in dem um einen Haftbefehl des Präsidenten gebeten wird, um sie festzuhalten, bis der Fall untersucht werden kann. Sie ist auch eine große und ausdrucksstarke Wildkatze! Sie beißt und kratzt mit katzenartiger Wildheit und unterliegt strengen und vorsichtigen Einschränkungen."

„Und sie ist diejenige", sagte ich, „deren Identität wir von Jenny erfahren haben – und – ach ja, deren Identität Sie, Herr Wise, anhand einiger Zigarettenstummel erraten haben, und –"

„Oh, ich sage", unterbrach mich Wise kurz, „wir müssen die Wahrheit durch Fragen von ihr erfahren, nicht durch Schlüsselwörter." Wir haben sie jetzt verhaftet und –"

Olive bewegte sich unruhig, und nach einem kurzen, intelligenten Blick auf Wise, den er mit einem Nicken beantwortete, stand Zizi auf und forderte Olive auf, aufzustehen und mit ihr zu gehen.

„Sie sind voll dabei, Miss Olive", sagte sie sanft, „und ich werde Sie in die Nachtruhe mitnehmen. Sagen Sie den netten Herren gute Nacht und kommen Sie mit Ihrem Zizi-Zoo vorbei. Upsy-diddy , jetzt", und lächelnd überredete Zizi Olive, mit ihr zu gehen. „Sie kommen auch, Mrs. Vail", fügte

Zizi hinzu, weil Wise, wie ich bemerkte, fast unmerklich in die Richtung der älteren Dame nickte. „Ohne dich kommen wir einfach nicht aus."

Befriedigt über die schmeichelhafte Notwendigkeit ihrer Anwesenheit verließ Mrs. Vail mit den beiden Mädchen das Zimmer. „Ich komme wieder", rief sie uns zu, als sie den Raum verließ.

„Das wird sie nicht", sagte Wise entschieden, nachdem das Geräusch der Schritte verklungen war, „ Zizi wird darauf achten. " Nun, Brice, ich habe wichtige neue Informationen. Ich wollte es heute Abend nicht vor Miss Raynor preisgeben, denn sie hat heute so ziemlich alles erlebt, was sie ertragen kann. Aber es sieht so aus, als hätte Sadie Kent ihre gestohlenen Telegramme an Rodman verkauft, und er – können Sie es nicht erraten?"

„Nein", sagte ich ausdruckslos und Rivers sagte: „Erzählen Sie es uns."

„Ich glaube, er hat sie Gately übergeben."

„Gately! Amos Gately hat sich in Spionagegeschäfte verwickelt! Mann, du bist verrückt!"

„Dann ist das verrückt! Haben wir nicht eindeutige Beweise dafür, dass Sadie Kent am Tag seiner Ermordung in Gatelys Büro war?"

"Wie?" sagte ich verwundert. „Hat sie ihn getötet?"

„Herr, nein! Aber habe ich sie nicht anhand der Hutnadel begutachtet? Und hat dein Mädchen das Pulverpapier nicht nachgezeichnet? Und haben wir nicht Zigarettenstummel mit dem SK- Monogramm gesehen – in Mr. Gatelys Privatbüro – und auch seine eigenen Zigarrenstummel dort, als wäre sie in einem vertraulichen Gespräch dabei gewesen!"

„Sind Sie sicher, was das Pulverpapier angeht?" Ich weinte, beeindruckt von der Erkenntnis, dass Norah an der Entdeckung beteiligt war.

"Ja; wir wissen zumindest, dass sie sie in diesem Laden gekauft hat. Sie sehen, sie hat neben ihrem Gehalt von der Telegrafengesellschaft noch viel Geld."

"Eher!" sagte Rivers, „wenn sie Regierungsgeheimnisse verkauft!"

„Nun", sagte ich, nachdem mir die ganze Enthüllung langsam in den Sinn kam, „wenn Sadie Kent in Mr. Gatelys Büro saß, rauchte und plauderte, mit abgenommenem Hut und ihren Puderpapieren im Gepäck, dann wäre sie hübsch." freundlich mit ihm!"

„ Natürlich war sie das", und Wise sah ernst aus. „Das ist es, wovor ich mich fürchte, Miss Raynor zu sagen. Denn es impliziert in gewisser Weise Amos

Gately; Entweder ist er in die Spionagemasche verwickelt , oder – Miss Kent war seine Freundin – gesellschaftlich!"

„Oh, komm schon", sagte ich, „sagen wir so etwas nicht."

„Aber, mein lieber Mann, so unangenehm es auch sein mag, eine Vertraulichkeit zwischen dem Bankpräsidenten und dem hübschen Telegraphenmädchen anzunehmen , – ist das nicht besser, – als –"

„Um ihn mit dem schändlichen Verdacht zu brandmarken, dass er Spionagegeheimnisse erhalten hat!" Rivers vervollständigte den Satz. "Ja ist es! Die schändlichsten Enthüllungen einer Liaison wären nichts im Vergleich zur Schmach der Spionagearbeit!"

„Das weiß ich", beeilte ich mich zu erklären, „aber ich kann keine der beiden Schande mit Amos Gately in Verbindung bringen!" Du kanntest ihn nicht, Wise, und du, Rivers, auch nicht. Ich kannte ihn auch nicht persönlich – aber ich wusste es – und ich weiß, dass mit Amos Gatelys gesamter Karriere kein Hauch von Misstrauen verbunden sein kann! Er war ein Synonym für alles, was im Finanzwesen, in der Politik und in der Gesellschaft am besten ist! Ich bin froh, dass du das nicht vor Olive Raynor angedeutet hast! Es hätte das arme Kind erdrückt."

„Früher oder später wird sie es lernen müssen", und Wise schüttelte den Kopf. „Daran besteht für mich kein Zweifel. Sehen Sie, ‚The Link' brachte ihre Nachrichten normalerweise zu Rodman und er brachte sie heimlich und mit dem geheimen Aufzug zu Gately, der sie den Agenten der deutschen Regierung übergab."

"Weisst du das?" fragte Rivers.

„Ich konnte Rodman nicht dazu bringen, es zuzugeben, aber als ich ihn mit so etwas belastete, geriet er so in Wut, dass ich sicher die Wahrheit gefunden habe."

„Wo ist Rodman jetzt?"

„Das Justizministerium hat seinen Fall in der Hand. Sie werden sich um ihn kümmern. Aber ich sehe nicht, wie wir ihn mit dem Mord an Gately in Verbindung bringen können. Ich bezweifle nicht eine Minute, dass er dazu durchaus fähig wäre, aber er war zu diesem Zeitpunkt noch nicht da."

„War Sadie Kent?" und Rivers runzelte nachdenklich die Stirn.

„Nicht zum Zeitpunkt der Schießerei. Brice hier kann das bezeugen."

„Nicht, es sei denn, sie war untergetaucht", sagte ich, „und das war sie auch nicht, denn ich habe in den Schränken nachgeschaut und so. Wir scheinen

Sadie dort vor dem Mörder bewiesen zu haben, aber ich verdächtige sie nicht, Gately erschossen zu haben."

„Ich auch nicht", stimmte Wise zu, „aber es war ungewöhnlich für sie, in Mr. Gatelys Büro zu gehen." Es muss sein, dass sie in letzter Zeit mutiger geworden ist und Gately einigermaßen im Griff hatte, so dass sie sich sicher fühlte, dorthin zu gehen."

„Können sie das nicht alles aus Sadie herausbekommen?"

„Sie ist ein schlüpfriger Typ. Sie gibt vor, offen zu sprechen, aber was sie erzählt, bedeutet wenig und ist irreführend."

"Wo ist sie?"

„Im Moment unten im Kenilworth House. Dort festgehalten, bis man sich der Personen sicher ist, die mit ihr arbeiten."

„Sie wird entkommen", sagte Rivers, „sie sollte im Gefängnis sein."

Nun war es seltsam, aber diese beiläufige Prophezeiung von Rivers erfüllte sich schon am nächsten Tag!

Ich war in meinem Büro und unterhielt mich vertieft mit Norah über das allumfassende Thema des Gately-Falls, als Zizi hereinstürmte.

„Alleine habe ich es geschafft!" rief sie, warf die Falten ihres voluminösen schwarzen Umhangs über ihre Schulter, verschränkte die Arme und nahm die Haltung Napoleons ein; Sie blickte finster unter ihren dicken schwarzen Brauen hervor, obwohl ihre Augen tanzten.

"Was haben Sie getan?" fragte ich, während Norah die dramatische kleine Figur entzückt betrachtete.

„Habe den fehlenden ‚Link' an seine rechtmäßigen Besitzer zurückgegeben!"

"Was! Sadie?"

"Das gleiche. Weißt du, Mr. Rivers hat gesagt, sie würde aus diesem Whatchacallit-Haus ausbrechen und Ärger machen – und das hat sie auch getan!"

„Erzählen Sie uns davon", drängte ich.

"Dafür bin ich hier. Herr Wise hat mich geschickt, um Ihnen das und viele andere Nachrichten zu sagen. Nun", und Zizis schwarze Augen blitzten zufrieden, „heute Morgen hat jemand angerufen, um Miss Raynor zu sehen. Und dieser Jemand war niemand anderes als Sadie, „The Link!" Sie schickte einen anderen Namen hoch – ich weiß jetzt nicht mehr, was – und Miss Olive ging hinunter, um sie zu besuchen. Und sie hat Miss Olive reichlich erpresst! Sehen Sie, der kleine Ziz lauschte hinter einer praktischen Portière , und ich hörte alles. Der Grundgedanke war, dass es keine Geschichten mehr geben würde, wenn Miss Olive alle Ermittlungen einstellen würde. Aber wenn sie ihre Detektivarbeit fortsetzte – das heißt, wenn sie Mr. Wise im Amt behielt, würden Enthüllungen über ihren Vormund, Mr. Gately, ans Licht kommen, von denen Sadie sagte, dass sie seinen Namen für immer in Verruf bringen würden. Olive schien genau zu verstehen, worum es bei diesen Enthüllungen ging, denn sie fragte nicht, aber sie hatte große Angst und war kurz davor, nachzugeben, als ich ins Spiel geriet. Aber – bevor ich mich der Konfession anschloss, rief ich Penny Wise an einem Telefon im Obergeschoss an und forderte ihn auf, eilig vorbeizukommen und eine Gruppe Polizisten oder irgendetwas anderes mitzubringen, das diesen „Link" halten könnte!

„Dann schlenderte ich in die Bibliothek, in der die Erpressungssitzung stattfand, und stand daneben. Wir lieferten uns einen Wortgefecht – „The Link" und ich –, aber es brachte nicht viel, denn ich kämpfte eigentlich nur um Zeit, bis Penny Wise hereinbrach. Aber ich hielt Miss Olive ruhig und gab „ „The Link", ein Lied und ein Tanz, der sie zum Nachdenken brachte! Ich sagte ihr, wir wüssten, dass sie den Erpressungsbrief an Miss Olive geschrieben und mit „Eine Freundin" unterzeichnet hatte, und dass sie dafür ins Gefängnis kommen könnte! Sie ließ etwas welken, trug es aber mit erhobener Hand weg und bald kam Penny und er hatte seine kleinen Helfer dabei. Sie waren in Uniform und schienen sehr froh zu sein, ihren längst verlorenen Freund und Kameraden „The Link" zurückzugewinnen!"

„ Du schlaues kleines Stück!" rief Norah, „wenn du daran denkst, dass du das Mädchen wieder bekommst, nachdem es losgebrochen war! Haben sie es nicht geschätzt?"

„Ja", und Zizi lächelte bescheiden; „Aber es ist alles Teil der täglichen Arbeit. Wertschätzung ist mir nicht so wichtig, außer von Mr. Wise."

Sie hatte ihren langen Umhang abgeworfen und ihre schlanke, geschmeidige kleine Gestalt beugte sich über die Rückenlehne eines Stuhls. „Aber", rief sie und drehte sich plötzlich zu mir um, „ich habe noch einen kleinen Trick gemacht! " Als sie Sadie wegbrachten, schlich ich mich an sie heran und – na ja, ich schätze , ich bin ein direkter Nachkomme eines leichtfüßigen Adels – ich habe ihr die Tasche gestohlen!"

"Was hast du bekommen?"

„Ihre Tasche – und damit meine ich ihre kleine Lederhandtasche – ließ sie keine Minute lang aus der Hand! Die Art und Weise, wie sie sich daran festhielt , sie förmlich umklammerte, ließ mich glauben, dass es etwas enthielt, das für uns von Interesse war. Also habe ich es einfach nach allgemeinen Grundsätzen ausgewählt. Und ich habe die Ware bekommen!"

"Was?" riefen Norah und ich zusammen.

„Ein paar Dinge im Code oder in der Chiffre – ich weiß nicht genau, was es war. Aber Penny hat es genommen, und er ist zu Tode gekitzelt, um es zu bekommen. Kauderwelsch natürlich, aber er wird es schaffen. Er ist geschickt im Chiffren, und es wird wahrscheinlich der letzte Beweis für die Perfidie von ‚The Link' sein, – und –" hier ließ Zizi den Kopf hängen, und ihre Augen waren traurig, – „vielleicht wird es Mr. Gately zeigen oder –"

„Oder wen?"

"Du weisst! Aber", sie wurde wieder heller, „hier ist noch etwas anderes! Ich bin Tag und Nacht im Einsatz, wissen Sie, und wenn Sie sich bei mir erkundigen, verrate ich Ihnen gerne , dass Miss Olive großes Interesse an diesem faszinierenden Mr. Rivers hat!"

„Oh, jetzt", und Norah sah das freche, lächelnde Mädchen vorwurfsvoll an, „Miss Raynor ist die *Verlobte* von Amory Manning."

„ Nixy ! Sie erzählte mir, dass sie nie mit Herrn Manning verlobt war. Und wenn ich sie wegen Mr. Rivers aufziehe, errötet sie im schönsten Rosa, das Sie je gesehen haben, und sagt: „Oh, Zizi, seien Sie kein Idiot!" aber dann sitzt sie da und wartet darauf, dass ich wieder dumm bin!"

Rivers nicht ein halbes Dutzend Mal gesehen ", sagte ich und lächelte über Zizis Fantasie.

„Das ist nichts", spottete sie; „Wenn es jemals Liebe auf den ersten Blick gab, dann sind es diese beiden! Sie wissen es selbst noch nicht wirklich, aber wenn Amory Manning Miss Olive will, sollte er besser aus seinem Versteck hervorkommen und sie gewinnen, solange der Gewinn gut ist! Und ich glaube, jetzt wäre es zu spät! Und hier ist ein Strohhalm, der zeigt, aus welcher Richtung der Wind weht. Das Bild von Mr. Manning, das auf Miss Olives Kommode hing, ist verschwunden!"

„Das hat vielleicht nichts zu bedeuten", sagte ich, denn ich hielt es nicht für richtig, Zizis Romanze zu fördern.

„Aber ich habe Miss Olive danach gefragt, und sie zögerte und stammelte und sagte nie, warum sie es weggelegt hatte. Und Sie sollten auch ihre Augen lächeln sehen, wenn sie den Anruf von Mr. Rivers erwartet! Er macht ein Lochmuster für sie und sie müssen viel darüber diskutieren! Ohé , oho!“

Das schelmische kleine Gesicht nahm einen sanften, zärtlichen Ausdruck an und Norah lächelte mit dem Mitgefühl von jemandem, der, wie der ganze Rest der Welt, einen Liebhaber liebt.

„Aber“, sagte ich nachdenklich, „nichts davon bringt uns der Entdeckung von Amos Gatelys Mörder oder der Entdeckung von Amory Manning näher – den beiden Enden und Zielen unserer gegenwärtigen Existenz.“

„Ist Ihnen jemals in den Sinn gekommen, Mr. Brice“ – Zizis Gesicht wurde sehr ernst – „dass diese beiden Aufgaben Sie zum selben Mann führen würden?“

Ich sah sie an – fassungslos bis zum Schweigen.

Dann, als er plötzlich schockiert war, sagte er: „Nein!“ Ich schrie förmlich: „Das ist nie passiert!“

◆

Kapitel XV
Wise's Wunschtraum

Das Geheimnis war verwirrend. Von Pennington Wise erfuhr ich, dass er den Wunschtraum hatte, Amory Manning hätte Amos Gately getötet.

Doch außer dem treuen Zizi konnte er niemanden finden, der seinen Verdacht teilte. Es war zu absurd. Erstens hätte Manning, wenn er die Tat begangen hätte, nie fast eine Stunde lang am Tatort herumgehangen, wie er es tat. Ich erinnerte mich genau an sein Verhalten und seinen Gesichtsausdruck, als ich ihn an diesem Nachmittag mit Olive Raynor sah. Er war zutiefst besorgt, zutiefst schockiert und äußerst rücksichtsvoll und rücksichtsvoll gegenüber Olive, aber auf seinem schönen, starken Gesicht war kein Anflug von Schuldgefühlen zu erkennen.

Ich hatte ihn sowohl während der Aufregung um die Tragödie selbst als auch später, als wir in der Straßenbahn saßen, genau betrachtet und sein ernstes, ernstes Gesicht bemerkt, aber obwohl er verwirrt und besorgt wirkte, war von Kain keine Spur zu sehen auf seiner Stirn.

Ich erzählte Wise das, und er hörte gebührend beeindruckt zu, aber als er es schließlich zugab, sah er keine andere Möglichkeit, hinzusehen.

„Es war nicht Rodman", behauptete er; „Dieser Kerl ist ein Verräter und ein Spion, aber er ist kein Mörder. Außerdem steckte er mit Gately unter einer Decke, und das Letzte, was er wollte, war, seinen Gönner zu verlieren. Es war natürlich nicht Sadie; Auch sie wollte, dass Gately lebendig und nicht tot war. Ich weiß, dass die mangelnde Bereitschaft von Olives Vormund, sich Mannings Klage anzuhören, ein unbedeutendes Motiv zu sein scheint – aber wo können wir einen Verdächtigen mit einem stärkeren finden?"

„Das haben wir noch nicht", erwiderte ich, „aber es muss Leute geben, die in dieses Spionagegeschäft verwickelt sind – wenn das eine echte Rechnung gegen Gately ist –"

„Oh, es ist wirklich eine echte Rechnung. Amos Gately war ein Wolf im Schafspelz! Fräulein Raynor wird es früher oder später erfahren müssen. Sie weiß es jetzt wirklich, aber sie will es nicht glauben."

„Was ist mit dem Papier, das Zizi von Sadie Kent genommen hat?"

„Daran arbeite ich. Treffen Sie mich heute Nachmittag im Raynor-Haus, dann kann ich es Ihnen vielleicht sagen."

Die große, fröhliche Bibliothek in Olives Haus war zu unserem allgemeinen Treffpunkt eines Nachmittags geworden. Normalerweise bin ich gegen vier

Uhr dort vorbeigekommen und war mir ziemlich sicher, dort Wise oder Rivers oder beide zu finden. Zizi war selbst eine echte Varieté-Show und Olive war immer herzlich und gastfreundlich. Auch Mrs. Vail war eine sanfte alte Dame, und ich hatte sie liebgewonnen.

Also ging ich, wie Wise vorgeschlagen hatte, und traf ihn dabei, wie er über dem geheimnisvollen Papier brütete.

Als ich es zum ersten Mal betrachtete, sah ich lediglich eine Menge Buchstaben, mit der Feder geschrieben und in langen Reihen angeordnet, die deutlich über das Blatt liefen.

Es gab etwa zwanzig Reihen, und jede Reihe enthielt etwa dreißig Buchstaben. Sie waren sorgfältig ausgerichtet und gleichmäßig verteilt und enthielten zweifellos eine verborgene Botschaft.

„Ich habe im Laufe meiner Zeit viele Kryptogramme entschlüsselt", sagte Wise, „aber das ist kein Kryptogramm. Ich meine, es liegt nicht im Chiffrecode vor – es gibt eine andere Möglichkeit, darauf zuzugreifen."

Wir haben es alle studiert. Olive, Zizi, Wise und ich beugten unsere Köpfe über den Tisch, auf dem er lag, während Mrs. Vail aus einiger Entfernung zusah und über einen Mann plapperte, den sie einst kannte und der geheime Schriften lösen konnte.

Plötzlich sprang Zizi auf, rannte um den Tisch herum und betrachtete die Zeitung von der anderen Seite.

Sie legte ihren lustigen kleinen Kopf zur Seite und wedelte dann wissend damit, während sie ein paar Schritte weiterging und das Papier aus einem anderen Blickwinkel betrachtete. Sie ging um den Tisch herum und nahm schließlich mit einem entschuldigenden Murmeln das Papier auf und hielt es seitlich vor ihre eifrigen Augen.

„ Puh !" sie krähte vor Ekstase der Befriedigung; "Ich habe es! Man muss ein Muster haben, nach dem man es lesen kann."

"Ein Muster!" Ich wiederholte verständnislos.

"Ja! Ein Papier mit Löchern darin , ein Schlüsselpapier."

"Oh!" und Wise sah aus, als wäre ein Licht auf ihn losgegangen. „Das ist es, Ziz ! Du bist schließlich das Wunderkind! Blödsinn ! Schwachsinnig !" und er schlug sich vor Selbsterniedrigung an die Stirn. „Und, oh! Ich sage, Brice, was hast du mir einmal über Schweizer Käse erzählt?"

"Schweizer Käse?"

"Ja; erinnerst du dich nicht? Ein Kutschenscheck – mit Löchern darin.“

„Oh, das Ding. Ja; es lag auf Mr. Gatelys Schreibtisch – Hudson, der schlaue Detektiv, hat es genommen.“

„Können wir es bekommen?“

„Natürlich, indem du es abholst.“

"Ich werde gehen!" rief Zizi; "Wo? Hauptquartier?" und sie warf schon ihren Mantel an.

„Lass sie gehen“, sagte Wise und warf dem Mädchen einen kurzen, anerkennenden Blick zu. „Sie wird jeden anderen Boten schlagen und ihn finden.“

Wir hörten Zizis gebieterische kleine Stimme vom Telefon aus, die ein Taxi forderte, und etwas später hörten wir, wie sich die Straßentür hinter ihr schloss.

„Sehen Sie“, und Wise erklärte es uns, „Zizi bemerkte – und dann bemerkte ich – diese Briefe.“ Auf den ersten Blick scheinen sie völlig regelmäßig zu sein, aber wenn man genau hinschaut, gibt es hier und da einige, die einen mikroskopischen Bruchteil des Raums näher oder weiter von anderen entfernt sind. Und das zeigt, um was für eine Chiffre es sich handelt. Wir irren uns vielleicht, was die Beförderungskontrolle angeht, aber ich bin fest davon überzeugt, dass wir die Botschaft, die dieses Papier vermittelt, lesen können, wenn wir sie bekommen. Ohne geht es auf jeden Fall nicht.“

Das stimmte so sehr, dass wir das Papier bis zur Rückkehr unseres geflügelten Merkur beiseite legten.

Sie kam bald und schwenkte triumphierend die perforierte Karte, nach der sie gesucht hatte.

"Hier sind Sie ja!" Sie weinte; „Lass es mich ausprobieren, als Belohnung dafür, dass ich es bekommen habe.“

„Also gut, geh ran“, sagte Wise, und Zizi warf ihren Umhang ab und beugte sich über das Rätsel.

"Das ist es! Das ist es!" sie weinte jubelnd. „Sehen Sie, oh Weiser!“

Der Detektiv nahm das Papier und die Karte.

„Sehen Sie“, sagte er und teilte uns großzügig den ersten Blick auf die Lösung mit, „diese Karte hat sieben Löcher in unregelmäßigen Abständen. Wenn man es an der richtigen Stelle auf dieser soliden Buchstabenbank platziert, kommen einige durch die Löcher zum Vorschein, und diese – so hoffe ich – werden die Botschaft buchstabieren.“

Und das tat es. Nachdem er die Schlüsselkarte mehrmals neu ausgerichtet hatte, gelang es Wise schließlich, alles richtig zu machen, und die Buchstaben, die durch die Löcher in dieser Karte zu sehen waren, während er sie weiterbewegte, ergaben zusammenhängende Wörter und Sätze. Die anderen Buchstaben durften natürlich nicht verwendet werden.

Er las die Nachricht laut vor, und wie wir vermutet hatten, handelte es sich um Informationen über die Lieferung von Munition und über bestimmte Abfahrtstermine.

„Spionagearbeit der klügsten Art“, rief Wise aus; „Sehen Sie, ‚The Link‘ hat ihre Informationen aus gestohlenen Telegrammen erhalten und sie auf diese Weise aufgezeichnet, sodass sie für jeden, der diese Karte oder ein Duplikat davon nicht besitzt, unverständlich wäre .“

Mit Interesse betrachtete ich die Buchstaben, die deutlich durch die kleinen runden Löcher zu erkennen waren.

„Die Informationen haben derzeit keinen besonderen Wert“, sagte Wise; „Es bezieht sich auf gestern als Abfahrtsdatum. Der Punkt ist, dass diese Karte, diese Schlüsselkarte, gefunden wurde am –“

Er hielt inne: Ein Blick auf Olives gequältes Gesicht unterbrach die Worte, die er hätte aussprechen wollen. Aber wir alle wussten es. Diese Karte, die auf Amos Gatelys Schreibtisch oder in seiner Schreibtischschublade gefunden wurde, bewies, dass er am Abfangen dieser Nachrichten beteiligt war, dass er sich des Landesverrats schuldig gemacht hatte!

Wise versuchte Abhilfe zu schaffen, indem er hastig sagte: „Vielleicht war es eine Pflanze!“ Vielleicht wurde diese Karte von einem schlauen Schurken dorthin gelegt, wo sie gefunden wurde, um sie in die Irre zu führen …“

"Nicht!" sagte Olive schwach; „Sie sind freundlich, Herr Wise, aber Sie sagen das nur, um mir einen Hoffnungsschimmer und Trost zu geben. Du weißt es besser. Sie glauben – und ich fürchte, ich muss glauben –, dass mein Vormund in etwas Unrecht verwickelt war, in etwas schweres Unrecht – und – –“

Sie brach völlig zusammen und schluchzte in Zizis Armen, die geöffnet waren, um sie zu empfangen.

Da Rivers und ich das Gefühl hatten, dass unser weiterer Aufenthalt eine Störung darstellte, verabschiedeten wir uns, und Wise begleitete uns. Wir drei gingen in meine Zimmer und setzten unser Gespräch fort, ohne die Peinlichkeit von Olives Anwesenheit.

„In mancher Hinsicht klärt es sich ziemlich schnell", sagte Wise, während er sich mit einer Zigarre niederließ und die Kiste an Rivers reichte. „Ich bin über Gatelys Perfidie nicht so überrascht wie manche. Es scheint, dass die Regierung ihn schon seit einiger Zeit im Visier hat – zumindest verdächtigte sie ihn und untersuchte heimlich seine Privatangelegenheiten. Diese Sadie-Person –"

„Übrigens, Wise", unterbrach ich ihn, „du hast sie perfekt eingeschätzt! Hast du jemals davon gehört, Rivers? Mr. Wise sah nur die Hutnadel des Mädchens und zeichnete daraus ein genaues Porträt von „The Link" selbst. Wie hast du das gemacht, Wise? Sagen Sie uns die Einzelheiten."

„Wie all diese Schlussfolgerungen war es einfacher, als es sich anhörte", sagte der Detektiv lächelnd. „Sehen Sie, Mr. Rivers, der Kopf der Nadel war ein großer, gut aussehender Skarabäus. Ich weiß noch nicht, ob es echt war, aber wenn nicht, war es eine erstklassige Nachbildung. Dies argumentierte eine Person mit Bildung und Geschmack. Die durchschnittliche junge Frau neigt nicht zu Skarabäen. Dann hing ein kurzes Stück eines menschlichen Haares in der Umgebung. Diese war schwarz, eher derb und kräftig und deutete auf eine gesunde, dralle Brünette hin. Haare sind in der Regel ein deutlicher Hinweis auf das körperliche Erscheinungsbild. Daran weiß ich, dass Sie nicht Amory Manning sind", brach er plötzlich ab und sah Case Rivers an. „Ich habe seine Beschreibung von Miss Raynor und von Brice hier erhalten, und sie sind sich einig, dass Manning dunkles, dichtes Haar hatte, eher ein fußballerischer Typ. Deines ist hell, fein und ein wenig dürftig. Und Sie haben alle Eigenschaften, die dazu gehören. Oh ja, ich gebe zu, ich habe versucht, Mannings Identität an Sie zu knüpfen, aber ohne Erfolg."

„Entschuldigen Sie sich nicht", lachte Rivers. „Ich habe selbst versucht, Verbindung zum vermissten Manning herzustellen, aber es gelingt mir nicht." Ich bin also auf der Suche nach der Belohnung dafür, dass ich dieses schwer fassbare Individuum gefunden habe. Aber ich fürchte, er ist nicht mehr in Erinnerung."

„Übrigens", warf Wise ein, „ich habe herausgefunden, wer die Belohnung auslobt. Und bitte, es ist niemand anderes als die Regierung der Vereinigten Staaten!"

"Warum?" fragte Rivers interessiert.

„Nun, es scheint, dass Manning ein Geheimdienstmann ist oder war und auf die Spur von Amos Gately geschickt wurde. Er hat natürlich heimlich gearbeitet und –“

„Und er wurde von Gatelys Freunden entführt!“ Ich weinte; „von einigen von Rodmans Untergebenen und aus dem Weg geräumt! Ich glaube nicht, dass Manning noch lebt!“

„Erzählen Sie doch mal von der Hutnadel, Mr. Wise, nicht wahr?“ drängte Rivers. „Ich glaube, ich werde einmal Detektiv und mache mir Notizen.“

„Nun“, sagte Wise gut gelaunt, „soweit ich mich erinnere, erwähnte ich die guten Zähne der Dame. Denn die Abdrücke auf dem eher weichen Gold der Anstecknadel waren gerade und gleichmäßig.“

„Du hast gesagt, sie sei stolz auf sie“, fügte ich hinzu.

„Eine glitzernde Allgemeinheit“, und Wise lachte. „Sind nicht alle Mädchen stolz auf gute Zähne? Außerdem nahm ich an, dass sie einen eher auffälligen Geschmack hatte, denn der Skarabäus, groß und von leuchtend grünblauer Farbe, war keine stille Angelegenheit. Es haftete ein starker Duft an, der auch auf einen gewissen Mangel an Raffinesse schließen ließ.“

„Und du hast gesagt, unordentliche Gewohnheiten“, erinnerte ich ihn.

„Weil der Stift wirklich schief war. Außerdem war es kaputt und repariert worden. Der Bruch bewies wahrscheinlich eine Nachlässigkeit, und das Ausbessern schien mir zu zeigen, dass sie es aus sentimentalen Gründen liebte, denn es wurde geschickt repariert, und für den Preis hätte man meiner Meinung nach ein neues kaufen können. Ich ging davon aus, dass sie einigermaßen intellektuell war, weil sie sich so sehr für einen Skarabäus interessierte, und kam zu dem Schluss, dass es ihr ziemlich gut ginge, wenn es darum ging, das ziemlich wertvolle Schmuckstück zu besitzen und zu pflegen. Keiner dieser Abzüge allein bedeutete viel, aber die Kombination half uns, einen Weg zu finden, den Eigentümer zu finden. Natürlich halfen auch die Zigarettenstummel und das Puderpapier. Tatsächlich hinterließ Miss Kent ziemlich starke Beweise ihres Besuchs bei Mr. Gately. Aber – sie hat ihn nicht getötet. Nun, wer hat es getan? Wir erfahren eine Menge Dinge, aber wir haben noch nicht den geringsten Beweis dafür gefunden, dass irgendjemand der eigentliche Mörder ist.“

„Nein“, stimmte ich zu. „Sehen Sie, der Schatten des Kopfes, den ich auf der Glastür gesehen habe, kann nicht von Rodman gewesen sein.“

„Und es könnte also irgendjemandem gehört haben. Ich meine, es zeigt, dass Köpfe sich ziemlich ähnlich sehen, wenn man sie nur auf ein dickes, gewelltes Glas schattiert.“

„Ja“, überlegte ich, „es könnte irgendjemandem gehört haben.“ Aber wem? Es scheint, als müssten wir inzwischen einen Verdächtigen haben.“

„Ich besorge Ihnen einen Verdächtigen“, meldete sich Case Rivers zu Wort. „Ich werde mich mit allem, was ich kann, auf diese Sache einlassen. Der Weg führt durch die Rodman-Menge. „The Link“ verkaufte ihre Informationen an Rodman und er brachte sie zu Gately, aber in letzter Zeit wurde „The Link“ mutiger und ging direkt an Gately selbst. Nun müssen noch andere besorgt sein, und ein Interview mit Miss Kent würde uns eine Ahnung davon geben, wer sie sind. Sie hat mittlerweile etwas von ihrer Tapferkeit eingebüßt, daran habe ich keinen Zweifel, und ich werde ihr nachjagen. Dann möchte ich auch in Mr. Gatelys Büro gehen. Ich war noch nie dort! Denken Sie nicht, Wise, dass ich mich in Ihr Spiel einmische, aber manchmal sind zwei Köpfe besser als einer, wenn einer ein namenloser Wanderer auf der Erde ist.“

„In Ordnung, Rivers“, und Wise nickte freundlich, „gehen Sie rein und gewinnen Sie.“ Wir sind in dieser Angelegenheit einer Meinung. Und wenn es vorbei ist, werde ich mich um *Ihren Fall* kümmern und sehen, wie, wann und wo Sie durch die Erde gefallen sind.“

„Das wünschte ich“, und Rivers sah den Detektiv ernst an, „denn ich sehe diese Reise jede Nacht in meinen Träumen.“ Ich sehe mich durchfallen – oh, ich werde dich nicht mit der gleichen alten Geschichte langweilen!“

„Es langweilt mich nicht, aber jetzt werden wir unsere ganze Energie in das aktuelle Rätsel stecken. Wir müssen Gatelys Mörder schnappen, und dann müssen wir Amory Manning schnappen.“

„Zizi sagt –“, begann ich.

„Das weiß ich“, erwiderte Wise nachdenklich. „Zizi sagt, Manning sei der Mörder. Aber der Junge hat keinen Grund, es zu sagen, außer einer Ahnung. Allerdings ist sie eine Hexe, wenn es um Ahnungen geht, und ich behalte ihre Idee im Hinterkopf.“

„Nein“, und Rivers äußerte sich positiv, „mir scheint nicht, dass Manning der Mörder ist.“ Wenn er beim Geheimdienst war, könnte er sich jetzt absichtlich verstecken, und zwar aus irgendeinem Grund, der überhaupt nichts mit der Ermordung von Amos Gately zu tun hat.“

„Sehr wahrscheinlich", stimmte Wise zu. „Nur, wie gesagt, ich erinnere mich oft an Zizis Vorstellungen, weil sie sich so oft als richtig herausstellen."

„Sie ist ein Wunder, dieses Kind", sagte Rivers; „Wo hast du sie her?"

„ Sie ist mein Model. Wissen Sie, im zivilen Leben bin ich eher ein Künstler. Ich skizziere sie immer wieder, aber es ist mir nie gelungen, ihr Lächeln einzufangen. Sie ist ein Hexenkind, ein Kobold."

"Ja; Sie scheint eine Zigeunerin zu sein. Aber clever! Und von einem Charme."

„Das alles", stimmte Wise zu. „Und eine gute Kleinigkeit. Mir ergeben, wie ein treuer Hund und doch absolut unpersönlich. Oh, ohne Ziz könnte ich überhaupt nicht auskommen ."

Und fast während er sprach, öffnete sich die Tür und Zizi kam hereingeschlüpft. Ihre Art, einen Raum zu betreten, war eine ihrer individuellen Eigenschaften. Sie glitt sanft und unauffällig hinein, doch man nahm sie sofort wahr. Es schien die Atmosphäre zu elektrisieren und der Ort wirkte heller und lebendiger. Sie bewegte sich so leise wie ein Schatten durch den Raum, sie sagte kein Wort, doch ihre ganze Präsenz sprach.

„Hallo, Ziz ", und Wise lächelte sie an. „ Watcha willst du?"

"Herr. Flüsse", antwortete sie und blitzte ihn mit ihren schwarzen Augen an. „Miss Olive hat mich geschickt. Und sie will den anderen Kristall."

„Ein neues Geheimnis?" und Wise lachte. „Ich kann durch den anderen Kristall nicht sehen! Hat es etwas mit einer Brille zu tun?"

„Nein", und Rivers holte eine Brieftasche heraus, aus der er ein dünnes Papier herausholte. Es stellte sich heraus, dass es sich um Spuren von Schneekristallen handelte, die denen ähnelten, die ich ihn zeichnen sah, als er noch im Krankenhaus war.

"Wie schön!" rief Zizi aus, als sie die nachgezeichneten Muster nahm. „Sehen Sie", und sie zeigte sie Wise, „Miss Olive macht Spitzenarbeiten – und Mr. Rivers macht ihr diese Muster." Sind sie nicht exquisit?"

Sie waren. Es handelte sich um Formen von Schneekristallen, als die es nichts Schöneres gibt, und Rivers hatte sie adaptiert und zu einem zarten, spitzenartigen Muster kombiniert, das Olive mit Leinenfäden oder was auch immer Frauen zur Spitzenherstellung verwenden, nachahmen sollte.

„Ich wollte sie herumführen“, sagte Rivers; „Ich hoffe, die Verzögerung hat Miss Raynor nicht gestört.“

„Oh nein“, versicherte Zizi ihm, „aber sie ist ungeduldig, dieses neue Design zu sehen und konnte es kaum erwarten.“ Also bot ich an, dafür hinzulaufen. Ich wusste, dass du hier bist.“

„Aber ich gehe gerade zu Miss Raynor“, sagte Rivers enttäuscht, „und die Muster sind meine einzige Entschuldigung für einen Anruf! Also bitte, Fräulein Zizi, ich bringe sie der ungeduldigen Dame und gehe sofort.“

„Ich glaube, sie ist ausgegangen, Mr. Rivers, sie wollte gerade gehen, als ich ging. Wenn Sie anrufen, werden Sie sie wahrscheinlich erwischen.

Ohne sich über unser wissendes Lächeln schämen zu müssen, griff Rivers zu meinem Tischtelefon und rief Olives Nummer an. Während er auf die Antwort wartete, nahm er einen Bleistift aus meiner Stiftablage und zeichnete müßig einen Schneekristall auf die große Schreibunterlage.

Ich beobachtete ihn, denn sein Können faszinierte mich. Er zeichnete die zierliche sechsseitige Figur mit der Genauigkeit eines Designers. Die winzigen Wedel, alle sechs gleich, bildeten eine schöne sechseckige Form, als sie unter seinen Fingern wuchsen.

Er war sich offenbar nicht bewusst, was er tat, und zeichnete, ohne nachzudenken, denn er sprach mehrmals mit uns, während er auf die gewünschte Verbindung wartete.

Schließlich antwortete ihm Olive, und er ließ den Bleistift fallen und redete mit ihr. In einer überheblichen Stimmung überredete er sie, ihre geplante Besorgung aufzuschieben, bis er zu ihr stoßen könne und sie begleiten würde. Die freundliche Vertraulichkeit, mit der er das Gespräch führte, und die unbeschwerte Gewissheit, dass sie seiner Bitte nachkommen würde, bewiesen uns, den Zuhörern, dass zwischen ihnen eine gute Kameradschaft herrschte.

Rivers legte den Hörer auf und drehte sich mit einem jungenhaften Lächeln zu mir um. „Ich gehe jetzt“, sagte er, „Miss Raynor wartet auf mich. Wir sehen uns heute Abend wieder, Brice.“ Und mit einem allgemeinen Abschiedsnicken ging er weg.

Zizi saß da und starrte auf meinen Schreibtisch.

Das fremde Kind dachte an etwas – mehr noch, es hatte eine Entdeckung gemacht oder eine neue Information gespürt.

Sie beugte sich über den Schreibtisch, ihre ausgestreckten Hände ruhten auf der großen Schreibunterlage und ihre schwarzen Augen weiteten sich mit einem Ausdruck überraschter Angst.

"Sehen!" Sie weinte; "sehen!"

Doch ihr schlanker Finger zeigte nur auf den Schneekristall, den Rivers gezeichnet hatte. Es war eine anmutige Figur, noch nicht ganz fertig, aber ein zartes Muster einer der unzähligen Formen, die Schneekristalle zeigen. Wie oft hatte ich die schönen Dinge betrachtet, die für einen Moment auf meinem dunklen Mantelärmel ruhten, wenn ich im Schneesturm unterwegs war. Und nachdem ich gesehen hatte, wie Rivers sie mehrmals so gekonnt zeichnete, hatten sie ein neues Interesse für mich geweckt. Aber was Zizi so bewegt hatte, konnte ich mir nicht vorstellen. Es war, als hätte die kleine Zeichnung eine schreckliche Bedeutung, von der ich nichts wusste.

Auch Pennington Wise war sich der Bedeutung des Mädchens nicht besser bewusst als ich.

Er lächelte fragend und sagte: „Nun, Zizi, Mädchen, was hypnotisiert dich? Diese Zeichnung von Rivers?"

„Ja", und Zizi richtete ihre großen schwarzen Augen von meinem Gesicht auf das von Wise und stieß einen seltsamen kleinen Seufzer aus.

„Raus damit, Mädchen", drängte Wise. „Sag deiner alten Penny Wise, was los ist."

„Wirst du tun, was ich will?" fragte sie, ihre Stimme war angespannt und voller starker Gefühle.

"Ja; bis zum Limit."

„Dann schau dir das Ding an! Dieser Schneekristall!"

„Ja, ich habe nachgeschaut", und nach einem Moment genauer Betrachtung richtete Wise seinen Blick wieder auf das unheimliche Gesicht, so lebhaft emotional, so weiß vor dieser unbenannten Angst.

„Sie sehen auch aus, Mr. Brice", und das tat ich auch.

„Beachten Sie das Design", fuhr Zizi fort, „sehen Sie, wie die Wedel markiert sind. Ist es nicht lustig, wie die Leute immer zeichnen oder kritzeln, während sie auf einen Anruf warten?"

„Oh, komm schon, Ziz ", und Penny Wise tätschelte ihren Arm, „du machst uns ein Spiel. Wir wissen, dass Rivers diese Dinge wunderbar zeichnet. Warum tun Sie so, als hätten Sie es nie zuvor gewusst?"

„Komm mit mir", und Zizi stand auf und begann, ihren langen schwarzen Umhang um sich zu legen, wobei sie vor Aufregung zitterte. „Sie kommen auch, Mr. Brice."

Wir gehorchten dem fremden Kind, denn ich erinnerte mich, wie Pennington Wise ihre „Vorahnungen" respektierte, wie er es nannte, und bevor sie nach unten ging, wies sie mich an, ein Taxi zu rufen.

Im Taxi sagte sie nichts, da sie uns bereits angewiesen hatte, zu Amos Gatelys Büro zu gehen und den Zugang zu den Zimmern zu organisieren.

Und als wir dann dort waren, als ich die Schlüssel von den Bankleuten bekommen hatte und die dunklen, ruhigen Räume betreten hatte, ging Zizi direkt in den mittleren Raum, direkt zu Amos Gatelys Schreibtisch und nahm das Telefon von dort, wo es stand In der großen Schreibtischunterlage enthüllte sie das genaue Gegenstück zu dem Schneekristall, den Case Rivers auf meinen Schreibtisch gezeichnet hatte!

Kapitel XVI

Die Schneeflocke

Ich betrachtete den Entwurf mit Interesse, ohne jedoch zunächst seine wahre Bedeutung zu erfassen.

Pennington Wise sah es entsetzt an. "Wo ist es hergekommen?" er rief aus.

„Es war schon immer da", sagte Zizi. „Ich meine, ich habe es eines Tages dort gesehen, als ich mit Mr. Hudson in diesem Raum war, ich – ich –"

„Ich wusste nicht, dass du jemals hier warst, Ziz ", und Wise lächelte in das ernste kleine Gesicht.

„Ja, das war ich; und ich bewegte zufällig das Telefon, und darunter befand sich diese Zeichnung. Ich habe nicht darüber nachgedacht, als Beweis, aber ich habe es mir angeschaut, weil es so hübsch war. Und ich habe das Telefon wieder darüber gelegt."

„Aber ich habe diesen Raum durchsucht", und Wise sah verwirrt aus.

„Dann hast du wahrscheinlich nicht den Hörer abgenommen", erwiderte Zizi und schüttelte ihren Elfenkopf, während sich tiefe Trauer in ihren schwarzen Augen zeigte.

„Ich glaube nicht, dass ich das getan habe", überlegte Wise im Nachhinein. „Ich habe die meisten Schreibtischbeschläge in die Hand genommen, um sie zu untersuchen, aber ich vermute, dass ich das Telefon überhaupt nicht in die Hand genommen habe."

"'Natürlich nicht!" Zizi war immer bereit, Wises Vorgehen zu verteidigen. „Wie konntest du wissen, dass sich darunter ein Bild befand? Aber, oh, Penny, was bedeutet das?"

„ Warte, lasst uns vorsichtig an die Sache herangehen. Auf den ersten Blick scheint es, als hätte Case Rivers diese Figur eines Schneekristalls gezeichnet. Jeder hat eine besondere Angewohnheit, und vor allem haben viele Menschen die Angewohnheit, beim Warten am Telefon etwas Besonderes zu zeichnen.

„Ich habe in letzter Zeit ein halbes Dutzend Männer gefragt, und jeder sagt, er kritzelt Wörter oder zeichnet eine grobe Linienkombination. Aber jeder sagt, er mache immer das Gleiche, was auch immer es sein mag. Nun, ich kann mir vorstellen, dass nur sehr wenige Menschen Schneekristalle zeichnen – und noch weniger zeichnen sie mit diesem Grad an Perfektion. Auch wenn dies der Fall ist, würde irgendjemand sonst mit dieser Genauigkeit dieses identische Design zeichnen, das Case Rivers auf der Schreibunterlage bei Ihnen zu Hause gezeichnet hat, Brice?"

„Ich würde sagen, es wäre unmöglich, dass jemand anders es hätte tun können", antwortete ich ehrlich, obwohl mir allmählich klar wurde, wohin uns unsere Ermittlungen führen würden.

„Es *ist* unmöglich", erklärte Wise. „Zwei Männer könnten Schneekristalle zeichnen, aber nicht beide würden sich für diesen bestimmten entscheiden."

„Es ist genau das Gleiche", murmelte Zizi, „denn ich habe Mr. Brices mitgebracht: Hier ist es."

Ruhig nahm das Mädchen aus ihrer kleinen Handtasche ein Stück meiner Schreibtischunterlage. Darin befand sich die Zeichnung, die Rivers gemacht hatte, während er auf seinen Anruf wartete, und es war die genaue Kopie der Figur, die auf der Schreibunterlage von Amos Gatelys Mahagonischreibtisch gezeichnet war.

„Derselbe Bleistift – oder besser gesagt, dieselbe Hand hat diese beiden gezeichnet", sagte Wise positiv, und ich konnte dem nicht widersprechen.

Wissenschaftler sagen, dass Schneekristalle Hunderte verschiedener Formen aufweisen, und in fast jedem illustrierten Wörterbuch oder Lehrbuch der Naturwissenschaften sind mehrere Exemplare aufgeführt. Das, was wir uns ansahen, hatte ein einfaches, aber schönes Design und ich war mir sicher, dass Rivers es von einem Bild abgeschaut hatte, da man eine echte Schneeflocke selten lange genug behalten kann, um ihre Form nachzuahmen.

Jedenfalls ging es ein wenig zu weit mit dem Gesetz des Zufalls, wenn man annahm, dass zwei Männer beim Telefonieren müßig das gleiche Formular auf eine Schreibunterlage zeichnen würden.

Natürlich muss diese Skizze auf Amos Gatelys Schreibtisch nicht entstanden sein, während der Künstler mit der anderen Hand den Telefonhörer hielt, aber die Gegenüberstellung mit dem Instrument deutete darauf hin, dass dies der Fall war.

„Natürlich hat Mr. Rivers das gezeichnet", erklärte Zizi und bewegte ihren kleinen Kopf, während sie ihre schwarzen Augen von einem von uns zum anderen richtete.

Sie trug einen kleinen Turban, der vollständig aus roten Federn bestand – vermutlich aus weichen Brustfedern eines tropischen Vogels. Der Hut saß schwungvoll auf ihrem glatten schwarzen Haar, und die Bewegungen ihres

Kopfes waren so schnell und vogelähnlich, dass sie mich flüchtig an die menschlichen Vögel erinnerte, die ich im Stück von *Chantecler sah* .

„ Natürlich hat er das getan", stimmte Wise sehr ernst zu; „Und jetzt müssen wir weitermachen. Wenn man für den Moment davon ausgeht, dass Case Rivers – wie wir ihn nennen – diese kleine Skizze gezeichnet hat, muss er am Tag der Ermordung von Amos Gately in diesem Büro gewesen sein. Denn mir wurde gesagt, dass die Schreibunterlage auf diesem Schreibtisch jeden Tag gewechselt wurde und alle Markierungen oder Flecken, die sich jetzt darauf befinden, daher an diesem Tag entstanden sind. Wenn er es getan hat, dann – oder besser gesagt, als er es getan hat, hat er mit jemandem telefoniert …"

„Nun", warf Zizi ein, „vielleicht saß er nur hier und unterhielt sich mit Mr. Gately. Vielleicht zeichnet er diese Dinge, wenn er einfach nur untätig herumsitzt, oder wenn er telefoniert."

"Ja; sie haben Recht. Nun, auf jeden Fall muss er an diesem Tag hier gegenüber von Mr. Gately gesessen haben. Und ich vermute, dass er telefoniert hat, aber das macht keinen Unterschied. Nun, wenn er an diesem Tag hier in diesem Büro war – warum war er dann hier und wer ist er?"

„Er ist der Mörder", sagte Zizi, aber sie sprach, als wäre sie eine Maschine. Die Worte schienen ohne ihren eigenen Willen über ihre Lippen zu kommen; Ihre Stimme war hölzern und mechanisch, und ihre Augen blickten in die Ferne und ins Leere. „Ich weiß nicht, wer er ist, aber er ist der Mann, der Mr. Gately erschossen hat."

„Oh, komm jetzt, Ziz ", Wise schüttelte sie sanft, „wach auf! Ziehen Sie keine voreiligen Schlüsse. Er ist vielleicht der unschuldigste Mann in New York. Möglicherweise war er früh am Tag hier und hat Gately besucht, und seine Besorgung war möglicherweise eher beiläufiger Art. Möglicherweise hatte er einen Grund, anzurufen, und während er auf seinen Anruf wartete, zeichnete er das Schneeflockenmuster, das er beim Warten immer zur Gewohnheit hat. Aber dass er an diesem Tag hier war, ist meiner Meinung nach eine positive Tatsache . Jetzt müssen wir herausfinden, warum er hier war und wer er ist. Ich bevorzuge es nicht, zu ihm zu gehen und ihn direkt zu fragen. Die eigentümliche Phase der Amnesie, unter der er leidet, ist eine heikle Angelegenheit. Ein plötzlicher Schock könnte sein Gedächtnis zurückbringen , oder es könnte …"

„Verwirren Sie sein Gehirn!" Zizi abgeschlossen. „In Ordnung, oh, allerweisester Kerl! Aber wenn Sie die Wahrheit herausfinden, wird es so sein, dass Case Rivers bei klarem Verstand und in seiner eigenen Person Mr. Gately getötet hat."

„Still, Ziz ! Wenn Sie solch eine ängstliche Ahnung haben, behalten Sie sie für sich. Ich werde das nicht glauben, es sei denn, ich muss! Ich war schon immer davon überzeugt, dass Rivers ein wertvoller Mann ist oder war. Ich bin mir sicher, dass er in irgendeiner Branche von Bedeutung war – in einer großen Branche. Außerdem glaube ich seine Geschichte über den Sturz durch die Erde."

"Du tust!" Ich weinte vor Erstaunen. „Dafür stehen Sie! Glauben Sie, dass er in Kanada oder einem anderen nördlichen Land auf den Globus fiel und in New York City wieder herausfiel?"

„Nicht ganz", und Wise lächelte. „Aber ich glaube, er hatte ein sehr seltsames Erlebnis, dessen Geschichte seine Geschichte ziemlich treffend beschreibt, wenn auch nicht ganz die wörtliche Wahrheit."

"Wie zum Beispiel?"

„Angenommen, er wäre in Kanada in einen Minenschacht gefallen. Angenommen, das hat sein Gedächtnis zerstört. Nehmen wir dann an, er wurde gerettet und zur Behandlung, sagen wir, in einem privaten Krankenhaus oder Sanatorium nach New York geschickt. Angenommen, er entkam und stürzte sich immer noch verrückt in den East River – oh, ich weiß nicht – aber es gibt viele Möglichkeiten, wie er diese Vorstellung von seinem Sturz durch die Erde haben und etwas Reales haben könnte stützen Sie sich darauf."

„Schinken und Spinat!" bemerkte ich, meine Geduld war erschöpft; „Der Mann hatte einen Schlag oder einen Sturz oder etwas, das sein Gedächtnis erschütterte, aber seine Idee, durch die Erde zu fallen, ist schlicht und einfach eine Halluzination. Das spielt jedoch keine Rolle. Jetzt müssen wir dieser neuen Spur folgen und sehen, ob wir eine Spur zu seiner Persönlichkeit finden können. Er kann uns nicht sagen , warum er hier war – wenn er sich nicht daran erinnert, dass er hier war."

„Vielleicht erinnert er sich", sagte Wise nachdenklich.

„ Nixy !" und Zizis frecher Kopf nickte positiv; "Herr. Rivers ist jetzt aufrichtig, was auch immer er vorher war. Er kann sich nicht erinnern, Mr. Gately erschossen zu haben –"

„Hör auf damit, Zizi!" Wise sprach schärfer, als ich ihn jemals gehört hatte. „Ich verbiete Ihnen, anzunehmen, dass Rivers der Mörder ist – Sie sind absurd!"

„Aber ich habe eine Ahnung –" Zizis schwarze Augen starrten Wise fest an, „und –"

„Behalte deine Ahnung für dich! Das habe ich dir schon einmal gesagt! Und jetzt sei still."

Ganz und gar nicht beschämt machte Zizi eine höchst böse kleine *Bemerkung* über ihn, aber sie sagte in diesem Moment nichts mehr.

„Wir müssen jedoch in eine neue Richtung blicken", fuhr Wise fort, „und wir müssen diese in Angriff nehmen." Du erinnerst dich, wir haben hier eine Hutnadel gefunden, die uns zu Sadie, „The Link", führte, so direkt, wie ein Schild es hätte tun können."

„Ja", spottete Zizi, „mit Hilfe von Norah und ihrem Puderpapier und Jenny und ihrer Tatzunge!"

„In Ordnung", Wise blieb unbeeindruckt; „Wir haben sie trotzdem bekommen. Nun hat der Mann, der durch die Erde fiel, vielleicht auch einige bezeichnende Spuren hinterlassen. Schauen wir uns um."

„Er konnte nichts Aufschlussreicheres hinterlassen als die Zeichnung auf der Schreibunterlage", beharrte Zizi. „Er hat heute auf Mr. Brices Schreibunterlage zurückgegriffen und an dem Tag, als Mr. Gately getötet wurde, auf dieser Schreibunterlage von Mr. Gately. So viel ist sicher."

„So ist es, Zizi", stimmte Wise zu; „Aber darüber hinaus ist noch nichts sicher. Aber vielleicht finden wir noch mehr."

Während er redete, kramte der Detektiv in den Schreibtischschubladen. Er holte das Paket mit den Papieren heraus, das ihn schon einmal interessiert hatte.

„Ich würde diese gerne lesen", sagte er; „Sehen Sie, sie sind in chronologischer Reihenfolge datiert und müssen etwas bedeuten."

„Daher kommen sie", sagte Zizi mit einem Hauch von Weisheit; „Sehen Sie, Waldorf bedeutet eine bestimmte Botschaft in ihrem Codebuch und St. Regis bedeutet eine andere; Biltmore-Papier bedeutet „anders" und so weiter."

„Du hast wie immer Recht", sagte Wise so anerkennend, dass Zizi über ihr ganzes seltsames kleines Gesicht lächelte.

„Ein Teil des Spionagegeschäfts von ‚The Link'", fuhr sie fort, und ich schrie verneinend auf.

„Ach, hören Sie mal, Mr. Brice“, sagte sie, „Sie können als Erstes genauso gut zugeben, dass Sie wissen, dass Mr. Gately in diese Spionagemasche verwickelt war. Ich weiß noch nicht, wie tief oder wie wissentlich –“

„Du meinst“, ich fing den Strohhalm auf, „dass er ein Vermittler war, es aber nicht wusste?“

„Das habe ich zuerst gedacht“, sagte Wise, „ich habe gehofft, dass es so ist.“ Das würde natürlich dafür sprechen, dass er in Sadie verliebt war und sie ihn um den Finger wickelte und ihn benutzte, um ihre Pläne voranzutreiben, während er selbst unschuldig war. Aber die Theorie, so hübsch sie auch sein mag, wird nicht funktionieren. Gately war dafür nicht leichtgläubig genug, und außerdem ist er darüber hinaus tiefer besorgt, als wir wissen.“

„Ja“, stimmte ich zu; „Diese Briefe – ich meine, diese leeren Blätter – wurden ihm per Post geschickt. Einer kam am Tag nach seinem Tod.“

"Ich weiß es. Und sie bedeuten, wie Zizi sagt, etwas Bestimmtes gemäß einem vorbereiteten Code. Beispielsweise könnte ein vom 10. Dezember datiertes Blatt Papier des Hotel Gotham bedeuten, dass ein bestimmtes Transportmittel, das im Codebuch dieses Hotels angegeben ist, an diesem Tag abfahren sollte.“

„Das ist eine einfache, kinderleichte Erklärung“, sagte Zizi, „aber es könnte die richtige sein.“

„Sicherlich“, stimmte Wise zu, „es kann andere und kompliziertere Erklärungen geben.“ Aber das ist jetzt egal. Der Erhalt dieser Briefe – leerer Briefe – war für Gately von geheimem Wert und beweist, dass er ziemlich tief in alles verwickelt war.“

„Aber was ist mit Mr. Rivers?“ sprach Zizi; „Wo kommt er ins Spiel?“

„Es sieht schwarz aus“, erklärte Wise. „Er war an diesem Tag heimlich hier. Das heißt, er kam nicht an Jennys Tür herein. Sie erkennt ihn nicht, fragte ich sie. Deshalb kam er durch eine dieser anderen Türen herein oder mit dem geheimen Aufzug. Auf jeden Fall wollte er nicht, dass sein Besuch bekannt wurde. Er ist also ein Übeltäter, gegenüber Gately und – wahrscheinlich auch gegenüber Rodman. Sie werden alle mit dem gleichen Pinsel geteert. Die Spur der Spionageschlange führt über sie alle.“

"NEIN!" rief Zizi und ihr Gesicht war stürmisch, „mein netter Mr. Rivers ist kein Spion! Er hat mit dieser Spionageangelegenheit nichts zu tun!“

"Warum!" Ich rief aus; „Du hast gesagt, er sei der Mörder!“

„Nun, ich wäre lieber ein Mörder als ein Spion!" Ihre Augen schnappten und ihr ganzer dünner kleiner Körper zitterte vor Empörung. „Ein Mord ist im Vergleich zur Spionagearbeit ein anständiges Verbrechen! Oh, mein netter Mr. Rivers!"

Sie brach zusammen und weinte krampfhaft.

„Lass sie in Ruhe", sagte Wise nicht unfreundlich, nachdem er einen kurzen Blick auf die zitternde kleine Gestalt geworfen hatte. „Sie ist immer besser für einen Heulanfall geeignet. Es klärt ihre Atmosphäre. Jetzt, Brice, machen wir uns an die Arbeit. Wie Zizi sagt, muss man zugeben, dass es keinen Zweifel daran gibt, dass Amos Gately ziemlich tief in das Spiel vertieft war. Auch wenn er mit Sadie Kent übermäßig befreundet war, lag das zweifellos an ihren gemeinsamen Geschäften im Geschäft mit gestohlenen Telegrammen. Ich sehe es so, dass Sadie ihre abgefangenen Nachrichten an den Meistbietenden verkauft hat. Das war George Rodman, aber über ihm stand Amos Gately. Oh, schauen Sie nicht so ungläubig. Es ist nicht das erste Mal, dass ein Bankpräsident nebenbei einen Fehler macht. Gately war seinem Amt gegenüber nie untreu, er hat nie Gelder oder ähnliches veruntreut, aber aus irgendeinem Grund, sei es Geldgewinn oder die Hoffnung auf eine andere Belohnung, hat er sein Land verraten."

Ich konnte es nicht leugnen – oder besser gesagt, ich konnte es leugnen, aber nur aufgrund meines immer noch ungebrochenen Glaubens an Amos Gately. Ich konnte keinen Beweis für meine Ablehnung erbringen.

„Aber", sagte ich nachdenklich, „wir haben noch nicht bewiesen, dass Gately in … verwickelt war."

"Was!" rief Wise; „Ist das nicht Beweis genug? Diese leeren Briefe, denn das sind sie, der nachgewiesene Besuch von Sadie, „The Link", und die Tatsache, dass Gately erschossen wurde – von jemandem – ohne bekannten Grund – all das beweist, dass es sich um den Mörder handelt hatte ein geheimes Motiv, einen unbekannten Grund, Gately aus dem Weg zu räumen."

„Ich sehe es, wie Sie es ausdrücken", sagte ich, „aber ich werde nicht glauben, dass Amos Gately ein Spion ist – oder dass er bei Spionagegeschäften hinterhältig ist, bis ich es muss." Ich werde weiterhin glauben, dass er ein Werkzeug – ein unschuldiges Werkzeug – der Kombination aus Rodman und Sadie Kent war."

„Okay, Brice, behalte deinen Glauben so lange du kannst, aber ich sage dir, du wirst bald zugeben müssen, dass ich recht habe. Wie wir alle wissen, war Gately ein eigenartiger Mann. Er hatte nur wenige Freunde, er hatte kaum oder gar kein soziales Leben, und er hatte heimliche Besucher und eine geheime Art, seine Büros zu betreten und zu verlassen. Das alles zeigt , dass es etwas zu verbergen gibt – es ist unerklärlich für einen Mann, der nichts zu verbergen hat.“

„In Ordnung, Wise“, sagte ich schließlich, „ich nehme an, du *hast* recht. Dennoch müssen wir unsere Suche nach dem Mörder fortsetzen . Wir scheinen in dieser Angelegenheit keine großen Fortschritte zu machen.“

„Noch nicht, aber bald“, sagte Wise optimistisch; „Die Axt liegt an der Wurzel des Baumes, – wir sind auf dem richtigen Weg –“

„Meinst du Case Rivers?“ Ich weinte erschrocken.

„Ich meinte vielleicht Case Rivers “, erwiderte er. „Ich bin mir nicht so sicher wie Zizi, ob die Beweise darauf hindeuten, dass er der Mörder ist, aber wir müssen schlussfolgern, dass er am Tag des Mordes in diesem Raum war – und wofür sonst hätte er hier sein können?“

"Was sonst?" Ich habe gestürmt. „Dutzende Dinge! Hunderte von Dingen! Nun, Mann am Leben, jede Person, die an diesem Tag diesen Raum betrat, hat nicht unbedingt Amos Gately getötet!“

„Jede Person, die an diesem Tag diesen Raum betrat, ist sein potenzieller Mörder“, erwiderte Wise ruhig. „Jede Person muss verdächtigt oder zumindest untersucht werden.“

„Nun“, sagte ich, nachdem mir klar wurde, dass er die Wahrheit gesagt hatte, „Sie untersuchen die Frage von Rivers' Besuch hier an diesem Tag. Das möchte ich nicht tun. Aber ich gehe jetzt zum Hauptquartier hinunter, und vielleicht finde ich etwas Wichtiges.“

Und ich tat. Ein Besuch beim Chef erzählte mir die interessante Geschichte der weiteren Entdeckungen der Industrien von Sadie Kent. Offenbar hatten die Bundesagenten in einem Cottage in Southeast Beach, einem recht beliebten Sommerurlaubsort, eine vollständige und leistungsstarke Funkstation gefunden. Das Häuschen war scheinbar unbewohnt, aber einige ungeklärte Kabel, die entlang der Dachsparren eines angrenzenden Hauses verliefen, führten zur Entdeckung der zusätzlichen Funkstation.

Experten waren in das verschlossene Haus eingebrochen und hatten eine geschickt versteckte Tastatur eines drahtlosen Geräts gefunden. Eine weitere Suche hatte die ganze Sache ans Licht gebracht und darüber hinaus die Tatsache zutage gefördert, dass das angrenzende Cottage von zwei scheinbar unschuldigen alten Leuten bewohnt wurde, die in Wirklichkeit bei Sadie Kent angestellt waren.

„The Link" war eine bedeutende Person, und obwohl sie als bloße Telegrafistin galt, war sie eine der wichtigsten Verbindungen im deutschen Spionagesystem in den Vereinigten Staaten.

In dem Raum, in dem das drahtlose Gerät gefunden wurde, befanden sich auch Unmengen an Briefpapier aus verschiedenen Hotels in New York City.

Diese aus den Schreibzimmern der Hotels entnommenen Blätter stellten das Codesystem dar, das zur Weiterleitung der gestohlenen Informationen verwendet wurde.

Es hing alles zusammen, und der Stapel dieser Hotelpapiere, die in Gatelys Schreibtisch gefunden wurden, und insbesondere die Tatsache, dass einer davon seine Adresse am Tag nach seinem Tod erreichte, bewies zweifelsohne seine Beteiligung an der verabscheuungswürdigen Angelegenheit.

Nun, dachte ich, inwieweit oder auf welche Weise war Case Rivers betroffen? Sicherlich war der Mann an diesem verhängnisvollen Tag in Gatelys Büro gewesen. Ich hatte keine Ahnung, dass er den Bankier getötet hatte – das war nur Zizis Dummheit –, aber er war auf jeden Fall dort gewesen.

Plötzlich kam mir der Gedanke, dass, wenn Rivers wieder in die Gately-Büros gebracht werden könnte, die Räume und die Assoziationen möglicherweise sein verlorenes Gedächtnis zurückbringen und ihm die Möglichkeit geben würden, seine wahre Persönlichkeit wiederherzustellen. Sicherlich könnte dies ihn als Mörder beweisen, aber wenn dem so wäre, wäre es nur der Weg der Gerechtigkeit; und wenn es andererseits seinen unschuldigen oder beiläufigen Anruf bei Gately erklärte, war das auch das, was der Mann verdiente.

Und so ging ich sofort zu Rivers. Ich fand ihn in seinen Zimmern, die er bewohnt hatte, als er Wise bei seiner Arbeit unterstützen sollte, und er begrüßte mich herzlich.

„Die Handlung verdichtet sich", sagte er, als ich ihm von Sadies Funkstation erzählte. „Ich wusste, dass das Mädchen schlau war. Sie ist eine der wichtigsten Personen im großen Spionagenetz. Sie ist eine ihrer Spinnen , die ein hübsches Netz spinnen und leichtgläubige Fliegen anlocken. Amos Gately ist ihrem Charme erlegen – wissen Sie, Brice, sie ist eine Sirene – und irgendwie hat sie ihn in das Netz gelockt, das sie so geschickt gesponnen hat. Meiner Meinung nach war Gately ein guter, aufrichtiger Bürger, der auf die List einer Frau hereinfiel. Da bin ich mir nicht sicher, vielleicht war er in die Spionagearbeit verwickelt, bevor Sadie am Tatort auftrat, aber ich bin mir sicher, dass sie vor, während oder nach der Tat mitgewirkt hat."

„Beteiligung an seinem Mord?" Ich fragte.

"Nicht unbedingt; aber er war stark an seinem Fehlverhalten in Sachen Hochverrat beteiligt. Ich glaube, sie arbeitete eine Zeit lang an Gately durch Rodman, aber später wurde sie mutiger oder stellte fest, dass sie durch persönliche Besuche mehr erreichen konnte, und sie kam und ging mit dem geheimen Aufzug, ganz wie sie wollte."

„Ich hasse es, wenn Miss Raynor das weiß", sagte ich mit einem verstohlenen Blick auf Rivers, um zu sehen, wie er die Bemerkung aufnahm.

„Das tue ich auch", sagte er so offenherzig wie ein Junge; „Ich kann dir genauso gut sagen, Brice, dass ich dieses Mädchen liebe. Für mich ist sie die Krone der Weiblichkeit. Ich habe sie vom ersten Moment an verehrt, als ich sie sah. Aber verstehen Sie, ich habe keine Hoffnungen, keine Bestrebungen. Ich werde niemals einer Frau meine Hand und mein Herz anbieten, solange ich keinen Namen anbieten kann. Und ich werde nie einen Namen haben. Wenn ich meine eigene Identität noch nicht entdeckt habe, kann ich das nie. Nein, ich bin kein Pessimist, und ich weiß, dass irgendwann ein plötzlicher Schock mein Gedächtnis in einer Minute wiederherstellen könnte, aber ich kann mich nicht auf eine solche Möglichkeit verlassen. Ich habe das immer wieder mit Rankin besprochen – er ist der Arzt, der meinen Fall weiterverfolgt. Er sagt, dass ein plötzlicher und sehr heftiger Schock nötig sei, um mein Gedächtnis wiederherzustellen, und dass er kommen könne und – vielleicht auch nicht. Er sagt, es kann nicht erzwungen oder wissentlich herbeigeführt werden – es muss ein Zufall sein – ein Ereignis, das die trägen Zellen meines Gehirns erschüttern wird – oder so etwas in der Art – ich erinnere mich nicht an die wissenschaftlichen Begriffe ."

Rivers fuhr sich müde mit der Hand über die Stirn.

Ich war in einer Zwickmühle. Ich war zu dem Mann gegangen, mit der festen Absicht, ihn in Gatelys Büro zu locken und ihn mit der skizzierten Schneeflocke auf dem Löschblock zu konfrontieren. Da er mir nun seine Liebe zu Olive Raynor anvertraut hatte, schreckte ich davor zurück, irgendetwas zu tun, was beweisen könnte, dass er Amos Gatelys Mörder war. Denn ich mochte Miss Raynor auf eine zutiefst respektvolle und unanmaßende Weise. Und mir waren in letzter Zeit mehrere Dinge aufgefallen, die mich ziemlich sicher waren, dass ihre Freundschaft zu Rivers wahr und tief war, wenn es sich dabei nicht um mehr als Freundschaft handelte. Das würde zwar nur eine wankelmütige Loyalität gegenüber der Erinnerung an Amory Manning beweisen, aber wie Norah und ich uns einig waren, hatte Miss Raynor bei der Besprechung nie eine verzweifelte Trauer über Mannings Verschwinden gezeigt – zumindest nicht mehr Der Verlust eines zufälligen Freundes könnte erregen.

Aber ich wusste, wo meine Pflicht lag. Und so sagte ich: „Rivers, ich wünschte, Sie würden mit mir zu Mr. Gatelys Büro gehen. Glaubst du nicht, dass du , wenn du dort wärst – und du warst noch nie dort – zufällig auf einen Hinweis stoßen könntest, der der Aufmerksamkeit von Wise, Hudson oder mir entgangen ist?"

„Richtig!" er sagte; „Ich habe mir gedacht, dass ich gerne dorthin gehen würde. Nicht, wie Sie höflich vorschlagen, um übersehene Schlüssel zu finden, sondern einfach aus Gründen des allgemeinen Interesses. Ich bin darauf aus, den Mörder zu finden und auch die verschwundene Amory Manning aufzuspüren."

Kapitel XVII

Zizis Ahnung

„Er hat Angst", und Norah schüttelte weise den Kopf, während ihre grauen Augen einen besorgten Ausdruck hatten.

"Angst wovor?"

„Angst vor der Wahrheit. Sehen Sie, Mr. Brice, unser Freund Rivers macht niemandem etwas vor. Er ist in den meisten Punkten dieses Falles im Bilde, und jetzt kommt er auf sich selbst zu. Dieser schlaue kleine Teil der Menschheit, Zizi, weiß, dass er es ist. Da sie mit Miss Raynor zusammenlebt, hat sie natürlich jeden Tag Gelegenheit, Mr. Rivers zu sehen, denn er hält sich ewig im Raynor-Haus auf. Oh, ich meine nicht, dass er ein Faulenzer ist; bei weitem nicht. Im Gegenteil, sein zweiter Vorname ist Effizienz! Er erledigt eine Menge Arbeit an einem Tag."

„Was für eine Arbeit und woher wissen Sie so viel über ihn?"

Wir waren in meinem Büro und warteten auf Rivers, der versprochen hatte, zu mir zu kommen und einen Blick in die Gately-Räume zu werfen. Es war jetzt fast eine halbe Stunde nach der von ihm festgelegten Zeit, und da es nicht seine Gewohnheit war, zu spät zu kommen, war ich überrascht. Ich hatte begonnen, Rivers als einen Mann von Bedeutung zu betrachten, nicht nur in den Angelegenheiten, mit denen wir zu tun hatten, sondern er zeigte auch so viel allgemeines Können und Charakterstärke, dass ich mich fragte, wer oder was er wohl sein würde. Denn ich war mir sicher, dass er sich selbst finden würde, und selbst wenn er nie herausfinden würde, wer er gewesen war, würde er sich noch einen neuen Namen und eine lohnenswerte Persönlichkeit machen.

Auch Norah bewunderte ihn und schien genauso viel von seinen Fähigkeiten zu wissen, oder sogar mehr als ich selbst.

„Ich weiß nicht genau, um welche Art von Arbeit es sich handelt, aber ich denke, sie hängt mit den Geheimnissen zusammmen, mit denen wir selbst konfrontiert sind. Und ich weiß von ihm, weil Zizi es mir erzählt hat. Sie sieht alles , was er tut — wenn sie bei ihm ist, meine ich. Keine Geste oder Bewegung entgeht ihrer Aufmerksamkeit. Und sie beobachtet seine Haltung gegenüber Miss Raynor. Sie sagt — Zizi tut es —, dass Mr. Rivers bis über beide Ohren in Olive verliebt ist, aber er will es ihr nicht sagen, weil er, wie er es ausdrückt, ein selbsternannter Mann ist! Zizi hörte, wie er sich selbst so nannte, als er mit Miss Raynor sprach, und dann schaute er einfach weg und wechselte entschlossen das Thema. Aber sie denkt — Zizi glaubt es —, dass er

Tag und Nacht daran arbeitet, herauszufinden, wer er ist, und sie ist sicher, dass er es herausfinden wird. Außerdem arbeitet er daran, Mr. Gatelys Mörder zu finden, und er ist auf der Suche nach Amory Manning. Kein Wunder, dass der Mann beschäftigt ist!"

„Nun, warum hat er Angst, hierher zu kommen?"

„Ich bin mir nicht sicher, ob er das ist; Aber Sie wissen, dass Zizi eine Ahnung hat, dass er der Mörder ist, und ich denke, dass er es vielleicht auch ist. Diese Schneeflockenskizze beweist, dass er an diesem Tag dort war, und da seine Anwesenheit nicht erklärt wird, warum könnte er dann nicht der Jäger gewesen sein? Und warum kann er nicht eine Ahnung oder einen Verdacht davon haben und sich davor fürchten, seine Befürchtungen zu bestätigen?"

„Aber, meine Güte, Norah, selbst wenn er an diesem Tag in Gatelys Büro war, hätte er die Schießerei nicht durchführen müssen. Es gibt ungefähr eine Million anderer Besorgungen, bei denen er dort hätte sein können. Vielleicht war er ein Geschäftsreisender, verkaufte Spitzen und zeichnete den Entwurf für ein Muster."

„Manchmal, Mr. Brice, reden Sie wie ein Tom-Noddy! Tatsächlich Schlagzeuger! Ich kann Ihnen sagen, welcher Berufung auch immer Case Rivers folgte, es war ganz anders als die eines Handelsvertreters! Ich wette, er war zumindest Anwalt!"

"Mindestens!" Ich habe sie verspottet; „Verstehen Sie, beten Sie, ich halte meinen Beruf für etwas höher als den geringsten aller Berufe!"

„Ja, denn *du* würdigst es zu einem hohen Ansehen", und die grauen Augen schenkten mir das anerkennende Lächeln, das ich gesucht hatte. Ich kann genauso gut zugeben, dass mir diese beiden grauen Augen und ihr Besitzer sehr ans Herz gewachsen sind, und ich war ziemlich fest davon überzeugt, dass ich meine Aufmerksamkeit nach der Klärung des vorliegenden Falles darauf richten sollte, das ausschließliche Recht auf die Ausschreibung zu gewinnen Blicke, die diese Augen werfen könnten.

Aber gerade jetzt musste ich alle ablenkenden Gedanken ausschließen, und als ich mich wieder auf die gegenwärtige Situation konzentrierte, staunte ich erneut über das Nichtauftauchen von Case Rivers.

„Vielleicht ist er wieder durch die Erde gefallen", schlug Norah vor; „Übrigens, Herr Brice, was denken Sie über diesen Herbst? Zweifellos leidet Mr. Rivers unter einer seltsamen Halluzination, aber könnte es dennoch eine Grundlage geben, auf die er seinen Traum gestützt hat?"

"Vielleicht! Da muss sein! Sein Verstand ist zu sicher, um so verzweifelt an einem bloßen Traum festzuhalten. Er hatte ein seltsames Erlebnis, und dazu gehörte auch etwas, das er als durch die Erde fallend betrachtet."

"Wie zum Beispiel?"

"Ich weiß nicht. Aber ich habe eine vage Vorstellung von einem Autounfall. Sagen wir, ein Auto prallte gegen eine Steinmauer, wurde hoch in die Luft geschleudert und landete im East River …"

„Aber ich verstehe nicht, wie das bedeutet, dass man durch die Erde fällt."

„Nun, sagen wir, er ist ein hohes Ufer hinuntergerutscht, um den Fluss zu erreichen –"

„In der Nähe des Leichenschauhauses gibt es keine Hochbank, und er wurde an diesem Ort herausgefischt."

„Aber er hätte nicht da reinfallen müssen! Tatsächlich konnte er es nicht getan haben – er muss eine beträchtliche Strecke geschwommen oder getrieben sein, um ihm die Kleidung vom Leib gerissen zu haben – und einen Zustand der Erschöpfung und des Erfrierens erreicht zu haben, der so nahe am Tod gipfelte."

„Ja, aber Sie haben noch nicht einmal vorgeschlagen, durch die Erde zu fallen."

„In Ordnung, Miss Smarty, was ist Ihre Idee? Ich sehe, du brennst darauf, etwas hervorzubringen."

„Nur das, was ich von Anfang an gedacht habe. Ich glaube, er war in einem kalten Land, in Kanada oder irgendwo anders, und fiel durch einen Minenschacht oder in einen tiefen alten Brunnen oder vielleicht auch nur in eine Baugrube für ein neues, großes Gebäude. Aber was auch immer es war, sein letzter Eindruck war der eines Sturzes in die Erde. Als er dann zuschlug, wurde er bewusstlos. Dann wurde er in ein Krankenhaus oder irgendwohin gebracht, und da der Sturz sein Gedächtnis völlig ausgelöscht hatte, wurde er eingesperrt. Dann brach er irgendwie los und kam nach New York – oder vielleicht wurde er von den Ärzten zur Behandlung nach New York gebracht und entkam und warf sich entweder in den Fluss oder fiel versehentlich hinein, und als er gerettet wurde, wurde er gerettet Ich konnte mich noch an den Sturz erinnern, aber sonst an nichts, was seine Katastrophe betraf."

„Gut genug, Norah, als Theorie. Aber es scheint mir, dass er in diesem Fall von den Leuten, die ihn anführten, gesucht und gefunden worden wäre."

„Ah, das ist der Sinn des Ganzen! Sie wollen ihn nicht finden! Sie wissen genau, wo er ist und alles über ihn, aber sie wollen es nicht verraten, denn es entspricht ihren niederträchtigen Absichten, ihn verschwinden zu lassen!"

„Nun, Sie *haben* einen Plan ausgeheckt! Und er hat Amos Gately getötet?"

„Vielleicht, aber wenn ja, dann hat er es unwissentlich getan. Vielleicht haben diese Leute, die sich um ihn kümmern, ihn heimlich dazu hypnotisiert –"

„Oh, Norah! Komm weg! unterlassen! nachlassen! Das nächste, was Sie wissen, ist, dass er im Kino zu sehen ist! Denn all das hat man sich nie ausgedacht, ohne sich von irgendeinem Slapstick-Melodram Anregungen dazu holen zu lassen!"

„Na ja, Leute, die überhaupt keine Vorstellungskraft haben, können nicht erwarten, in ein Geheimnis hineinzuschauen! Aber Sie werden *hier* keinen Mr. Rivers sehen Morgen, das kann ich Ihnen versichern!"

Sie wandte sich ihrer Schreibmaschine zu und ich nahm den Hörer ab.

Ich konnte Rivers nicht an seiner Privatadresse erreichen und rief als nächstes Miss Raynor an.

Sie antwortete aufgeregt, dass Rivers ein paar Minuten bei ihr gewesen sei und dass er eine halbe Stunde zuvor gegangen sei. Sie flehte mich an, sofort vorbeizukommen.

Natürlich bin ich hingegangen.

Ich fand sie in einem seltsamen Geisteszustand. Sie wirkte wie jemand, der eine Entdeckung gemacht hatte und Angst davor hatte, sie versehentlich preiszugeben.

Aber als ich sie drängte, offen zu sein, beharrte sie darauf, dass sie nichts zu verbergen habe.

„Ich weiß nichts, Mr. Brice, wirklich nicht", wiederholte sie. „Ich meine, alles Neue oder alles, was ich dir nicht erzählt habe. Mr. Rivers war heute Morgen für einen sehr kurzen Anruf hier. Er sagte, dass sein Gedächtnis zwar nicht zurückgekehrt sei, er aber den seltsamen Eindruck gehabt habe, er sei auf der Suche nach einer Zeitung, als er durch die Erde fiel."

„Ist er in die Erde hinabgestiegen, um das Papier zu suchen?" Ich fragte, weil ich es für das Beste hielt, die Angelegenheit auf die leichte Schulter zu nehmen.

„Nein", erwiderte sie allen Ernstes, „aber er glaubt, dass er den Auftrag hatte, nach irgendeinem wertvollen Papier zu suchen, und dass er dabei zufällig durch die Erde gefallen ist. Es war der Schock, der sein Gedächtnis beeinträchtigte."

„Ausreichender Grund!" Ich konnte nicht anders, als es zu sagen.

Olive ärgerte sich: „Oh, ich weiß, dass du seiner Geschichte nicht glaubst – fast niemand glaubt das – aber ich schon."

"Ich auch!" und Zizi war im Zimmer. Man könnte von diesem Mädchen nie sagen, dass sie eingetreten ist oder hereingekommen ist – sie war einfach da – auf ihre stille, geheimnisvolle Art. Und dann saß sie mit ebenso unsichtbaren Bewegungen mir gegenüber, an Olives Seite, auf einer niedrigen Ottomane.

„Ich kenne Mr. Rivers sehr gut", verkündete Zizi, als wäre sie seine offizielle Sponsorin, „und was er sagt, ist wahr, egal wie unglaublich es klingen mag. Er sagt, er sei durch die Erde gefallen, und so *ist er auch* durch die Erde gefallen, und das ist alles, was dazu steht *!* "

„Gut für dich, Zizi!" Ich weinte. „Du bist ein treuer kleiner Champion! Und wie hat er das Kunststück geschafft?"

„Es wird zu gegebener Zeit erklärt werden", und Zizis große schwarze Augen nahmen einen sibyllinischen Ausdruck an, als sie mich direkt ansah. „Wenn Ihnen aus zuverlässiger Quelle gesagt würde, dass ein Mann in einem Flugzeug den Ozean überquert hat , würden Sie es glauben, nicht wahr?"

"Ja; aber das scheint mir kein Parallelfall zu sein", wandte ich ein.

„Case Rivers ist auch kein Parallelfall", kicherte Zizi, „aber er ist der Echte im Sinne von Earth Fallers." Und wenn du alles weißt, wirst du alles wissen!"

Das Kind ärgerte sich mit seinen törichten Erwiderungen, und doch war das entschlossene Schütteln ihres kleinen schwarzen Kopfes so überzeugend, dass ich fast versucht war, ihren Aussagen zu glauben.

„Sie sind eine kleine Sphinx, Zizi", und Olive sah sie liebevoll an, „aber ehrlich gesagt, Mr. Brice, sie hält meine Stimmung aufrecht und ist selbst so positiv in dem, was sie sagt, dass sie mich fast überzeugt." Was Frau Vail betrifft, sie schluckt alles, was Zizi für Gesetz und Evangelium sagt!"

„Und was sagst du jetzt, Zizi?" Ich fragte.

„ Nicht viel, gütiger Herr. Nur dass Case Rivers ein Gentleman und ein Gelehrter ist, dass sein Gedächtnis auf der Zielgeraden ist und vor sich hin brummt, und dass er, wenn er hinter einer Arbeit her ist, sie bekommt!"

„Und übrigens ist er Amos Gatelys –“

Ein Schmerzensschrei von Zizi unterbrach meine Rede, und sie sprang auf und tanzte durch den Raum, den Zeigefinger zwischen ihre roten Lippen gesteckt und ihr kleines, unheimliches Gesicht wie vor Schmerz verzerrt.

„Oh, was ist denn, Zizi?“ rief Olive und rannte zu dem verzweifelten Mädchen.

Als Mrs. Vail den Aufruhr hörte, kam sie hereingelaufen, und sie und Olive hielten Zizi zwischen sich und bettelten darum, zu erfahren, wie sehr sie verletzt sei.

Zizi nutzte die Gelegenheit und sah mich über Mrs. Vails Schulter hinweg an, und die Botschaft, die aus ihren Augen schoss, war genauso verständlich, als hätte sie gesprochen. Darin hieß es: „Erwähnen Sie keinen Hinweis auf eine mögliche Verbindung von Case Rivers mit dem Gately-Mord und erwähnen Sie nicht die Schneeflocke, die auf dem Schreibpapier in Mr. Gatelys Büro gezeichnet ist.“

Ja, es war eine ziemlich lange und umfassende Rede, die man ohne Worte halten konnte, aber die sprechenden schwarzen Augen sagten es so deutlich, wie es die Lippen hätten tun können.

Ich nickte gehorsam, und dann kicherte Zizi und mit ihrer unnachahmlichen Unverschämtheit wandte sie sich an Olive und sagte: „Ich bin wie die Weiße Königin in ‚Alice‘, ich habe mir noch nicht den Finger gestochen, werde es aber wahrscheinlich tun.“ , irgendwann mal."

„Was hast du dann geschrien?“ fragte Mrs. Vail, geneigt, wütend zu sein, während Olive amüsiert und verwirrt aussah.

„Notfall“, und Zizi grinste sie an. „Erste Hilfe für Verletzte – oder vielmehr Prävention, die mehr wert ist als Erste Hilfe!“

"Du bist verrückt!" sagte Mrs. Vail, ein wenig verärgert darüber, dass sie sich so täuschen ließ. „Ich dachte, du wärst fast getötet worden!“

„Als Sie einmal eine Dame kannten, die fast getötet worden wäre, hat sie dann so geschrien?“ fragte Zizi mit einem unschuldigen Lächeln.

"Ja!" rief Frau Vail aus; „Aber woher wussten Sie, dass ich einmal gesehen habe, wie eine Dame beinahe getötet worden wäre?“

"Gedankenlesen!" antwortete Zizi, und dann kam Pennington Wise, und wir alle ignorierten Mrs. Vail und ihre Garne schamlos, um seinem Bericht zuzuhören.

„Es gibt viel zu tun", sagte er, „und", fügte er sanft hinzu, „es tut mir leid, Ihnen unangenehme Neuigkeiten zu überbringen, Miss Raynor, aber früher oder später müssen Sie es erfahren –"

„Ich weiß es", sagte Olive tapfer; „Du wirst mir sagen, dass mein Vormund kein guter Mann war."

"Das ist so; Es ist sinnlos zu versuchen, die Wahrheit abzumildern. Amos Gately war der Empfänger wichtiger Regierungsgeheimnisse, die Sadie Kent, die Telegrafin, erfuhr. Sie trug sie zu Rodman, der sie wiederum an Gately weiterleitete, der offenbar eine Möglichkeit hatte, die Informationen an den Feind weiterzugeben. Natürlich wurde die kürzlich entdeckte geheime Funkstation sowie andere Kommunikationsmittel genutzt. Ich werde nicht ins Detail gehen, Miss Raynor, aber Amos Gately war der „Mann von oben", der sich wegen seines unanfechtbaren Rufs für Integrität und auch wegen der unendlichen Vorsichtsmaßnahmen, die er getroffen hatte, vor einer Entdeckung sicher glaubte. Wäre er nicht dem persönlichen Charme von „The Link" zum Opfer gefallen, wäre sein Anteil am Unrecht vielleicht nie erfahren worden."

Olive hörte all dem zu, bleich und still, ihre Lippen eine angespannte, scharlachrote Linie, ihr Gesichtsausdruck eine steinerne Ruhe.

Zizi, die sie genau und mit liebevoller Fürsorge beobachtete, legte ihre kleine braune Pfote in Olives Hand und bemerkte mit Befriedigung das schwache Antwortlächeln.

„Vielleicht", sagte Olive nach einer nachdenklichen Pause, „ist es dann auch gut so, dass Onkel Amos nicht in Ungnade gefallen ist – nicht überlebt hat."

„Das ist es", sagte Wise ernst; „Ihm hätte ein Bundesgefängnis droht , wenn alles zu seinen Lebzeiten entdeckt worden wäre. Das wird Rodmans Schicksal sein – wenn er nicht wegen Mordes verhaftet wird. Aber ich denke, das wird er nicht sein. Denn sein Alibi entlarvt ihn, und um der schwerwiegenderen Anklage zu entgehen, hat er so viel über das Spionagegeschäft erzählt."

„Und so", sagte ich, „sind wir so weit von der Entdeckung des Mörders entfernt wie nie zuvor?"

„Man kann es nie sagen", erwiderte Wise; „ Vielleicht stehen wir kurz davor, das Rätsel zu lösen. Rivers ist auf dem Kriegspfad –"

„Ich denke, ich sollte Ihnen sagen, Mr. Wise", unterbrach Olive, „dass Mr. Rivers heute Morgen hier war, und er scheint einen leichten Schimmer einer zurückkehrenden Erinnerung zu haben."

"Er hat? Gut! Dann wird ihm alles wieder einfallen. Ich habe mich über die Aphasie-Amnesie-Thematik informiert, und wenn der Patient anfängt, sein Gedächtnis wiederzuerlangen, fällt ihm oft alles mit einem Knall zurück! Wo ist Rivers?"

„Er ist weggegangen – ich weiß nicht wohin –" Olives Lippen bebten, und sie zeigte ihre Gefühle so deutlich, dass wir alle sofort sahen, dass sie befürchtete, Rivers sei geflohen, *wegen* seiner wiederkehrenden Erinnerung.

„Es ist alles in Ordnung", erklärte Zizi standhaft; "Herr. Flüsse sind durchsichtig weiß! Er wird bald zurückkommen und die Zeitung mitbringen, nach der er sucht."

„Welches Papier?" fragte Wise.

„Die Poiper ! die Poiper !" spottete Zizi; „Hast du jemals einen Fall kennengelernt, oh, kluger Kerl, bei dem es nicht um einen Poiper ging ? Nun ja, die Anklagepunkte in dem Fall sind das, wofür er sich so sehr interessiert ! Sehen?"

Spiel spielte, war sie unwiderstehlich lustig und wir lachten alle, was sie wollte, um die Situation etwas zu entlasten.

Flüsse waren in der Tat ein Rätsel. Ich glaube, jeder von uns hatte das Gefühl, dass er mit der Gately-Affäre in Verbindung gebracht werden könnte. Wir alle, außer Olive – und wer konnte sagen, was sie dachte?

Aber Pennington Wise hatte eine Frage zu stellen, und er stellte sie direkt.

„An diesem Tag wurden Sie in das Haus von Sadie ‚The Link' gelockt, Miss Raynor", begann er, „Sie sagten, oder besser gesagt, Sie stimmten zu, als Rodman sagte, Sie seien seine *Verlobte* . Verrätst du uns warum?"

Olive errötete, aber eher vor Wut als vor Verlegenheit.

„Der Mann drohte mir", sagte sie, „er versuchte zunächst, mit mir zu schlafen, und als ich ihn zurückwies, sagte er mir, dass er etwas erzählen würde, das für die Erinnerung ein lebendiger Vorwurf wäre, wenn ich ihm nicht versprechen würde, ihn zu heiraten." meines toten Vormunds. Ich erklärte, er könne nichts gegen Amos Gately sagen. Dann flüsterte er, dass Mr. Gately ein Spion sei! Ich konnte es nicht glauben, und doch hatte ich nur ein paar Dinge gesehen und nur ein paar Worte gehört, die mein Herz mit der Angst erfüllten, dass Mr. Rodman die Wahrheit sagte. Also dachte ich, ich sollte besser sagen, worum er mich gebeten hat, obwohl ich wusste, dass ich mich lieber umbringen würde, als ihn jemals zu heiraten. Aber ich hatte keine große Angst, außer dass ich wusste, dass ich in seiner Macht war. Oh, ich denke nicht gern an diesen Tag!"

Olive brach zusammen und verbarg ihr Gesicht in ihren Händen, während Zizis dünne Ärmchen sie umschlangen und festhielten.

„Nur noch eine Frage, Miss Raynor", und Wise sprach sehr sanft; „Sind Sie – waren Sie mit Amory Manning verlobt?"

Olive hob ihr Gesicht und sagte gelassen: „Nein, Mr. Wise, ich war nie mit ihm verlobt. Wir waren gute Freunde, und ich glaube, er schätzte mich sehr, aber es gab nie ein Wort der Zuneigung zwischen uns. Ich bewundere und respektiere Herrn Manning als Freund, aber das ist alles." Und dann überzog Olives Gesicht eine schöne Röte, gefolgt von einem Ausdruck des Schmerzes – und wir wussten, dass sie an Rivers und seinen möglichen Abfall dachte. Noch nie habe ich das Gesicht einer Frau so leicht zu lesen gesehen wie das von Olive Raynor. Vielleicht wegen ihres reinen, durchsichtigen Charakters, denn in meiner erzwungenen Vertrautheit mit ihr, während ich ihr Anwesen verwaltete, hatte ich gelernt, dass sie ein außergewöhnliches Wesen war, hochmütig, fein und in allen Dingen gewissenhaft.

„Ich kann mir nicht vorstellen", fuhr Olive fort, „dass Mr. Manning jemals gefunden wird." Ich glaube, er wurde getötet."

"Warum?" fragte Wise kurz.

„Wissen Sie, er war ein Geheimdienstmann. Viele Male ist er in seinem Leben nur mit knapper Not davongekommen, und – da bin ich mir nicht sicher – aber ich glaube, jetzt war er dem Spionagenest auf der Spur, mit dem mein – mit dem Mr. Gately verwechselt wurde . Ein paar kleine, sonst unerklärliche Vorkommnisse machen mir das jetzt klar, obwohl ich es vorher nie geahnt habe. Mein Onkel mochte Herrn Manning nicht, und das lag vielleicht daran, dass er wusste, dass er im Dienst der Regierung stand. Und obwohl ich weiß, dass Mr. Gately niemals einen Finger gerührt hätte, um Amory Manning aus dem Weg zu räumen, könnte es sein, dass George Rodman dies getan hat. Oh, es ist alles so mysteriös, so kompliziert, aber ich bin mir sicher, dass Case Rivers in keiner Weise mit der ganzen Angelegenheit zusammenhängt. Er ist ein Mann aus einer fernen Stadt, er ist in New York unbekannt, und er –" Hier brach Olive völlig zusammen und brach in hysterisches Weinen aus.

Zizi stand auf und forderte Olive sanft auf, mit ihr aus dem Zimmer zu gehen.

Es herrschte Stille, als die beiden Mädchen verschwanden. Es wurde von Mrs. Vail gebrochen, die traurig bemerkte: „Ich hoffe wirklich, dass der nette Mr. Rivers zurückkommt, denn die liebe Olive ist *so* verliebt in ihn."

"Was!" rief Pennington Wise, „Miss Raynor verliebt in Rivers! Das wird niemals gehen! Wir haben keine Ahnung, wer er ist. Er könnte ein Glücksjäger der niedrigsten Sorte sein!"

"Oh nein nein!" bestritt Frau Vail, „er ist ein äußerst höflicher Herr."

„Das zählt nicht", stürmte Wise; „Obwohl ich vielleicht gerade zu heftig gesprochen habe, als ich ihn beschimpfte!"

„Zumal er keinen Namen hat!" Ich habe eingefügt; „Tatsächlich nennt er sich selbst einen selbsternannten Mann!"

Wise lächelte: „Er ist ein witziger Kerl", räumte er ein, „und ich mag ihn ungemein." Aber es liegt an uns, Brice, die Interessen von Miss Raynor zu wahren, und ein möglicher Bewerber um die Hand einer Erbin sollte zumindest seine eigenen Vorfahren kennen! Und wenn er sein Gedächtnis nicht wiedererlangt und es leugnen kann, besteht eine gute Chance, dass er am Gately-Mord beteiligt war. Wir können dem Schneeflockenmuster auf der Schreibunterlage nicht entkommen. Rivers war da, in diesem Raum, er saß an Gatelys Schreibtisch, Gately selbst gegenüber, – ich meine, das ist natürlich die Art und Weise, wie ich die Sache rekonstruiere – und wenn er Gately nicht sofort erschossen hat, zumindest Wir haben keinen Beweis dafür, dass er es nicht getan hat."

„Ich glaube, das hat er", gab ich zu, denn Wises Aussage zu der Sache war überzeugend – und außerdem war das auch Norahs Meinung.

„Nun, denken Sie noch einmal darüber nach!" kam mit wilder kleiner Stimme, und da war Zizi an meiner Seite und schüttelte mir mit ihrer kleinen geballten Faust ins Gesicht. "Herr. Badman Brice, es kommen noch viele weitere Gedanken auf dich zu, und damit solltest du am besten gleich jetzt anfangen! "

Sie sah aus wie eine kleine Wut, als sie um meinen Stuhl herumtanzte und die Fläschchen ihres Zorns explodieren ließ. „Dass Mr. Rivers ein absolut guter Mann ist – ich weiß! Er und Fräulein Olive sind verliebt , aber sie wissen es kaum selbst, – Gott segne sie ! Und Mr. Rivers, er wird es ihr sowieso nicht sagen, weil er ein Adliger ist – vielleicht einer von der Natur – und vielleicht ist er auch ein echter aus Kanada oder wo auch immer er herkommt. Aber er hat sowieso genauso wenig jemanden getötet wie ich!"

„In Ordnung, Ziz , – Tyrann für dich! Als treuer Freund bist du für alles da!“
Wise lächelte sie an. „Aber schließlich können Sie sich nur auf Ihre Loyalität
verlassen. Du *weißt* das alles nicht .“

„Ich habe eine Ahnung“, sagte Zizi und schlug mit einer kleinen Faust in die
andere Handfläche, „und wenn es um Gewissheit geht – Tod und Steuern
haben nichts mit meinen Ahnungen zu tun!“

Kapitel XVIII

Klar wie Kristall

"Hallo Leute! Was ist los, Zizi? Ich werde auf deiner Seite sein! Verlass dich auf mich, Kleiner, bis zum letzten Graben. Und wenn ich Jupiter überspringe, Brice, glaube ich, dass der letzte Graben auf mich zukommt! Nein, ich habe meine durchgebrannte Erinnerung noch nicht im Griff, aber ich habe es geschafft . Ich habe einen Schimmer eines Lichtstrahls in meiner dunklen, mysteriösen Vergangenheit gesehen, und ich habe mich direkt an den guten kleinen alten Doktor Rankin gewandt , der jedes Mal mein Unruhestifter ist. Und er sagt, dass es der Anfang vom Ende ist. Dass ich jeden Tag, fast jede Stunde, als vollgedienter und ordnungsgemäß getaufter Bürger hervorbrechen kann ."

„Gut für dich, alter Junge", und begeistert von der Hochstimmung in seiner Stimme streckte ich meine Hand aus. „Geh rein und gewinne!"

„Oh, wird es nicht gut sein, wenn du dich erinnerst?" rief Frau Vail und rang vor Aufregung die Hände; „Warum, ich kannte einmal einen Mann –"

„Ja", ermutigte Rivers sie auf seine freundliche Art, „was ist mit dem Glücklichen passiert?"

„Na ja, er war so betroffen wie du – oder wie du –", aber Wise konnte die scheinbar lange Geschichte nicht ertragen.

„Entschuldigen Sie, Mrs. Vail", unterbrach er sie, „aber wirklich, ich muss jetzt weglaufen und möchte zuerst ein oder zwei Worte mit Mr. Rivers."

Die gute Dame ließ nach, aber es war deutlich zu sehen, dass sie enttäuscht war.

"Darf ich rein kommen?" und eine lächelnde Olive erschien in der Tür. „Werde ich gesucht?"

„Werden Sie gesucht?" Das eifrige, hungrige Lächeln, das Rivers ihr schenkte, war erbärmlich. Denn es war so spontan, so freudig einladend, dass es war, als ob ein Licht plötzlich erloschen wäre, als der Mann bei genauerem Nachdenken seine wahren Gefühle verbarg und mit einer höflichen, aber eher förmlichen Miene auf ihn zutrat.

„Du bist immer gefragt", fuhr er leichthin fort, aber die Freude war aus seinem Tonfall verschwunden und es resultierte lediglich eine freundliche Begrüßung. Sicherlich war er ein Gentleman, aber er würde keine Fortschritte machen, solange er sich seines Anspruchs auf diesen Titel nicht sicher war.

Und dann sah er sie neugierig an, als würde er sich fragen, ob sie in seiner wiederhergestellten Erinnerung überhaupt einen Platz einnehmen würde – sollte die Wiederherstellung wirklich stattfinden.

Es war Zizi, die das Schweigen brach, das sich über uns alle legte.

„Ich will meinen Willen, Penny", sagte sie in einem so wehmütigen, flehenden Ton, dass ich mir sicher war, dass kein atmendes menschliches Herz sie ablehnen könnte.

„Was ist dein Weg, Zizi?" Sagte Wise sanft.

„Ich möchte, dass wir alle – alle – rüber zu Mr. Gatelys Büro gehen –"

„Komm voran!" schrie Rivers; „Ich habe dem alten Brice hier versprochen, dass ich noch heute gehen würde, und habe meinen Termin gebrochen. Tut mir leid, alter Mann, aber ich musste Freund Doktor auf dem Sprung sehen. Lasst uns jetzt gehen, entsprechend der Laune der Hexe, und wir werden den großen Wagen nehmen und alle gehen."

Er nannte Zizi oft die Hexe oder das Elfenkind, und ihr gefiel es von ihm, obwohl sie normalerweise jede Vertrautheit ablehnte.

Sie lächelte ihn an, aber ich bemerkte eine unterschwellige Traurigkeit in ihrem Blick und wusste, dass sie an den Beweis des Schneekristalls dachte.

Denn obwohl Zizi Rivers sehr mochte und obwohl sie wirklich an seine Unschuld glaubte, galt ihre ganze Treue Pennington Wise, und ihre Ahnung von der Schneeflockenzeichnung könnte in mehr als einer Hinsicht zu katastrophalen Folgen führen.

Olive schreckte davor zurück, das Büro ihres Vormunds aufzusuchen – sie war seit der Tragödie nie mehr dort gewesen –, aber ein paar geflüsterte Worte von Zizi überredeten sie, zuzustimmen, uns zu begleiten.

Und um der Sache zu helfen, sagte ich ihr, dass sie, wenn sie es vorziehe, nicht in Mr. Gatelys Zimmer zu gehen, während unseres Aufenthalts bei Norah in meinem Büro bleiben könne.

Mrs. Vail bestand darauf, dabei zu sein, und rannte zügig davon, um ihre Haube zu holen.

Die Atmosphäre schien besonders von einem Gefühl drohender Katastrophe erfüllt zu sein, und doch hätte sich keiner von uns zurückgehalten. Pennington Wise war sehr ernst und ruhig; Zizi hingegen war wie elektrisiert. Sie sprang mit schnellen, schnellen Bewegungen hin und her, kicherte fast hysterisch und wurde dann plötzlich ganz sanft und zärtlich. Sie rannte selbst zu Olives Umhängen, holte sie und zog sie mit der sorgfältigen Miene einer Mutter an, die ihr Kind anzieht.

Olive selbst war wie benommen. Hin und wieder blickte sie Rivers mit einem schüchternen, aber wehmütigen Blick an, und er blickte mit einem breiten, herzlichen Lächeln zurück, das ihre Seele zu erwärmen schien.

Wir stiegen in den großen Tourenwagen und rannten schnell zum Puritan Building.

Dann gingen wir alle zuerst in mein Büro. Norah erledigte die Höfe so hübsch wie jede Gastgeberin in ihrem eigenen Zuhause, und ihr taktvolles Geschick half Olive, ihre Angst vor dem Ort zu überwinden.

„Nun“, sagte Rivers schließlich, „worauf warten wir noch? Ich dachte, wir sollten zu Mr. Gatelys Zimmern gehen. Vielleicht würden Miss Raynor und Mrs. Vail lieber hier bei Miss MacCormack bleiben .“

„Nein“, sagte Olive bestimmt, „ich möchte auch gehen.“

Norah sah sie unsicher an. Dann erkannte sie wahrscheinlich, dass es für Olive schwieriger sein würde, zurückzubleiben, als sich dem zu stellen, was auch immer passieren könnte, und sagte ganz beiläufig: „Sehr gut, Miss Raynor, lassen Sie uns alle gehen.“

Ich denke, wir waren alle von einem Gefühl der Angst erfüllt, einer Art Vorahnung, dass der Besuch auf der anderen Seite des Saals schwerwiegende Folgen haben würde.

Rivers war der Unbeschwerteste in der Gruppe, und dennoch hatte ich irgendwie das Gefühl, dass seine Fröhlichkeit gezwungen war.

„Die Schlüssel, Brice?“ er sagte; „Oh, du hast sie. Also gut, mein Junge, mach weiter.“

Und dann überkam ihn auch die gleiche Stille, die über uns allen herrschte, und wir betraten schweigend die Räume.

Ich ging zuerst durch Jennys Zimmer, dann in das mittlere Zimmer und blieb direkt hinter dem Schreibtisch stehen.

Rivers war als nächstes dran, aber Zizi schob ihren geschmeidigen kleinen Körper durch die Gruppe und kam direkt vor ihm durch die Tür.

Flüsse mündeten mit dem seltsamsten Ausdruck, den ich je auf einem menschlichen Gesicht gesehen habe. Es war ein Übergang – nicht plötzlich, sondern allmählich – von der Dunkelheit des Vergessens zum Anbruch der Erinnerung.

Und dann, gerade als er sich Amos Gatelys Schreibtisch näherte, führte Zizi ihn ohne scheinbare Beharrlichkeit – tatsächlich ohne scheinbare Absicht – zu dem Stuhl gegenüber von Mr. Gatelys Schreibtischstuhl.

Mechanisch, fast unbewusst, ließ sich Rivers auf den Sitz fallen und setzte sich an den großen Tisch – genau dort, wo vermutlich der Mörder von Amos Gately gesessen hatte.

Mit einer ihrer plötzlichen, schnellen Bewegungen steckte Zizi den Telefonhörer in seine linke Hand, die sich unwillkürlich öffnete, um ihn aufzunehmen, und so den Blick auf den auf die Schreibunterlage gezeichneten Schneekristall freigab.

Es herrschte Totenstille über uns alle, als Rivers da saß und auf die kleine Skizze starrte. Er verschlang es förmlich mit seinen Augen, während sein Gesicht fest wurde – wie ein Gesicht aus Stein.

Dann hob er seine leeren, starrenden Augen und suchte nach Olive, und als er sie direkt ansah, stieß er einen leisen, durchdringenden Schrei aus – der ihm wie einer Seele im Todeskampf entrissen wurde – und sagte:

„Ich habe Amos Gately getötet!"

Ich denke, die Szene, die auf diese Ankündigung folgte, war die seltsamste, die ich je erlebt habe. Ich selbst spürte ein plötzliches Absinken, als wäre der Boden aus dem Universum gefallen. Tatsächlich schoss mir die skurrile Idee durch den Kopf, dass ich „durch die Erde fallen" würde – oder in ein Fass ohne Boden.

Die weißen Gesichter, die ich ansah , bedeuteten mir nichts – ich sah sie wie in einem Traum, so benommen war meine Intelligenz.

Und dann nahmen sie ihre Individualität an und ich sah, dass Olives schönes Gesicht völlig ausdruckslos war; Wie ich verstand sie nicht die volle Bedeutung von Rivers' Geständnis.

Mrs. Vail lag mit geschlossenen Augen schlaff in einem Stuhl und stöhnte hörbar, während Norah ihr Gesicht in einem Seidenvorhang in der Nähe vergrub und schluchzte.

Pennington Wise sah aus wie ein Mann, der gerade das Schlimmste gehört hatte , aber damit gerechnet hatte. Der Schock hatte ihn jedoch verunsichert, wie ich an seinen fest geballten Händen und zusammengepressten Lippen erkennen konnte, als er versuchte, sich zu beherrschen.

Rivers stand da wie eine steinerne Statue, nur seine verzweifelt konzentrierten Augen zeigten die furchtbare geistige Anspannung, unter der er litt.

Zizi, – Gott segne sie! – stand hinter ihm, – schwebend, wachsam – eher wie ein Schutzengel als wie eine Nemesis, und mit ihrem unheimlichen, elfenhaften Gesicht voller ängstlicher Spannung.

Flüsse seufzten lange; Er schaute sich abschätzend im Raum um, sein schneller, flüchtiger Blick erfasste jedes Detail, er überflog den Schreibtisch und alle darauf befindlichen Dinge, er blickte in den gegenüberliegenden Raum – das Blaue Zimmer – und sah die große Kriegskarte hängen an der Wand, und dann erhob er sich, streckte seine breiten Schultern und schüttelte sich wie einer, der aus dem Schlaf erwacht.

Atemlos sahen wir, die wir zusahen, wie ein großes Licht in seine Augen trat – eine neue Selbstachtung, ein neues Gefühl der Wichtigkeit zeigte sich in seiner gesamten Haltung und mit einem Lächeln unendlicher Zärtlichkeit blickte er Olive an und sagte:

„Ich bin Amory Manning!“

schrie Zizi. Es gibt kein anderes Wort dafür. Ihre Freudenschreie erfüllten den Raum, und sie tanzte umher und wedelte mit ihren dünnen Ärmchen wie eine wahre Elfe.

"Es ist alles in Ordnung!" Sie schrie vor Ekstase : „Oh, Penny, es ist alles in Ordnung!“ und mit einem Satz durch den Raum landete sie in Wises Armen, der ihr auf die Schulter klopfte und sagte:

„So, so, Ziz , mach dich *jetzt* nicht flach !“

In der Zwischenzeit fand Rivers zu sich selbst. Er stand still da, seine Hände umklammerten fest die Stuhllehne und sein Gesicht arbeitete, während er die Erinnerungen aufnahm und klassifizierte, die sich dicht in seinem belasteten Gehirn drängten.

„Moment mal“, sagte er und kämpfte mit seinen Gedanken, „ich weiß alles darüber, aber –“

„Amory!“ rief Olive, „das ist deine *Stimme* ! “ Ich kenne dich *jetzt* !“

Wir alle konnten die Veränderung in seiner Rede bemerken. Bis zu diesem Moment hatte Rivers in den eigentümlichen Tönen gesprochen , die mir aufgefallen waren, als ich ihn zum ersten Mal traf. Monotone Töne, fast ohne Tonfall. Jetzt war seine Stimme normal und sogar melodiöser als der Durchschnitt.

Sicherlich hatte der Mann sich selbst gefunden, aber wenn er wirklich Amory Manning war – nun, mein Verstand weigerte sich, weiter zu gehen.

Und er hatte auch gesagt, dass er Amos Gately getötet hatte!

Aber ich hatte nicht das Bedürfnis, Fragen zu stellen oder mich auch nur zu wundern, denn der Mann vor uns wirkte so verantwortungsbewusst und so fähig, sich selbst zu erklären, dass ich wie der Rest der Versammlung lediglich auf seine weitere Rede wartete.

„Es gibt so viel zu erzählen", sagte er und sein Lächeln verwandelte sich in einen Ausdruck des Schmerzes. Er warf Olive einen weiteren Blick zu und machte sogar einen Schritt auf sie zu – dann schien er zusammenzubrechen, ließ sich in den Stuhl zurücksinken, den er verlassen hatte, verbarg sein Gesicht in seinen Händen und stöhnte.

"Mach weiter!" flüsterte eine gebieterische kleine Stimme, und Zizi war wieder hinter ihm, ihre Hand auf seiner Schulter, ihr Tonfall eindringlich und ermutigend.

"Ich werde!" und Manning, denn wir hatten jetzt keinen Zweifel mehr an seiner Identität , sprach bestimmt und mutig. Er sah Olive nicht an und es war klar, dass dies Absicht war.

Stattdessen wandte er sich an Zizi und schien sich an sie zu wenden.

Er hätte es nicht besser machen können, wenn er hilfreiches Mitgefühl gewollt hätte, denn die schwarzen Augen, die ihn anstarrten, waren sanft und zärtlich mit etwas wie mütterlicher Sanftheit.

Diese selten gezeigte Stimmung von Zizi war einer ihrer größten Reize, und Manning nahm sie dankbar an und ließ sich davon helfen.

„Soll ich jetzt und hier alles erzählen ?" fragte er mit einem Blick auf Pennington Wise.

„Ja", sagte der Detektiv nach kurzem Nachdenken. „Ja, wenn du so willst."

"Sehr gut, dann." Manning war jetzt vollkommen gefasst, aber es war offensichtlich, dass er sich mit großer Anstrengung zusammenhielt. Außerdem vermied er es sorgfältig, in Olives Richtung zu blicken.

Das beunruhigte mich ein wenig, denn meiner Meinung nach war er ein schuldiger Mann, und das hatte er auch tatsächlich erklärt.

Norah und ich wechselten einen Blick des Verstehens – oder vielmehr des Nichtverstehens – und Manning begann seine Geschichte.

„Ich denke, ich fange gleich hier an", sagte er langsam, methodisch und mit der Miene eines Menschen, der eine unangenehme Pflicht zu erfüllen hat, aber nicht die Absicht hat, sich vor irgendeinem Teil davon zu drücken.

„Ich erinnere mich an alles – an alles – und es ist nicht alles eine angenehme Erinnerung! Aber es muss gesagt werden, und dann muss ich sofort gehen und mich bei meinen Vorgesetzten melden.

„Ich bin Amory Manning, eine Spezialagentin des Secret Service. Ich wurde von der Regierung beauftragt, einen bestimmten Zweig des feindlichen Spionagesystems in New York City zu jagen, und in Erfüllung meiner Pflicht erfuhr ich, dass Amos Gately der Mann war, den ich suchte."

Manning wandte den Blick immer noch von Olive ab, sondern blickte fast ständig auf Zizi, deren dunkles, kleines Gesicht voller Mitgefühl jedes seiner Worte aufzusaugen schien.

„Ich wusste alles über Rodman, ich war Sadie, ‚The Link', auf der Spur und kam an diesem Nachmittag hierher, hauptsächlich um ein belastendes Papier zu bekommen, das ein eindeutiger Beweis gegen Gately gewesen wäre, und ich hatte den Befehl zur Verhaftung ihn, wenn er nicht in der Lage war, sich zu klären.

„Wir hatten ein turbulentes Interview und ich stellte fest, dass der Mann des schlimmsten Verrats schuldig war. Er war Empfänger der von „The Link" verkauften gestohlenen Informationen gewesen und hatte sie über eigene geheime Kanäle an die feindliche Regierung weitergeleitet. Ich habe ihn dafür angeklagt, und er hat sich gewehrt. Ich habe versucht, ihn zu überwinden und ihn friedlich aufzunehmen, aber er war verzweifelt und entzog sich meinem Griff. Er rannte auf die Karte im Nebenzimmer zu, und ich blieb genau hier stehen, wo ich jetzt sitze. Ich hatte den Stuhl in unserem Kampf umgeworfen, und als ich plötzlich sah, wie er die Karte beiseite schob und einen zweifellos geheimen Weg einschlug, schoss ich auf ihn. Natürlich hatte ich nur vor, ihn zu beflügeln – nur um seine Flucht zu verhindern –, aber als ich feuerte, drehte er sich um und traf die Kugel in seinem Herzen. Natürlich wusste ich das damals noch nicht, und ich wusste auch nicht, wohin er gegangen war. Aber ich hörte das Auto herabfahren und wusste, dass es ein privater Aufzug sein musste.

„Ich rannte in diesen Raum, und als ich den Aufzugseingang hinter der befestigten Karte fand, flog ich in den Flur und nach unten. In meiner Eile, da kein Auto wartete, dachte ich, ich könnte über die Treppe schneller hinunterkommen. Aber nachdem ich zwei Stockwerke hinuntergerannt war, sah ich einen wartenden Aufzug und stieg ein. Ich hatte meine Pistole irgendwo fallen lassen, als ich versuchte, sie in die Tasche meines Mantels zu stecken, als ich die Treppe hinunterrannte. Aber ich habe an nichts anderes gedacht, als die Flucht meines Gefangenen zu verhindern. Natürlich wusste ich damals nicht, wie schwer er verletzt war.

„Ich habe den Ausgang des Privataufzugs nicht gefunden und hätte mir nicht vorstellen können, dass er sich im Gebäude nebenan befindet, also bin ich eine ganze Weile auf der Suche nach diesem Gebäude gewesen. Ich habe das Erdgeschoss, den Keller und das Untergeschoss untersucht, konnte es aber nicht finden. Völlig verwirrt begann ich die Suche noch einmal, und dann kam Olive, Miss Raynor, und später stellte ich fest, dass andere die Leiche des Mannes entdeckt hatten, den ich erschossen hatte.

„Ich habe nur gewartet, um sicherzugehen, und habe dann sofort damit begonnen, dem Bundesamt Bericht zu erstatten.“

„Ich weiß es“, unterbrach ich, unfähig, still zu bleiben, als die Erinnerung in mir aufstieg, „und du bist mit der Straßenbahn die Third Avenue entlang gefahren –“

„Das habe ich“, Mannings Gesicht zeigte nur die intensive Anstrengung, die Szene zu rekonstruieren, „Ich wollte unterwegs in meinen Zimmern anhalten, um etwas zu holen, das ich brauchte, und –“

„Moment mal“, sagte Wise, „ich interessiere mich für die Case Rivers-Phase Ihrer Existenz. Vergiss nicht, dass du der Mann bist, der durch die Erde fiel.“

Ein seltsames Lächeln huschte über Mannings Gesicht.

„Ich komme gerade dazu“, sagte er; „Ich bin dieser Mann, und ich kann Ihnen jetzt sagen, wie, wohin und warum ich die Reise gemacht habe!“

Alle Augen waren auf ihn gerichtet. Dieses seltsame Gerede – und er war bisher so vernünftig gewesen. War die Halluzination, durch die Erde zu fallen, dazu bestimmt, seinen neugewonnenen Verstand zu schädigen?

„Weiter“, wiederholte Zizi, und die Ruhe ihrer Stimme stellte Mannings Haltung wieder her und weckte auch meine Hoffnungen auf eine plausible Erklärung.

„Du warst bei mir, Brice“, Manning sah mich an, als ob er eine Bestätigung suchte.

"Ja; Ich war mit dir im Auto, aber wir waren nicht nahe genug, um zu reden. Es war eine große Menschenmenge da – und ich stand am hinteren Ende, während Sie weit vorne waren. Aber ich sage, Rivers, es ist kaum zu glauben, dass du der Mann im Auto warst! Naja, du bist nicht derselbe Typ———“

„Moment mal", der Sprecher wedelte mit der Hand, als wollte er die Unterbrechung unterdrücken, „Das *bin ich* Manning, ich werde es später erklären, aber jetzt möchte ich diese Gelegenheit gut in den Griff bekommen. Ich bin vorne aus dem Auto gestiegen – ich weiß nicht, was du getan hast – und als ich ausstieg, hätte mich ein plötzlicher heftiger Windstoß fast umgehauen. Ich war mitten auf der Straße, aber es kam mir vor, als wäre ich mitten in einem heulenden Schneesturm, und als ich einen Schritt machte, stieg ich durch ein offenes Gully in die Kanalisation.

„Daran erinnere ich mich noch genau: Die Straßenreiniger arbeiteten dort und schaufelten den Schnee in die Kanalisation. Sie hatten nicht das Recht, das Mannloch offen und unbewacht zu lassen, aber dieser schwarze Sturm war so plötzlich und schrecklich, dass vorerst niemand etwas sehen oder wissen konnte.

„Als ich hineinfiel, wusste ich jedoch genau, was passiert war, aber dann – und ich erinnere mich auch daran – fiel ich und fiel, – hinab, hinab – es schien kilometerweit; Ich wurde schwindelig herumgewirbelt, aber ich fiel immer weiter, endlos. Ich spürte , wie mein Bewusstsein nachließ – zunächst war es ungewöhnlich scharf, meine Sinne wurden stumpf und ich hatte nur das Gefühl, durch die Erde zu fallen – immer wieder zu fallen!

„Da hört meine Erinnerung auf. Und als ich mich als nächstes daran erinnere, dass ich im Bellevue Hospital in einem Bett lag, und mir ausführlich erzählt wurde, wie ich fast tot im East River treibend aufgefunden wurde, kann ich nur zu dem unausweichlichen Schluss kommen, dass ich getragen wurde durch das Rauschen der Kanalisation direkt zum Fluss hinaus und für tot aufgesammelt.

„Dass ein Lebenszeichen gefunden wurde, nachdem ich in die Leichenhalle gebracht wurde, grenzte an ein Wunder, und nur die verzweifeltsten Bemühungen entfachten diesen kleinen Funken zur Wiederbelebung." Den Rest kennen Sie. Der Schock, die Exposition, die Kälte und vielleicht ein oder zwei Schläge auf meinen Kopf führten zusammen zu einem völligen Verlust der Erinnerung an meine Identität oder an die Ereignisse meines früheren Lebens.

„Mir blieb nur die positive Erinnerung an diesen Sturz –" Manning schauderte – „diesen endlosen, nie endenden Sturz durch die Erde."

„Aber du bist durchs Wasser gefallen", sagte Wise und starrte den Erzähler all dessen an.

„Meines Wissens nicht. Die Erkenntnis des Sturzes hielt nur so lange an, bis ich auf das Wasser im Abwasserkanal traf. Das hat mich zweifellos endgültig umgehauen – mental, meine ich. Dass ich die Katastrophe wirklich überstanden habe, habe ich meiner wunderbaren Vitalität und meiner starken Konstitution zu verdanken. Überlegen Sie, was es bedeutet! Durch den reißenden Strom eines Abwasserkanals, der zur Hälfte mit geschmolzenem Schnee und Wasser gefüllt war, geschossen, in den Fluss geschleudert, zwischen den schwimmenden Eisschollen umhergeschleudert, und das alles mit ausreichender Kraft, um mir die Kleidung vom Leib zu reißen – und dennoch zu überleben !"

„Ich gehe etwas!" rief Zizi, und das Funkeln ihrer tanzenden Augen und die Freude auf ihrem kleinen, lächelnden Gesicht ließen die unhöfliche Phrase für diesen Anlass ganz passend erscheinen.

„Und so", fuhr Manning ruhig fort, „habe ich meine Aufgaben erfüllt." Ich habe hart daran gearbeitet, drei Dinge herauszufinden : meine eigene Identität, den Aufenthaltsort von Amory Manning und – den Mörder von Amos Gately. Ich selbst bin die Antwort auf alle drei Fragen."

Es herrschte Stille; und dann sprach Olive.

„Du bist kein Jäger, du bist kein Mörder. Sie haben Mr. Gately aus Versehen erschossen, in Erfüllung Ihrer Pflicht. Sie werden nicht nur entlastet, sondern Sie haben auch eine Tat vollbracht, indem Sie die Welt von einem Verräter befreit haben, die Ihnen das Anrecht auf ein Distinguished Service Cross gibt! Ich habe meinen Vormund respektiert, ich habe ihn gern gehabt, aber jetzt weiß ich, was er war. Ich empfinde nur Verachtung und Hass gegen ihn! Du, Amory, bist ein Held! – mein Held."

Olive streckte mit einer wunderschönen Geste der Zuneigung ihre Hände aus, und Manning schritt durch den Raum an ihre Seite.

„Jetzt habe ich die einzige Vergebung, die mir am Herzen liegt", sagte er und sein Gesicht strahlte. „Jetzt muss ich sofort gehen und Bericht erstatten. Meine Pflicht liegt gegenüber meinem Land – gegenüber meiner Regierung! Oh, es gibt noch so viel zu bedenken! Sie – die Regierung – haben eine Belohnung für mich ausgesetzt!"

„Was du selbst gewonnen hast!" rief Penny Wise aus.

„Ja", kicherte Zizi, „und Sie haben die Belohnung gewonnen, die für Mr. Gatelys –" sie zögerte – „für den Mann, der die Welt von einer weiteren verräterischen Viper befreit hat!"

„Und nebenbei", fügte ich hinzu, „haben Sie das Rätsel um den Mann gelöst, der durch die Erde gefallen ist!"

„Es ist gut, dass Gately nicht mehr ist“, sagte Manning nachdenklich; „Er war besonders gefährlich, weil er eine so hohe Position innehatte und ihm jeder so viel Vertrauen entgegenbrachte. Rodman war ein ebensolcher Schurke, aber er arbeitete unauffällig. Gately vertraute auf seinen Ruf der Ehre und Redlichkeit – er nutzte seinen wohlverdienten Ruhm, um die gemeinste Sache der Welt voranzutreiben!

„Was auch immer passiert, ich bin froh, dass er keinen weiteren Schaden anrichten kann. Ich hatte nicht vor, ihn zu töten – es war ein Unfall –, aber die Welt ist ihn schon längst los.“

„Amen“, sagte Olive leise.

„Nun, der Zweck heiligt die Mittel“, sagte Mrs. Vail ein wenig hysterisch. „Warum, als ich einmal davon hörte –“

Rücksichtslos schaltete ich sie aus.

„Nehmen Sie meine Grüße entgegen, Mr. Manning“, sagte ich und reichte unserem neuen Freund meine Hand. „Ich bin stolz, dich zu kennen!“

Und dann gab es eine Szene mit Händeschütteln und lächelnder Begrüßung, auf die jeder Held stolz sein könnte.

„Moment mal“, sagte Manning schließlich, „an diesem Tag war ich auf der Suche nach einer Zeitung, wissen Sie? Wenn es abgeschickt wurde, wird es dennoch Ärger geben. Wurde es gefunden, wissen Sie, Herr Wise?“

"NEIN; Was für ein Papier?“

„Eines der gestohlenen Telegramme. Ich hatte Grund zu der Annahme, dass es irgendwo in Gatelys Schreibtisch versteckt war …“

"Weißt du, dass?"

„Ich denke schon – warte – ich hatte gerade geglaubt, ich wüsste, wo ich danach suchen sollte, als Gately etwas sagte, das mich dazu veranlasste, anzurufen und um Hilfe bei seiner Verhaftung zu bitten. Ich wartete auf eine Antwort auf meinen Anruf –“

„Als du den Schneekristall gezeichnet hast!“ Zizi weinte.

„Ja“, lächelte er. „Und dann sah ich etwas, das auf ein mögliches Versteck hindeutete – ah, hier ist es!“

Er trat an den Schreibtisch und nahm den schweren, verzierten goldenen Federhalter. Er fummelte einen Moment daran herum, dann schraubte er es in der Mitte ab und zeigte, dass es ein geschickt konstruierter Ort war, um eine winzige Rolle dünnes Papier zu verstecken.

Da war so eine Rolle drin, und als Manning sie herauszog, grinste er vor Freude. „In Ordnung", rief er freudig; „Das ist das Papier, ein Regierungsgeheimnis ! Sehen Sie, Sie haben es anhand der Kutschenkontrolle gelesen, und jetzt ist es sicher!"

Es war ein mit Buchstabenreihen gefülltes Papier, wie es in Sadies Besitz und auch in Rodmans Besitz gefunden worden war.

„Jetzt bin ich zufrieden", erklärte Manning; „Und jetzt muss ich direkt zum Bundesamt gehen. Aber zuerst--"

"Sicher!" sagte Zizi und las seine Gedanken; „Wir sind entschuldigt!"

Und mit einem frechen Lächeln flog sie herüber und küsste Olive herzlich. Dann übernahm sie mit herrischer Miene das Kommando, und fast bevor wir uns versahen , trieb sie jeden einzelnen von uns, außer Olive und Manning, durch den Flur zu meinem Büro.

Ich war der letzte, der ging, und Manning lächelte breit, als er mir nachrief: „Ich möchte, dass Miss Raynor noch einmal sagt, dass sie mich entlastet, und dann werde ich mich bei meinem anderen Vorgesetzten melden!"

Glücklich lachend betrat ich mein Büro und empfand eine Szene voller urkomischer Fröhlichkeit. Mrs. Vail tummelte sich geradezu, während Norah sie im Zimmer auf und ab führte; Pennington Wise saß an der Ecke meines Schreibtisches und pfiff Tanzmusik für sie, und Zizi führte mit wedelnden Armen eine Art Ruhmestanz auf, den sie sich selbst ausgedacht hatte.

Nach einer Weile öffnete sich die Tür des Gately-Raums und Olives errötendes Gesicht erschien, gefolgt von dem des Mannes, der durch die Erde fiel.

„Ich möchte eine meiner falschen Angaben korrigieren", sagte sie; „Ich habe dir gesagt, dass ich nicht mit Amory Manning verlobt bin – aber – das bin ich!"

Die beiden kamen in mein Büro, und die Ovationen, die wir ihnen gaben, übertrafen nur den Empfang von Manning selbst wenige Augenblicke zuvor.

„Sind Sie *sicher*, dass es Manning ist?" Wise neckte sie.

„Ja", sagte Olive sehr ernst. „Sehen Sie, er war verkleidet, als er er selbst war, und so –"

Ihre Stimme verlor sich in dem Schrei, der bei ihrer Bemerkung laut wurde, und sie sah sich verwirrt um.

„Sie hat recht", sagte Manning lächelnd; "Ich war. Wissen Sie, als ich Geheimdienstmann wurde, wurden mir bestimmte besondere Aufgaben übertragen, und es war wichtig, dass man mich nicht entdeckte. Also nahm ich eine dauerhafte Verkleidung an – oh, nicht viel –, lediglich eine milde Farbe für meine Haare und meinen Bart, die sich leicht auswaschen ließ, und eine große Hornbrille, die wirklich eher standlich war als sonst. Aber Olive und viele meiner Bekannten kannten mich nur auf diese Weise. Ich trug einen Vandyke-Bart und einen kleinen Schnurrbart vom Typ Charles I.

„Sehen Sie, als ich ins Krankenhaus eingeliefert und rasiert wurde, nahm ich weiterhin ein glattrasiertes Gesicht an. Außerdem wurde der Farbstoff in der Kanalisation gründlich ausgewaschen, und da meine Erinnerung damit ausgewaschen wurde, war es für mich keine Überraschung, in meinem Spiegel einen hellhaarigen Mann zu finden.

„Olive erzählt mir auch, dass meine Stimme ein völlig anderes Kaliber hatte, was zweifellos auf eine gewisse Leere in meinem Gehirn zurückzuführen ist, die durch den Verlust meines Gedächtnisses entstanden ist. Na ja, das ist die Geschichte. Und ohne meine Besonderheit, Schneekristalle zu zeichnen – eine Sache, die ich fast mein ganzes Leben lang gemacht habe – und ohne Zizis schlagfertige Erkenntnis dieser meine Gewohnheit, hätte ich vielleicht nie wieder das Bewusstsein meiner wahren Persönlichkeit erlangt!"

„Wahrscheinlich hätte etwas anderes dazu geführt", sagte Wise, „aber Ihre Zeichnung der Schneekristalle begann mit Brices erstem Interview mit Ihnen. Ich hätte diese Zeichnung schon vor langer Zeit auf Gatelys Schreibtisch finden sollen! Schwachsinnig !" und er schlug sich in gespielter Selbsterniedrigung den Kopf.

„Ja", sagte Zizi und schenkte Wise ein ebenso unverschämtes wie liebevolles Lächeln, „das hättest du tun sollen, oh, Weiser!" Du hättest diese Schneeflockenzeichnung selbst finden sollen."

„Oh, dafür habe ich dich, Ziz , damit du für mich nach Schlaufen suchst."

„ Natürlich tust du das, Penny Wise. Ich bin zwar nur dein Pound Foolish, aber immerhin kann ich durch eine Schlaufe sehen , die so klar wie Kristall ist!"